Springer
*Berlin
Heidelberg
New York
Barcelona
Budapest
Hongkong
London
Mailand
Paris
Singapur
Tokio*

Werner Metzig   Martin Schuster

Lernen zu lernen

Lernstrategien
wirkungsvoll einsetzen

5., neubearbeitete Auflage

Mit 31 Abbildungen

ISBN 3-540-67554-X
Springer-Verlag Berlin Heidelberg New York

ISBN 3-540-64658-2 4. Auflage
Springer-Verlag Berlin Heidelberg New York

Die Deutsche Bibliothek - CIP-Einheitsaufnahme
Metzig, Werner: Lernen zu lernen : Lernstrategien wirkungsvoll einsetzen /
Werner Metzig ; Martin Schuster. - 5., neu bearb. Aufl. - Berlin ;
Heidelberg ; New York ; Barcelona ; Hongkong ; London ; Mailand ; Paris ;
Singapur ; Tokio : Springer, 2000
  ISBN 3-540-67554-X

Dieses Werk ist urheberrechtlich geschützt. Die dadurch begründeten
Rechte, insbesondere der Übersetzung, des Nachdrucks, des Vortrags, der
Entnahme von Abbildungen und Tabellen, der Funksendung, der Mikro-
verfilmung oder der Vervielfältigung auf anderen Wegen und der Speicherung in Datenverarbeitungsanlagen, bleiben, auch bei auszugsweiser Ver-
wertung, vorbehalten. Eine Vervielfältigung dieses Werkes oder von Teilen
dieses Werkes ist auch im Einzelfall nur in den Grenzen der gesetzlichen Be-
stimmungen des Urheberrechtsgesetzes der Bundesrepublik Deutschland
vom 9. September 1965 in der jeweils geltenden Fassung zulässig. Sie ist
grundsätzlich vergütungspflichtig. Zuwiderhandlungen unterliegen den
Strafbestimmungen des Urheberrechtsgesetzes.

Springer-Verlag Berlin Heidelberg New York
ein Unternehmen der Bertelsmann Springer Science + Business Media GmbH

© Springer-Verlag Berlin Heidelberg 1982, 1993, 1996, 1998, 2000
Printed in Germany

Redaktion: Ilse Wittig
Umschlaggestaltung: design & production, Heidelberg
Abbildungen: E. Drechsel (Nr. 4, 5, 13, 14, 25, 26), Kaluzza (Nr. 6),
U. Overländer (Nr. 2, 8, 11, 12, 15, 16, 21–24, 27, 30), M. Schuster
(Nr. 11, 28)
Herstellung: PROEDIT GmbH, Heidelberg
Satz: Schneider Druck, Rothenburg o. d. Tauber
Gedruckt auf säurefreiem Papier
SPIN: 10769339   67/3130   5 4 3 2 1 0

Zum Aufbau und zur Verwendung des Buches

Dieses Buch soll helfen, das Lernen zu erleichtern. Dabei wird ein einfacher Weg beschritten: Es wird mitgeteilt, was man tun muß, wenn man etwas lernen möchte. Im allgemeinen weiß man in Schule und Studium, welcher Stoff gelernt werden soll, aber wie man das macht, muß der Lernende meist selbst herausfinden.

Wir wenden uns hauptsächlich an Jugendliche und Erwachsene, die viel lernen müssen. Auch diejenigen, die sich damit befassen, andere zum Lernen zu bringen (Lehrer, Lehr- und Lernbuchverfasser, Ausbilder), können die hier gegebenen Anregungen für sich und ihre Schüler verwenden.

Die vorgeschlagenen Lerntechniken werden plausibler, wenn man sie auf dem Hintergrund der wichtigsten theoretischen Konzepte der Lernpsychologie versteht. Daher gibt dieser Text eine knappe und auf die Lerntechniken zugeschnittene Einführung in die Lern- und Gedächtnispsychologie.

In der Art eines psychologischen Fachbuches werden jeweils die wissenschaftlichen Ergebnisse zu den einzelnen Lerntechniken referiert. Das Buch ist also eine »Lernhilfe«, eine kurze Einführung in die Gedächtnispsychologie und auch ein »Lehrbuch« über Mnemotechniken.

Die theoretischen Überlegungen sowie besonders die empirischen Befunde sollen den Leser ermutigen, die eine oder andere Technik einmal auszuprobieren.

Um dem Lernenden zu helfen, der in der konkreten Prüfungssituation schnell praktikable Lernmethoden benötigt, haben wir ein Zeichen eingeführt, welches wissenschaftliche Erklärungen und Handlungsanweisungen unterscheiden läßt. Es handelt sich um einen *Wegweiser,* der jeweils am Anfang eines Kapitels auf die Seiten mit praktischen Hinweisen verweist. Zum schnelleren Auffinden dieser Lernhilfen auf den angegebenen Seiten wird dort der Pfeil wiederholt.

In Textblöcken mit nebenstehenden *Rasterbalken* finden sich die wichtigsten Handlungsanweisungen.

Es gibt schon viele Bücher über Lerntechniken und Bücher, die Lerntips anbieten. Dieses Buch haben wir geschrieben, weil die Gedächtnispsychologie, als kognitive Psychologie, wesentliche neue Ergebnisse geliefert hat, die nun tatsächlich für das Lernen verwendet werden können. In Abhebung von traditionellen Lehrbüchern der Psychologie, welche über das Erlernen sinnloser Silben und über Tierversuche berichten, soll mit diesem Text das praktische Lernen in der Schule, im Studium und im Beruf verbessert werden.

Martin Schuster
Werner Metzig

Inhaltsverzeichnis

1 Wie das Gedächtnis arbeitet 1
Lerntraining 1
   Entdeckungen im Entwicklungsverlauf 5
   Lernen versus externe Speicherung 6
Dreispeichermodell 10
   Sensorischer Speicher 11
   Kurzzeitspeicher 15
   Langzeitspeicher 21
Traditionelle Lernbücher 25

2 Lernverhalten 29
Lernen als Arbeit 29
Allgemeine Bedingungen des Lernens 31
   Arbeitsort 31
   Arbeitsplatz 32
   Arbeitszeit 33
Lernaktivitäten 42
   Reduktion – Textlernen 47
   Elaboration – Faktenlernen 53
   Reduktion und Elaboration
   als sich ergänzende Prozesse 53
   Üben und Lernkontrolle 53
Affektive Hemmung 55
Individuelle Unterschiede und Lerntechniken 58
Abschließende Hinweise 61

3 Bildhafte Vorstellungen ... 62

Innere visuelle Vorgänge ... 62
   Die »Vagheit« visueller Vorstellungen und Erinnerungen ... 65
   Gedächtnisleistungen und visuelle Prozesse ... 66
Lernen wie Gedächtniskünstler: die Locitechnik . 69
   Lernen von Wortlisten ... 70
   Die Konstruktion der Ortsreihenfolge ... 71
   Die Bildvorstellungen herstellen ... 73
   Lernen von Zahlen mit der Locitechnik ... 78
   Wozu ist die Locitechnik noch brauchbar ... 80
   Studien zur Effizienz ... 81
Weitere bildhafte Gedächtnistechniken ... 81
   Technik der assoziativen Verbindungen ... 81
   Geschichtentechnik ... 84
   Kennworttechnik ... 88
   Schlüsselwortmethode ... 92
Optimierung bildhafter Vorstellungen ... 96
   Konkretheit des Materials ... 96
   Interaktion ... 97
   Lebhaftigkeit ... 97
   Gefühlsgeladenheit ... 98
   Bizarrheit ... 98
   Selbsterzeugte versus vorgegebene Bilder ... 98
   Fehler ... 99
Spezielle Anwendungen ... 100
   Altersgrenzen ... 100
   Alte Menschen ... 101
   Lernen des Alphabets ... 102
   Geistige Retardierung ... 103
   Ängstliche Personen ... 103
   Bildhafte Prozesse beim Denken ... 104

4 Lerntechniken für Zahlen, Buchstaben und Namen 105
Bedeutungsarmes Lernmaterial 105
   Bedeutung und Abkürzungen 107
   Bedeutung und Reimworte
   beim Zahlenlernen 108
   Bedeutung durch Assoziation
   zu bekannten Zahlen 108
Phonetisches System 109
   Geburtstage, Jahreszahlen und Termine 114
   Phonetisches System als Kennwortreihe 115
Zahlenbedeutung und bildhafte Vorstellung 116
Rhythmisierung beim Zahlenlernen 119
Namen und Gesichter 121
Studien zur Effizienz 123

5 Organisation des Lernstoffs 125
Organisation im Kurzzeit-
und Langzeitspeicher 125
   Organisation und Vergessen 126
   Semantische Organisation 128
Lernhilfen durch semantische Organisation
des Lernstoffs 132
   Hierachischer Abrufplan 134
   Netzplantechnik 137
   Mind-Mapping 146
   Grundlegendes zur Erstellung
   einer Mind-Map 149
   Theorie 151
   Funktion 151
   Anwendungen 152
   Gestaltung 153
   Bewertung des Mind-Mapping 155
   Organisation und Verständlichkeit 156

Vorangestellte Organisationshilfe
(advance organizer) 159

6 Tiefe der Verarbeitung 164
Was bedeutet tiefe Verarbeitung? 164
   Stützende Experimente 165
   Subjektive Bedeutsamkeit 166
Anwendungsmöglichkeiten 169
Gegenargumente 172
Tiefe der Verarbeitung
und Individualentwicklung 177
Tiefe der Verarbeitung und Ängstlichkeit
beim Lernen 178

7 Lernen durch Analogiebildung 179
Führen Analogien in die Irre? 180
Wie gelangt man zu Analogien? 185
Modellvorstellungen
und »emotionales« Verständnis 187
Wirkungen der Analogien 189
   Lernen 189
   Problemlösen, Verständnis von Situationen 192
   Kreativität 193

8 Suggestopädie/Superlearning 194
Ein Traum: Super-Lernleistungen ohne Mühe 194
Methoden der Suggestopädie/Superlearning 197
Theoretische Grundlagen 199
   Ganzheitlichkeit des Lernens 199
   Suggestion 204
Konsequenzen für die Selbststeuerung
von Lernprozessen 209
Anleitung zur Nutzung positiver Ressourcen
für Lern- und Prüfungssituationen 211

9 Lernen, Angst und Kränkung 214
Ängstlichkeit und ihre Auswirkungen
auf Lern- und Prüfungssituationen 215
Unsicherheit über den eigenen Kenntnisstand .. 215
Denkmuster und Lernangst 216
Selbstdiagnose und Selbsthilfe 219
Eine bewährte Therapie gegen Angst 234
Beschämungsfreies Lernen 237
Methoden zur Verminderung
von Kränkungen in der Schule 240
Methoden zur Verminderung
von Kränkungen beim Alleinlernen 242
Die narzißtische Lernstörung 244
Mit der Prüfung verbundene ungünstige
Erwartungen 246

10 Lernen aus Büchern,
lernen im Leben 248

Literatur 251

Sachverzeichnis 273

1 Wie das Gedächtnis arbeitet

Dieser »Wegweiser« kommt im folgenden öfter vor. Er führt zu den Seiten des Buches, die konkrete Hinweise zur Verbesserung des Lernens geben. Leser, die kurz vor einer Prüfung stehen oder aus anderen Gründen sehr schnell von den Ratschlägen des Buches profitieren wollen, können die Grundlagen, die zum Verständnis der Lerntechniken benötigt werden, oder die Berichte über die wissenschaftliche Bewährung der Lerntechniken überschlagen. Der optimale Nutzen des Buchs kann aber erst gewonnen werden, wenn auch die erklärenden Passagen studiert werden.

Lerntraining

»Übung macht den Meister« sagt das Sprichwort, und einiges spricht dafür, daß auch Lernen geübt werden kann. Professionelle Lernkünstler, wie z.B. Kellner oder Lagerarbeiter oder natürlich Studenten, berichten, daß ihnen das Lernen oder Behalten von Informationen zu Beginn ihrer Tätigkeit besonders schwergefallen sei. Von alten Personen weiß man, daß ein Training im Lernen geeignet ist, einem Gedächtnisabbau entgegenzuwirken.

Der Lerndrill, der die Erziehung früher kennzeichnete, war – neben der Annahme, daß eine Beherrschung der alten Sprachen die Denkfähigkeit fördere – unter anderem von der Hoffnung getragen, daß die Lernfähigkeit trainiert werde.

Nun muß aber beim Training von Fertigkeiten zwischen qualitativ verschiedenen Abläufen unterschieden werden.

- Beim Krafttraining bringt die reine Wiederholung der zu trainierenden Leistung durch entsprechendes Muskel*wachstum* einen Gewinn.
- Beim Lesetraining wird die anfangs schwierige Leistung des Buchstabenerkennens langsam *automatisiert* und läuft dann später, ähnlich wie bei den für das Fahrradfahren notwendigen Bewegungen, mit großer Leichtigkeit ab.
- Beim Training entdeckt man mitunter Vereinfachungen des Ablaufs. Nur der Anfänger schaltet bei einer Geschwindigkeitsreduzierung seines Fahrzeuges zurück in den ersten Gang; der Läufer entdeckt eine verbesserte Atemtechnik; beim Lesen kann man versuchen, schneller zu werden, indem man nicht mitspricht. Solche *Entdeckungen* führen zu einer Verbesserung der Leistung.

Das Training kann also auf drei Arten wirken: Es kann zum *Wachstum* der benötigten Komponenten führen, es kann eine *Automatisierung* der bewußt durchgeführten Leistung erreichen, es kann zu *Entdeckungen* führen, die eine Erleichterung und Vereinfachung der geforderten Leistung bringen. Welche dieser drei Möglichkeiten beim Lernen der Lernfähigkeit eine Rolle spielt, ist eine wichtige Frage, weil eventuelle Maßnahmen recht unterschiedlich ausfallen könnten, je nachdem, welche der drei Erklärungen man als zutreffend annimmt. Nimmt man an, daß das Gedächtnis durch Übung wächst, so sind der traditionelle Drill und das Lernen von Bibeltexten oder langen Gedichten sinnvoll. Auch die Erwartung, beteiligte Prozesse müßten automatisiert werden, läßt den bekannten Lerndrill zunächst nicht als unsinnig erscheinen. Handelt es sich bei der Verbesserung der Lernleistung jedoch um Effekte, die durch *Entdeckungen* hervorgerufen sind, wäre es vermutlich ökonomischer, die möglichen Entdeckungen von vornherein vorzugeben. So würde die Zeit der mühsamen Anstrengung, bis der einzelne zu der relevanten Entdeckung gelangt, abgekürzt.

Ericsson et al. (1980) baten eine Versuchsperson, über einen Zeitraum von 20 Monaten täglich eine Stunde lang Zahlen, die in einer zufälligen Reihenfolge dargeboten wurden, zu lernen. Sie beobachteten, wie sich die Merkleistung der Versuchsperson mit fortschreitender Übung veränderte. Dabei ergab sich ein erstaunlicher Anstieg der Lernleistung. Zu Beginn konnte die Versuchsperson nur ca. 10 Zahlen behalten, nach der Trainingsperiode war die Versuchsperson in der Lage, bis zu 80 Zahlen zu behalten, ja sogar noch die Zahlenfolgen der vorhergehenden Sitzungen weitgehend richtig wiederzuerkennen. Die Endleistung ist durchaus mit der Leistung zu vergleichen, welche die in der Literatur beschriebenen Gedächtniskünstler (Luria 1968) erreichten.

Die Autoren stellten jedoch nicht allein die Leistungssteigerung fest, sondern suchten nach den Ursachen für die erstaunliche Verbesserung der Lernleistung. Die Versuchsperson erklärte ihnen auf Befragen ihre »Lernstrategie«: Sie setzte die zu lernenden Zahlen in Beziehung zu Geschwindigkeitsrekorden in leichtathletischen Disziplinen (die sie offensichtlich kannte). Die Zahl 10,01 konnte sie sich z. B. also als knapp verfehlten Weltrekord im 100-m-Lauf einprägen. Gab es keine Möglichkeit einer solchen Zuordnung, so versuchte die Versuchsperson, die Zahlen als Altersangabe einzuspeichern. Die Zahl 89 faßte sie dann als »sehr alten Mann« auf.

Die Verbesserung der Lernleistung kann also hier weder als Wachstum noch als Automatisierung verstanden werden. Die Versuchsperson entdeckte eine Strategie, die Information zu reduzieren, indem sie diese auf bekannte Informationen, d.h. auf bereits gespeichertes Wissen bezog. Gleichzeitig entdeckte sie die Möglichkeit, die irgendwie immer gleichen Zahlen besonderen Ereignissen zuzuordnen. Als plötzlich die Aufgabe gestellt wurde, Buchstaben zu lernen, fiel die Lernleistung auf das Anfangsniveau zurück, d.h. die oben beschriebene Strategie war auf das Lernen von Zahlen beschränkt.

Der Student, der in dieser Untersuchung mitarbeitete, machte noch eine andere Entdeckung: Die Zahlen sind leichter zu merken und wiederzugeben, wenn man sie in Gruppen lernt. So teilte er den Lernstoff in Vierer-, Dreiergruppen usw. auf. Diese Organisation des Lernstoffs zu Untereinheiten ließ sich am Sprechtempo beim Abruf der Information beobachten. Innerhalb einer Gruppe war die Sprechgeschwindigkeit konstant, zwischen den Gruppen gab es Sprechpausen. Die Information wurde so in »Abrufpläne« eingeordnet, und in einer bestimmten Weise organisiert. Diese beiden Lernhilfen, die die Versuchsperson im Verlauf der Untersuchungen entdeckte, sind hocheffektive Lerntechniken und werden im Kap. 5 im Detail behandelt. Hier am Beginn der Erörterung gibt uns die Untersuchung einen Hinweis darauf, ==daß der geschickte Umgang mit dem Gedächtnis, die geeignete Mnemotechnik, die Lernleistung verbessert.== Also nicht der reine Drill ist das geeignete Vorgehen zur Verbesserung der Lernleistung, sondern die Vermittlung der geeigneten Lerntechniken.

Entdeckungen im Entwicklungsverlauf

Das Phänomen, daß Kinder eine geringere Lernleistung erreichen als erwachsene Personen, ist nicht durchgängig. In einigen Spielen (Memory) oder beim komplexen Sprachlernprozeß leisten Kinder Erstaunliches. Aber geht es um das Einprägen eines Schulbuchstoffs, so ist die Lernleistung von Kindern geringer. Die Lehrpläne der Schulen tragen dieser Tatsache Rechnung.

Kreutzer et al. (1975) befragten Kinder, was sie unternehmen, wenn sie etwas lernen wollen und welche Kenntnisse sie über das Lernen überhaupt haben. Dabei stellte sich heraus, daß fünfjährige Kinder z.T. nicht einmal wissen, daß sie etwas vergessen können. Flavell (1970) bezeichnet die Kenntnisse, die die Menschen im Umgang mit ihrem eigenen Gedächtnisapparat erwerben, als Metamemory: d.h. das Gedächtnis für Wissen über den Umgang mit dem Gedächtnis. Die Entwicklung der Gedächtnisfähigkeit scheint weitgehend durch die Entwicklung der Geschicklichkeit im Umgang mit den Möglichkeiten und Begrenzungen des menschlichen Gedächtnisses getragen zu werden (z.B. Schneider 1985). Dabei gibt es Entdeckungen, die Kinder bereits sehr früh machen, nämlich, daß sie sich etwas leichter merken, wenn sie es wiederholen, oder daß sie beim Lernen prüfen müssen, ob sie eine gegebene Information wiedergeben können. Bald wissen sie, daß einige Informationen schwerer zu lernen sind als andere und, daß <u>man etwas um so eher vergißt, je weiter der Lernprozeß zurückliegt.</u>

Andere Strategien des Lernens, wie etwa das Gliedern und Gruppieren des Lernstoffs, scheinen erst im Jugendalter oder sogar im frühen Erwachsenenalter entwickelt zu werden. Eine Studie von Tornquist und Wimmer (1977) zeigte, daß von den fünfjährigen Versuchspersonen keine diese Strategien anwandte. Einige

Entdeckungen beim Arbeiten mit dem eigenen Gedächtnis sind offensichtlich, andere weniger. Die professionellen Gedächtniskünstler (vgl. Lorayne und Lucas 1974) haben kein übernormal entwickeltes Gehirn, sondern sie verfügen über einige Tricks und Kniffe im Umgang mit dem Gedächtnis, die nicht von jedermann sofort entdeckbar sind. Einige dieser »Gedächtniskünstler« haben ihre Techniken veröffentlicht. Dabei stellte sich heraus, daß die Gedächtnistechniken, die eine erhebliche Verbesserung der Gedächtnisleistungen erlauben, zum großen Teil bereits seit Jahrtausenden zum kulturellen Wissen der Menschheit gehören. Yates (1966) gab eine englische Übersetzung der antiken griechischen Mnemotechniken heraus, die erkennen läßt, daß Menschen bei der optimalen Ausnutzung ihrer Gedächtniskapazität schon seit langem erfinderisch waren.

▌ Lernen versus externe Speicherung

Es ist nicht allzu überraschend, daß die »Mnemotechniken« der griechischen und römischen Redner in Vergessenheit geraten konnten. In der europäischen Geschichte haben sich die externen Gedächtnisstützen so wesentlich verbessert, daß eine Gedächtnisspeicherung nur noch manchmal notwendig wird. Ein immer größerer Teil der Gedächtniskapazität wird von der Kenntnis, wo man eine Information suchen kann, besetzt. Unser Gedächtnis findet durch Bücher, speziell Wörterbücher und Lexika bzw. Lehrbücher und Handbücher von Wissensgebieten, eine wichtige externe Erweiterung. Häufig gilt, daß ein Experte nicht wissen muß, *was* in diesen Büchern im einzelnen steht, er muß nur wissen, *wo* er die gesuchte Information findet.

Aktuelle, persönliche Daten werden in Notizbüchern, Merkheften, persönlichen Telefonregistern eingetragen. Gelegentlich genügt auch nur eine Erinnerungshilfe, um ein bereits im Gedächtnis gespeichertes Ereignis zu aktualisieren, wie etwa der Knoten im Taschentuch, der Summton der Digitaluhr, die an den Geburtstag eines Freundes oder an das Ende einer Unterrichtsstunde erinnern.

Die Literatur über Arbeitstechniken (z. B. Heyde 1966) widmet den externen Speichern erheblichen Raum. Es wird ausgeführt, wie Karteisysteme über ein zu erarbeitendes Wissensgebiet angelegt werden können, nach welchen Gesichtspunkten die Informationen geordnet sein könnten, so daß sie leicht auffindbar sind. Die höchste Stufe der Professionalisierung solcher Systeme findet man heute in den wissenschaftlichen Systemen und in den Computerdokumentationen. Von solchen Dokumentationssystemen, die ja auch eine Art Gedächtnis sind, kann man sicher vieles über das menschliche Gedächtnis lernen. Auch dort gibt es das Problem, eine Information, von der man genau weiß, daß sie gespeichert ist, zu finden. Wahrscheinlich erinnern Sie sich an eine Gelegenheit, als Sie einen Namen suchten, von dem Sie sicher waren, daß Sie ihn wußten, der Ihnen im Moment aber nicht einfallen wollte. In Kap. 5 werden solche Fragen zur Sprache kommen.

Situationen, die eine Speicherung von Information im Gedächtnis erfordern, sind aber immer noch häufig. Die naheliegendsten Situationen mögen Examen und Prüfungen sein, die besonders im Jugend- und frühen Erwachsenenalter eine Rolle spielen. Gelegentlich, beim Erwerb von Segel- und Pilotenscheinen oder bei der beruflichen Fortbildung, müssen solche Prüfungen auch im späteren Erwachsenenalter abgelegt werden. <u>Unser Buch wendet sich ausdrücklich an die Kandidaten von Wissensprüfungen,</u> um ihnen Techniken an die Hand zu geben, die das Lernen erleichtern, und zwar besonders dann, wenn sie in dieser Hinsicht aus der Übung gekommen sind.

Daneben gibt es eine Reihe von Situationen, in denen Informationen so häufig oder schnell gebraucht werden, daß ein Nachschlagen zu langsam wäre. Das ist bei der Anwendung von Fremdsprachenkenntnissen der Fall: Man kann in einer Kommunikation nicht jedes Wort nachschlagen. Das gilt analog für einen Ingenieur, der die mathematischen Konstanten π, e, $\sqrt{2}$ usw. ständig verwendet und dessen Arbeitsfluß durch ein Nachschlagen behindert würde. Hier gibt es einen »trade-off« (vgl. Lindsay und Norman 1981) zwischen der Zeit, die man zum Einprägen der Information benötigen würde, und der Zeit, die das ständige Nachschlagen der Information erfordert. In Abhängigkeit von speziellem Lernmaterial sollen auch für diese Zielgruppe Lernhilfen angeboten werden.

Schließlich gibt es die Situationen, in denen Informationen zu einem Zeitpunkt sprachlich vermittelt werden, zu dem keine Möglichkeit externer Speicherung nutzbar ist.

Gelegentlich ist es auch erforderlich, Informationen weiterzugeben, die nicht abgelesen werden sollten, etwa bei einer Bundestagsrede, einem Referat oder einem Verkaufsgespräch, bei Verwendung von Namen, Terminen, einzelnen Zahlen, Begriffsgruppen usw. Die gleichen Lernhilfen, die für die vorher beschriebenen Situationsgruppen anwendbar sind, sind auch hier nützlich.

Insgesamt wollen wir keineswegs für eine stärkere Benutzung des Gedächtnisses plädieren. In Fällen, in denen externe Speicher verwendbar sind, tut man gut daran, solche Speicher einzusetzen, weil das menschliche Gedächtnis nicht immer zuverlässig sein muß und weil auch mit den heute bekannten Gedächtnistechniken eine Benutzung des menschlichen Gedächtnisses ganz ohne jede Anstrengung nicht möglich ist. Auf der anderen Seite gibt es aber immer noch eine große Zahl von Situationen, in denen man sich auf sein Gedächtnis verlassen muß.

Wenn die Verbesserung der Gedächtnisleistung im wesentlichen auf einen geschickteren Umgang mit den Möglichkeiten und Begrenzungen des menschlichen Gedächtnisses zurückgeführt wird, so ergibt sich die Möglichkeit, dem Lernenden einfach mitzuteilen, wie man einen Stoff am günstigsten transformiert und gruppiert, um ihn zu behalten. Einige »Lerntechniken« werden den Leser jedoch recht merkwürdig anmuten; es ist nicht sofort einsehbar, warum man so und nicht anders vorgehen sollte. Daher ist es nützlich, einige Grundtatsachen, die die Psychologie bis heute über das menschliche Gedächtnis herausgefunden hat, zu kennen. Als Konsequenz aus den Konstruktionsmerkmalen des menschlichen Gehirns werden die Maßnahmen, die zu einer Erleichterung des Lernens führen sollen, einsehbar, ja sogar höchst plausibel. Der Lernende wird so informiert eher bereit sein, Techniken, die auf den ersten Blick willkürlich wirken, einzusetzen.

Schon recht lange unterscheidet man drei Speicherstufen im menschlichen Gedächtnis. Dieses »Dreispeichermodell« kann viele Phänomene erklären. Wenn es also jetzt darum geht, in knapper Form einige Grundkenntnisse vom Aufbau des Gedächtnisses zu vermitteln, so ist die Darstellung des Dreispeichermodells ein geeigneter Einstieg.

Dreispeichermodell

Das Dreispeichermodell unterscheidet zwischen drei Gedächtnissystemen, die interagierend arbeiten, und dient als Modell für eine ganze Reihe der beobachteten Tatsachen des Lernverhaltens. Diese Gedächtnissystme sind:

- der *sensorische Speicher*,
- der *Kurzzeitspeicher* und
- der *Langzeitspeicher*.

In der einen oder anderen Form existiert diese Unterscheidung schon recht lange. Bereits die deutsche Gedächtnispsychologie um die Jahrhundertwende kannte Fakten, die einen unterschiedlichen Verlauf der Behaltensleistung für sehr neues oder für bereits vor sehr langer Zeit gelerntes Lernmaterial belegten (Ebbinghaus 1885). Die scharfe qualitative Unterscheidung zwischen den Speichersystemen wurde angegriffen (Craik und Lockhart 1972). In den einschlägigen Lehrbüchern der allgemeinen Psychologie (Lindsay und Norman 1981, Wessels 1984, Zimbardo 1995) sowie der Gedächtnispsychologie (Kintsch 1977, Howe 1980, Albert und Stapf 1992) wird das sog. Dreispeichermodell jedoch beibehalten. Die Gründe, die zur Unterscheidung von drei unterschiedlich arbeitenden Gedächtnissystemen führen, werden im folgenden ausgeführt. Dabei werden die Zeitcharakteristika der Systeme im Vordergrund stehen.

Ganz offensichtlich gibt es Informationen, die ein Leben lang erhalten bleiben, z.B. Jugenderinnerungen, die nicht verblassen. Andererseits existiert auch ein sehr kurzfristiges Behalten, etwa für eine bei der Auskunft erfragte Telefonnummer, die bald vergessen ist, oder aber für die Details eines Straßenbildes, denen wir keine weitere Aufmerksamkeit schenken. Im folgenden wird es

Tabelle 1. Das Dreispeichermodell

	Sensorischer Speicher	Kurzzeitspeicher	Langzeitspeicher
Kapazität	Bis 16.000 bit (hoch)	7 ± 2 Elemente (gering)	Alle Lebenserinnerungen + Kenntnisse (sehr hoch)
Dauer	Bis 250 Millisekunden	3–4 Minuten	Die gesamte Lebensspanne
Format	In der Art der Sinnesinformation	Vorwiegend phonemisch	Organisation nach Bedeutungen

auch eine Rolle spielen, in welchem Format Informationen gespeichert sind. Handelt es sich um gespeicherte Worte, Wortklänge oder um Bilder. Darüber hinaus wird gefragt, welche Ordnung die Informationen in den genannten Speichersystemen haben. Hier soll zunächst einmal die klassische Dreiteilung des menschlichen Gedächtnisses vorgestellt werden.

Sensorischer Speicher

In einem recht originellen Experiment (Sperling 1960) kann man die Existenz eines Speichersystems nachweisen, das die in den Sinnesorganen eintreffende Information vollständig, aber sehr kurzfristig speichert.

Zeigt man Versuchspersonen sehr kurzfristig die Buchstabenmatrix (Abb. 1) und bittet sie, anzugeben, an welche Buchstaben sie sich erinnern, so können die Versuchspersonen in der Regel 3–4 Buchstaben richtig wiedergeben. Dieses Ergebnis könnte zwei Gründe haben:

- Mehr Informationen wurden in der kurzen Zeit nicht aufgenommen.

- Während die Buchstaben aus dem sensorischen Speicher abgerufen werden, geht schon wieder Information verloren.

Sperling testete diese Annahmen, indem er nach der kurzzeitigen Darbietung einen zufällig ausgewählten Buchstaben durch einen schwarzen Balken »markierte« und fragte, welcher Buchstabe an der markierten Stelle projiziert wurde. Hätten die Versuchspersonen bei der Darbietung der Buchstaben insgesamt nur 3–4 Buchstaben aufgenommen, so müßte unter der neuen Versuchsbedingung zu erwarten sein, daß sie den erfragten Buchstaben in einigen Fällen angeben können, in anderen aber nicht. Tatsächlich jedoch konnten die Versuchspersonen den erfragten Buchstaben immer angeben. <u>Das heißt, daß kurz nach Darbietung die gesamte visuelle Information gespeichert ist, aber während des Analyseprozesses der Buchstabenextraktion wieder verlorengeht.</u> Dieser Speicher ist dem Nachbild, das wir bei besonders greller Beleuchtung eines Gegenstands oder beim Blick in eine Lampe oder die Sonne deutlich erleben, vergleichbar (es gibt Autoren, die dieses Gedächtnissystem mit dem Nachbild in den Zellen der Retina gleichsetzen).

In dem sensorischen Speicher befindet sich also Information, die uns nicht bewußt wird. Nur ein Teil der Information des sensorischen Speichers, in der zweiten Versuchsbedingung immer der Buchstabe, den die Versuchspersonen angeben sollten, wird nach einer weiteren Verarbeitung der Information bewußt.

Wir können also bereits durch dieses einfache Experiment einige *Merkmale dieses Speichers* angeben (s. Abb. 2):

- Er speichert die Informationen der Sinne (Auge, Ohr usf.).

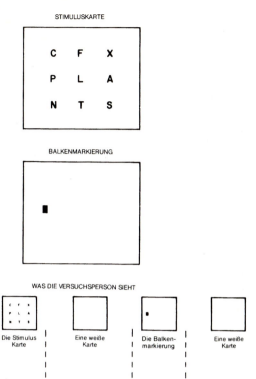

Abb. 1. Das Versuchsmaterial und die Reihenfolge der Darbietung des Versuchsmaterials in Sperlings Experiment. (Aus Lindsay und Norman 1981).

- Die Speicherdauer ist sehr kurz.
- Die Informationen, die gespeichert sind, werden nicht alle bewußt, d. h. sie sind präattentiv (vor der Aufmerksamkeit).
- Die gespeicherte Informationsmenge ist sehr hoch.

Abb. 2. Der sensorische Speicher kann mit einem Echo verglichen werden, das die eingegebene Information über eine kurze Zeitspanne erhält. Während des Ablesens der Information aus dem sensorischen Speicher zerfällt die Information bereits wieder, und neue Informationen können aufgenommen werden. In einigen Werken über das Gedächtnis wird explizit vom »echoischen Speicher« gesprochen (vgl. Jüttner 1979).

Auf dieser sehr frühen Stufe der Speicherung gilt: Informationen, denen wir keine Aufmerksamkeit zuwenden, gehen wieder verloren (vgl. Norman 1973). Gerade auf diesen Punkt weisen die professionellen Gedächtniskünstler häufig hin. Lorayne und Lucas (1974) betonen, daß es ein Hauptziel der Gedächtnistechniken ist, die gesamte Aufmerksamkeit auf die zu lernende Information zu lenken. Es wird eine Theorie (»depth of processing«, Craik und Lockhart 1972) zur Sprache kommen, die es für ein wesentliches Element des Lernens hält, in welchem Umfang man sich der eingehenden Information zuwendet und mit ihr arbeitet. Informationen, die unseren Interessen entsprechen, wenden wir automatisch die Aufmerksamkeit zu. Wird in einer Partygruppe über Hausbauen oder Kunstsammeln oder Musik gesprochen, dann richten solche Personen ihre Aufmerksamkeit auf dieses Gespräch, die daran besonders interessiert sind. So verwundert es auch nicht, daß gerade in den Bereichen unserer Hobbys oder Interessen das Lernen so leicht und fast automatisch verläuft, während es uns ohne spezielles Interesse extrem schwerfällt, die Aufmerksamkeit z. B. auf einen esoterischen Text über Philosophie oder über eine bestimmte Epoche der Geschichte zu lenken. Wir neigen dazu, an andere Dinge zu denken (gelegentlich daran, wie schlimm es sein könnte, in der Prüfung durchzufallen), und <u>lernen die Information nur äußerst mühsam, weil wir ihr nur einen Teil unserer Aufmerksamkeit zuwenden.</u>

In der Literatur wird über Personen berichtet, denen es gelingt, ein Wahrnehmungsbild mit all seinen Details abzuspeichern (Haber 1969). Das Phänomen ist jedoch umstritten, und sollte es sich nachweisen lassen, so sind es vermutlich Spezialbegabungen, die ein solches fotografisches Gedächtnis ermöglichen. <u>Normalerweise hat man keine Möglichkeit, die Verweildauer der Information im sensorischen Speicher zu beeinflussen.</u>

▪ Kurzzeitspeicher

Auch Informationen, die wir aufmerksam, bewußt wahrnehmen, sind keineswegs vor dem Vergessen bewahrt. Das klassische Beispiel ist die Telefonnummer, die man bei der Auskunft erfragt, aber wieder vergißt, weil man zwischendurch anderweitig beschäftigt war.

Beim Lernen einer Liste von Wörtern (oder auch von sinnlosen Silben, die lange Zeit das bevorzugte Lernmaterial der Gedächtnisforschung waren) ergibt sich die schon lange bekannte Positionskurve (Abb. 3), d. h die ersten und letzten Elemente der Liste werden besser behalten als die dazwischenliegenden. Hier könnten wir wiederum an einen Speicher mit einer relativ schnellen »Verblassungszeit« denken, der die letzten Elemente der Liste zum Zeitpunkt des Abrufes noch enthält. Das ist einfach zu prüfen. Man kann nach dem Lernen der Liste Zeit verstreichen lassen, in der man die Versuchspersonen durch eine ablenkende Aufgabe davon abhält, die Liste zu wiederholen; anschließend kann man prüfen, ob die letzten Elemente der Liste immer noch besser gelernt sind.

Die Kapazität dieses Kurzzeitspeichers scheint nicht allzu hoch zu sein. Eine Demonstration, die recht eindrucksvoll ist, belegt dies: Wenn man eine Gruppe von Personen bittet, sich eine Anzahl von Zahlen zu merken, und nun in langsamer Reihenfolge einzelne Ziffern vorliest, so wird von der 7. bis 9. Ziffer erhebliche Unruhe entstehen, die Personen sind von der Aufgabe überlastet. Miller (1956) zeigt in seinem Aufsatz *The magical number seven,* daß ungefähr 7 ± 2 Elemente in dem Kurz-

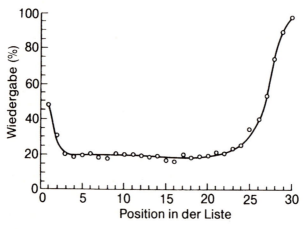

Abb. 3. Positionskurve. Die ersten und die letzten Elemente einer zu lernenden Liste werden am besten behalten. (Aus Lindsay/Norman 1981).

zeitspeicher niedergelegt werden können. Dabei haben die Elemente eine merkwürdige Eigenschaft. Es ist gleichgültig, ob es sich um sieben Zeichen, sieben Buchstaben, sieben Worte oder sieben Sätze handelt; <u>ganz unabhängig vom Umfang der Information können 7 Elemente abgespeichert werden.</u> Dies kann man sich am besten verdeutlichen, wenn man sich die Einzelplätze des Kurzzeitspeichers als Schubladen vorstellt, in denen immer nur *ein* Gegenstand abgelegt werden kann. Es kommt darauf an, ob ein Sachverhalt zu einem Element zusammengefaßt werden kann, wenn er einen Speicherplatz im Kurzzeitspeicher einnehmen soll. Bekannt wurde ein Beispiel mit dem Wort Wind (Abb. 4). Werden die Buchstaben als diagonale und horizontale Linien dargeboten und kann eine Person nicht lesen, so benötigt sie zur Repräsentation der Zeichen 10 Speicherplätze. Ist es jedoch möglich, die Linien auf bekannte Buchstaben zu reduzieren, so sind nur noch 4 Speicherplätze notwendig. Ist schließlich dem Leser die deutsche Sprache bekannt, kann er das Wort Wind erkennen und benötigt nur noch einen Speicherplatz (vgl. Mietzel, 1975).

Wieviel Kurzzeitspeicherplätze eine Information benötigen wird, hängt davon ab, was bereits als Wissen in einem anderen Speicher vorliegt. Die Speichereinheit des Kurzzeitspeichers wird als »chunk« bezeichnet. Man weiß, daß der Kurzzeitspeicher immer ungefähr 7 Elemente enthalten kann, aber je nach Vorwissen und Integration der Information kann die im Kurzzeitspeicher gespeicherte Informationsmenge enorm schwanken. Hier sei an das zu Beginn referierte Experiment von Ericsson et al. (1980) erinnert. Die Versuchsperson dieses Experiments schaffte es, die zu lernenden Zufallszahlen als Rekordwerte in der Leichtathletik zusammenzufassen und konnte so eine vierstellige Zahlengruppe als *einen* »chunk« speichern. Bei Buchstaben, für die sie keine sol-

WIND
WIND
WIND

Abb. 4. Das Wort Wind braucht unterschiedlich viele Speicherplätze, je nachdem, ob es als eine Anzahl von Linien (10 Speicherplätze), als Buchstaben (4 Speicherplätze) oder als ein Wort (1 Speicherplatz) gesehen wird.

che Technik entwickelt hatte, konnte sie dagegen pro »chunk« nur einen einzigen Buchstaben speichern und fiel so auf ihre Ausgangsleistung zurück.

Über die Verweildauer der Information im Kurzzeitspeicher gibt es noch Kontroversen. Einige Ergebnisse sprechen dafür, daß sich dieser Speicher wie eine Pushdown-Einheit verhält, d.h. daß jeweils für ein neu hinzukommendes Element ein altes vergessen wird. Andererseits scheint die Verweildauer der Information in diesem Speicher sehr begrenzt zu sein. Schätzungen ergeben 2–3 Minuten. Dabei ist allerdings immer vorauszusetzen, daß der übliche Zufluß neuer Informationen besteht.

Im Gegensatz zum sensorischen Speicher sind wir bei der Informationsaufbewahrung im Kurzzeitspeicher dem Vergessen nicht so hilflos ausgeliefert. Es stehen Kontrolltechniken zur Verfügung, die verhindern, daß die im Kurzzeitspeicher befindliche Information vergessen wird (Atkinson und Shiffrin 1971). Die oben erwähnte Telefonnummer z.B. können wir im Gedächtnis behalten, indem wir sie uns immer wieder leise vorsagen. Werden wir allerdings dabei unterbrochen, geht sie verloren. Lindsay und Norman (1981) sprechen von »Erhaltungswiederholung«, welche die Information immer wieder neu in das Kurzzeitspeichersystem einspeist.

Die Wiederholung von Information allein muß aber keineswegs zum endgültigen Behalten führen, wie ein Experiment von Rack (1957) zeigt:

Den Versuchspersonen des Experiments wurde eine Liste mit sinnlosen Silben vorgegeben, die sie lernen sollten. In einem nächsten Durchgang wurde diese Liste abgefragt. Dabei gab es Silben, die korrekt behalten wurden, und Silben, die falsch oder gar nicht wiedergegeben wurden. Die falschen oder vergessenen Silben wurden ohne Wissen der Versuchspersonen durch neue ersetzt. Eine Kontrollgruppe lernte zum Vergleich die alte unveränderte Liste wieder. Wenn die reine Wiederholung einer Silbe einen »einschleifenden« Effekt hat, auch wenn die Silbe noch nicht gelernt ist, müßte die Kontrollgruppe, bei der ja in den verschiedenen Durchgängen die nicht gelernten Silben immer gleich bleiben, wesentlich besser lernen. Das war jedoch nicht der Fall, die Unterschiede zwischen Kontroll- und Versuchsgruppe waren geringfügig,

Tabelle 2. Fiktives Beispiel für jeweils eine Versuchsperson aus Kontroll- und Versuchsgruppe, die sich zufällig im ersten Durchgang gleich verhielten.

	Liste 1	Test	Liste 2	
Experimentalgruppe	lom ere zes	richtig falsch falsch	lom mes maf	Falsche Silben werden ersetzt
Kontrollgruppe	lom ere zes	richtig falsch falsch	lom ere zes	Falsche Silben werden wiederholt

woraus folgt, daß die reine Wiederholung keinen längerfristigen Lerneffekt bewirken muß (s. Tabelle 2).

Kintsch (1977) faßt mehrere Untersuchungen mit dem gleichen Ergebnis zusammen: Die reine Wiederholung führt nicht zu einer längerfristigen Einprägung. Dies ist für die pädagogische Praxis von großer Bedeutung, weil gerade im deutschen Raum in Grundschulen das Wiederholen eine große Rolle spielte. (Diese Rolle wurde allerdings durch neuere, mehr auf Logik ausgerichtete Erziehungsziele abgelöst.) Iwanowa (zit. nach Löwe 1975) kann für das Lernen mit erwachsenen Versuchspersonen feststellen, daß keineswegs der beste Lernerfolg erreicht wird, wenn der Lernstoff in der gesamten zur Verfügung stehenden Zeit wiederholt wird, sondern daß der Lernerfolg bei der Teilung der Gesamtzeit in die Möglichkeiten *Selbstprüfen* (Reproduktion) und *Wiederholung* im Verhältnis 60 zu 40 am besten ausfällt.

Die Beobachtung, daß eine Wiederholung die zu lernende Information auffrischt, kann zu Mißverständnissen führen. Man bemerkt nicht, daß die Information zwar kurzfristig verfügbar ist, langfristig aber nicht mehr erinnert werden kann. Die Autoren haben die Erfahrung gemacht, daß Prüflinge, die über ihren Prüfungserfolg enttäuscht waren, häufig angaben, den Lernstoff oft wiederholt zu haben. Zu diesem Mißverständnis mag auch die Formulierung beitragen, die Lehrer in Schulen oft wählen, wenn sie ankündigen, daß der Lernstoff noch wiederholt werden müsse bzw. daß bis zur Beherrschung eines Stoffes noch Wiederholung nötig sei oder ein Schüler die Information zu Hause noch einmal wiederholen solle.

Scheinbares Lernen

»Scheinbares Lernen« aus dem Kurzzeitspeicher verursacht viele Probleme beim Lernen. Während eines

Vortrags oder während des Lesens ist der gerade aufgenommene Stoff im Kurzzeitspeicher und leicht reproduzierbar. Man hat das Gefühl, man hätte den Stoff bereits gelernt und brauche keine weiteren Lernanstrengungen mehr zu unternehmen. Nach einigen Stunden allerdings ist der Lernstoff wieder vergessen. Wenn man aber sicher war, alles zu können, und eine weitere Kontrolle nicht mehr für nötig hält, kann es passieren, daß man sich später an nichts mehr erinnert.

==Eine Selbstprüfung (vgl. Kap. 2) muß auch nach längeren Intervallen vorgenommen werden, um zu sichern, daß die Information tatsächlich im Langzeitspeicher niedergelegt ist.== S.53

Langzeitspeicher

Einige Informationen sind so gespeichert, daß wir sie nicht mehr vergessen, z. B. die Muttersprache, der eigene Name, aber auch umfangreiche Erinnerungen an vergangene Ereignisse bis in die frühe Kindheit hinein. Dieser Tatsache wird in unserem Dreispeichermodell durch den Langzeitspeicher Rechnung getragen.

Im allgemeinen denkt man bei der Langzeitspeicherung an eine chemische Veränderung von »Informationsmolekülen«, wie sie bei der Erforschung der genetischen Information entdeckt wurden. Eine Ausschaltung der gesamten elektrischen Aktivität des Gehirns, z. B. durch den Elektroschock oder als Unfallfolge, kann zwar die Inhalte, die gerade aufgenommen wurden (etwa den Inhalt des Kurzzeitspeichers), löschen, nicht aber die langfristigen Eintragungen. Chemische Veränderungen im Alter können die Aufnahmefähigkeit des Langzeitspeichers verringern (Ordy und Brizee 1977). Den Psychologen interessieren natürlich die Merkmale des Langzeitspeichers bei der Informationsverarbeitung, denn gerade die langfristige Erinnerung ist problematisch. Die von Lernbüchern erwartete Hilfestellung ist eine Hilfestellung beim dauerhaften Einprägen.

Wenn immense Informationsmengen wie im menschlichen Gehirn gespeichert sind, muß es eine Ordnung geben, die das Suchen einer bestimmten Information ermöglicht. Hier wird oft der Vergleich zu einer Bibliothek gewählt (Abb. 5; s. Lindsay und Norman 1981, Baddeley 1979). Das Ordnungssystem des menschlichen Gedächtnisses ist aber weitaus flexibler als etwa das Ordnungssystem einer Bibliothek. Es fällt uns (bei ausreichender Kenntnis des Sachgebietes) keineswegs schwer, ein dickes rotes Buch über Psychologie zu benennen oder

Abb. 5. Im Langzeitspeicher ist die Information einer Bibliothek vergleichbar geordnet und vermutlich in chemischen »Engrammen« niedergelegt. Viele Phänomene der Speicherung und der Wiedergabe von Information im menschlichen Gedächtnis lassen sich durch die Analogie zur Bibliothek und zu den Problemen der Informationsspeicherung in einer Bibliothek verstehen.

eines, das im Cover die Farben weiß/blau verwendet. Aus einer Bibliothek können wir aber Bücher nach Autor und höchstens noch nach Sachgebiet suchen. Die Frage nach dem roten Buch mit mehr als 300 Seiten über Farbpsychologie würde einen Bibliothekar fassungslos zurücklassen. Mit Assoziationsversuchen (Deese 1962) oder Simulationsexperimenten (vgl. Collins und Quillian 1972 und Anderson 1973) versucht man, die Ordnung der Wissensbasis zu erforschen. Dabei gibt es viele Probleme, unter anderem ist noch nicht einmal geklärt, welche Art Information im Langzeitspeicher eigentlich niedergelegt wird. Handelt es sich um verbale (Proposition) oder um visuelle Information? Auf jeden Fall spielt die Einordnung eines Wissenselements in die komplexe Struktur des gesamten Wissens eines Menschen eine Rolle. Eine Information muß so eingeordnet sein, daß sie im Fall einer Suche gefunden wird. Das kann dadurch erleichtert werden, daß sie in verschiedenste Zusammenhänge eingeordnet wird (multiple Enkodierung). Das kann aber auch, wie Ausubel (1974) fordert, die Einordnung an der notwendigen und sinnvollen Stelle sein.

Ohnehin scheint es gar nicht das Problem zu sein, eine Information abzuspeichern, das Problem ist vielmehr, sie hinterher wiederzufinden. Experimente (O'Connel et al. 1970) und Studien zur Hypnose legen den Gedanken nahe, daß im Gedächtnis sehr viele Eintragungen sind, die nicht mehr abgerufen werden können. So wird ein Ziel der im folgenden zu beschreibenden Gedächtnistechniken darin bestehen, eine eindeutige und leicht wiederherzustellende Zuordnung eines neuen Inhalts zu den bereits existierenden Gedächtnisinhalten zu schaffen.

Tatsächlich garantiert die Speicherung von Informationen noch lange nicht, daß diese in relevanten Situationen auch abgerufen werden. Dies hängt weitgehend von der Organisation der Wissensbasis ab. Eine

Lehrforschung, die sich mit globalen Unterrichtsstilen beschäftigt, wird dabei nicht weiterführen. Es kommt darauf an, die oft wenigen Schlüsselideen eines Inhaltsbereiches so darzubieten, daß sie übertragen werden können. Hier ist ein Wissen in Lernpsychologie und gleichzeitig in dem jeweiligen Fachgebiet gefordert (Prawat 1989). In diesem Zusammenhang sei speziell auf Kap. 7 (Lernen durch Analogiebildung) verwiesen.

Man versucht gelegentlich zu unterscheiden, welche Lernhilfen beim Lernen, also bei der Einspeicherung, und welche Techniken beim Abruf, also beim Erinnern der Information, wirksam werden. Einen Ort in der komplexen Struktur des Vorwissens finden zu können, erfordert natürlich, daß eine Information sinnvoll ist, also in einer bestimmten Beziehung zu den bereits gespeicherten Informationen steht. Viele der Informationen, die wir uns merken wollen, wie Termine, Fremdwörter, sind für uns aber zunächst einmal nicht sinnvoll, sodaß ein erster Schritt der Anpassung der Information an die Anforderungen des Langzeitspeichers darin besteht, willkürliche Informationselemente auf die eine oder andere Art zu einem Sinn zu führen. Dies bezeichnet man im allgemeinen als »elaborative« Kodierung. *Der Information wird etwas hinzugefügt*, sie wird elaboriert, um so besser in die »Fächer« des Langzeitspeichers hineinzupassen.

Das mag im konkreten Fall etwas merkwürdig wirken, weil man der zu lernenden Information noch weitere hinzufügt. Natürlich – das wurde bereits bei der Besprechung des Kurzzeitspeichers klar – gibt es auch das Gegenteil, die »reduktive Kodierung«, bei der die Menge der neuen Informationen so auf bereits bestehende Wissensstrukturen bezogen wird, daß die Gesamtmenge der zu speichernden Informationen verringert wird. Die menschliche Suche nach Regeln, nach Gesetzmäßigkeiten in der Umwelt ist Ausdruck des ständigen Versuchs, die

Komplexität der zu verarbeitenden und der dabei zu speichernden Information zu reduzieren. Insofern gehört die »reduktive Kodierung« zum Verhaltensinventar des Lernenden. Möglichkeiten zu reduktiver Kodierung werden spontan entdeckt, so daß ein Buch über Lerntechniken in dieser Hinsicht wenig Überraschendes anzubieten hat. Ratschläge zum Zusammenfassen von wichtiger Information, zur Reduktion auf Kernsätze sind schon Bestandteile der ältesten Anweisungen zum Lernen.

Traditionelle Lernbücher

Der Buchmarkt bietet bereits eine Reihe von Lernhilfen an, die zum Teil bewährt und anerkannt sind (z.B. Angermaier 1976, Kugemann 1966). Eine neue Bearbeitung des Themas muß also Gründe haben. Tatsächlich hat sich das Forschungsgebiet der Lern- und Gedächtnispsychologie in den letzten Jahren dramatisch entwickelt. Dabei ist der *Lernprozeß* selbst, die *Informationsverarbeitung,* die beim Lernen erfolgt, in den Vordergrund der Betrachtung gerückt.

Bisher wurde in Lernbüchern hauptsächlich die Lernmotivation betrachtet. Es wurde geprüft, ob man eine Verhaltensweise besser lernt, wenn sie zu positiven Konsequenzen (Reinforcement) führt. In der neueren kognitiven Psychologie werden dagegen die *Schritte der Informationsverarbeitung,* die beim Lernen auftreten, untersucht.

Es gibt Ratschläge zur Verteilung der Lernaktivität über die zur Verfügung stehende Zeit, die heute noch ihre Gültigkeit haben. Diese Erkenntnisse sind unverändert richtig und wichtig, daher soll ein Kapitel dieses Buchs dem Thema Lernverhalten gewidmet sein (Kap. 2). Dort berichten wir über die Ergebnisse, die schon immer bei Ratschlägen zum Lernen Berücksichtigung fanden. Allerdings sehen diese Ergebnisse auf dem Hintergrund der neueren Forschung oft recht »mechanisch« aus. Man kann eine Person stark motivieren, eine bestimmte Infor-

Abb. 6. Wenn nur durch positive Konsequenzen gelernt werden könnte, wäre der Verlauf des Lernens sehr mühevoll. Man müßte die erste (zufällig) richtige Bewegung abwarten, um sie belohnen zu können. (Aus Schuster und Dumpert, gezeichnet von Kaluzza).

mation zu lernen. Wenn man ihr nicht gleichzeitig zeigt, *wie* die Information gelernt werden kann, führt die Motivation nur zu Enttäuschungen (Abb. 6). Die extensive Erforschung des programmierten Lernens (Skinner 1953, Walter 1973) scheint darüber hinaus zu zeigen, daß einige der überzeugend und optimistisch vorgetragenen Annahmen der älteren Lernpsychologie keineswegs zutreffen. Es ist wohl doch nicht so, daß man nur etwas lernt, wenn auch tatsächlich ein »relevantes Verhalten« abgegeben wird, sondern Lernen scheint sehr wohl auch durch innere Prozesse allein möglich zu sein. Die Ergebnisse der klassischen Lerntheorien bedürfen, soweit sie auf menschliches Lernen angewandt werden, einer kritischen Bewertung.

Aus wissenschaftstheoretischen Gründen wurden »interne« Prozesse beim Lernen lange Zeit gar nicht beachtet, weil, so wurde argumentiert (Skinner 1953), die Annahme interner Regelung sofort die Frage nach dem Miniaturmenschen (Homunkulus) aufwirft, der diese Regelungen vornimmt. Und natürlich die folgende Frage, wer denn die Regelung in diesem Miniaturmenschen vornimmt, etwa ein »Subminiaturhomunkulus«. Diese Überlegung wurde in dem Maß gegenstandslos, in dem technische Systeme Regelungen und Steuerungen einsetzten, die als Subsystem innerhalb der Gesamtmaschine funktionieren (einfachstes Beispiel: Kühlschrank). So bildete die Wissenschaft vom Informationsfluß und der Informationsverarbeitung die Basis für eine detaillierte Analyse der internen Lernprozesse.

In der klassischen Pädagogik und auch in der pädagogischen Praxis gibt es einiges Mißtrauen gegen »Gedächtnishilfen«. Zum Beispiel haben Erzieher die Comiczeichnungen abgelehnt, wahrscheinlich aus dem intuitiven Empfinden heraus, daß die leichte Faßlichkeit der bildhaften Darstellung die intellektuelle Entwicklung nicht fördern könne. Sicher sind Fälle auffindbar (vgl. Hunter 1977), in denen Gedächtnishilfen verwirrend sind (z.B. sich vorzustellen, daß der Mund beim Wort »vertikal« schmal und beim Wort »horizontal« breit ist, was natürlich zu ständigen Verwechslungen führen muß). Darüber hinaus gibt es Fälle, wo Gedächtnishilfen das Verständnis des Zusammenhangs umgehen helfen und so der Weg des kleineren intellektuellen Widerstands sind.

Solche Gefahren sollen nicht geleugnet werden. Nach unserer Auffassung sind die Gedächtnishilfen aber in der Hand des Pädagogen ein wichtiges Werkzeug, Lernunlust und Schulangst zu reduzieren, wenn es um das Memorieren von Fakten geht. Wenn das Unterrichtsmaterial einer kognitiven Struktur der Schüler entspricht, wird ohnehin leichter gelernt. Insofern sehen wir in der Einführung dieser Hilfsmittel für Lehrern und Schülern eine Erleichterung von Situationen, die sonst nur mit Schwierigkeiten und Konflikten zu lösen sind.

2 Lernverhalten

 S. 34, 35, 40, 48, 50, 51, 55

Lernen als Arbeit

Für unsere Gesellschaft gilt: Immer mehr Menschen verbringen immer mehr Zeit mit dem Erwerb von Kenntnissen und Fertigkeiten. Die Schulzeit wurde verlängert, immer mehr Schüler besuchen weiterführende Schulen, die Zahl der Studierenden ist stark angestiegen. Der Arbeitsmarkt verlangt vom Arbeitnehmer mehr Qualifizierungen, im Wettbewerb um die knapper werdenden Arbeitsplätze sind Bewerber mit höheren Qualifikationen im Vorteil, viele Arbeitnehmer müssen im Lauf ihres Berufslebens »umschulen«, um sich veränderten Arbeitsanforderungen anzupassen. Gesellschaftliche und technologische Prozesse werden immer komplizierter und können nur mit zusätzlichem Wissen verstanden und systematisch beeinflußt werden. Die Wissenschaften liefern zunehmend schneller neue Erkenntnisse, die der einzelne z. T. für seine berufliche Existenz benötigt, deren Kenntnis aber auch zur Befriedigung der allgemeinen menschlichen Neugier und damit zur Verbesserung der Lebensqualität dient.

Das Wissen, das der einzelne – sei es aus Neugier, sei es aus dem Druck der sozialen und gesellschaftlichen Situation – zu erwerben hat, fließt ihm in der Regel nicht von selbst zu, sondern er muß es sich *erarbeiten*. Wir wollen hier Phantasien entgegentreten, die darin bestehen, daß Lernen ganz ohne Anstrengung, ohne Mühe stattfinden kann. Es hilft nicht, ein Buch unter das Kopfkissen zu legen, ebenso schlagen Versuche fehl, im Schlaf zu lernen, indem man Texte während des Schlafens vom Tonträger abspielen läßt. Anstrengungen sind nicht vermeidbar, sie führen jedoch nicht zwangsläufig zum Lernerfolg. In nicht systematisch durchgeführten Befragungen von Prüflingen, die schlechte Ergebnisse in universitären Examina erzielten, versicherten diese den Autoren glaubhaft, sehr viel gearbeitet zu haben. Die Erfolglosigkeit war eher durch ungünstiges Lernverhalten als durch mangelnde Anstrengung zu erklären. Die von uns dargestellten Lernhilfen sollen in erster Linie sicherstellen, daß der Lernende seine Arbeitskraft effizient einsetzt.

Zum Lernen, hier im Sinn von bewußtem, zielgerichtetem, mehr oder minder planmäßigem Erwerb von Kenntnissen und Fertigkeiten, gehören neben internen Prozessen der Informationsverarbeitung auch beobachtbares Lernverhalten und äußere Bedingungen. Einfluß auf die Lernleistung hat neben den Bedingungen am Arbeitsort und Arbeitsplatz vor allem, wie der Lernende seine Arbeit plant, wie er seine Zeit einteilt und was er tut, um zu lernen. Wenn wir uns mit diesen Fragen befassen, überschreiten wir den Rahmen der Gedächtnispsychologie und ziehen physiologische, verhaltenspsychologische und motivationspsychologische Erkenntnisse hinzu.

Unsere Hinweise zum Lernverhalten wenden sich an Jugendliche und Erwachsene, die schriftlich oder verbal vermittelte Informationen lernen wollen oder müssen. Es erscheint uns jedoch sinnvoll, bereits Kinder schrittweise und in altersgemäß modifizierter Form in das hier vorgeschlagene Lernverhalten einzuführen. Klauer (1988) schlägt vor, jüngeren Schülern zunächst spezielle Lerntechniken wie z. B. die Schlüsselwortmethode (s. Kap. 3) zu vermitteln. Erst ältere Schüler sollten in die generellen Aspekte autodidaktischen Lernens eingewiesen und in Selbst-Motivierung, Informationsbeschaffung, Informationsverarbeitung, Einspeichern und Abrufen, Übertragung des Gelernten (Transfer) und Selbstkontrolle unterwiesen werden. Diese sehr allgemeinen Grundfertigkeiten des Lernens setzen voraus, daß die Lerner in der Lage sind, die Verantwortung für den Lernprozeß selbst zu übernehmen.

In vielen Schulen wird der Entwicklung eines selbstgesteuerten Lernverhaltens nicht ausreichend Beachtung geschenkt. Die Verfasser vermuten, daß die von ihnen mitunter beobachtete mangelnde Lerneffizienz ihrer Studenten darauf zurückzuführen ist, daß es diesen häufig allein überlassen blieb, im Versuchs-Irrtums-Verfahren angemessenes Lernverhalten zu finden.

Allgemeine Bedingungen des Lernens

So wie für jede Arbeit, sind auch für das Lernen Arbeitsort, Arbeitsplatz, Arbeitsmittel und Arbeitszeit wichtige Einflußgrößen.

Arbeitsort

Natürlich bestehen wesentliche Unterschiede in der Gestaltung dieser Einflußgrößen zwischen mündlicher und schriftlicher Wissensvermittlung.

Bei *verbaler Vermittlung* (Vortrag, Seminar, Vorlesung, Frontalunterricht) hat der Lernende nicht die Freiheit, Arbeitsort und Arbeitszeit zu wählen. Er kann nur begrenzt über Arbeitsmittel verfügen, den Arbeitsplatz kann er nicht selbst gestalten. Bestenfalls kann er sich einen Platz suchen, an dem er gut sehen und hören kann, also möglichst in der Nähe des Vortragenden. Es wird allerdings oft möglich sein, sich auf einen Vortrag vorzubereiten und ihn damit besser zu verstehen und mehr zu lernen.

Beim *Lernen mit schriftlichem Material* (Bücher, Studienbriefe, Zeitschriften etc.) ist der Arbeitende in der Wahl seines Arbeitsorts frei. Hier sollte jeder selbst ausprobieren, ob er z. B. die stimulierende Arbeitsatmosphäre im Lesesaal einer Bibliothek in Anspruch nehmen will oder ob er sich zu Hause so weit gegen Störungen abschirmen kann, daß ein konzentrierter Lernprozeß in Gang kommt.

▬ Arbeitsplatz

Über die Gestaltung des *Arbeitsplatzes* wollen wir nur einige grundlegende Bemerkungen machen. Günstig ist ein Arbeitsplatz, an dem alle für das Lernen notwendigen Materialien (Schreibgeräte, Lexika, Büromaterial, Ordner, Karteien usw.) verfügbar sind. Schreibtisch bzw. -platte müssen so groß sein, daß alle Hilfsmittel und Unterlagen Platz finden. <u>Ein Wechsel der Lernorte kann sich günstig auswirken.</u> Die verschiedenen Lernorte werden dann zu Abrufreizen, die die Erinnerungsleistung verbessern. Lernen bedeutet Anspannung (physiologisch meßbar z. B. als Muskelanspannung). Die Beziehung zwischen Anspannung (Erregung) und Leistung wurde bereits 1908 von Yerkes und Dodson als umgekehrte U-Kurve beschrieben (s. Abb. 7). Das Maximum der Lernleistung wurde bei mittlerer Erregung erzielt. Hier gibt es allerdings individuelle Unterschiede: Menschen, deren allgemeines Erregungsniveau ohnehin relativ hoch liegt, können vielleicht bei leichter Entspannung besser lernen, Menschen mit niedrigem allgemeinem Erregungs-

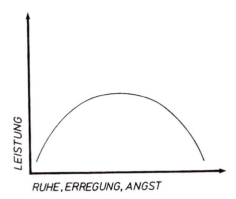

Abb. 7. Beziehung zwischen Lernleistung und Erregung.

niveau benötigen eher Aktivierungen, um sich für das Lernen »aufzuwärmen«. Günstig zur Herstellung und Aufrechterhaltung eines zum Lernen notwendigen mittleren Ausmaßes an physiologischer Erregung sind: ein nicht zu bequemer Arbeitsstuhl (Hemingway verfaßte seine Werke am Stehpult, Maler arbeiten in der Regel stehend an ihrer Staffelei), ausreichend frische Luft, eine Raumtemperatur, die unterhalb der Behaglichkeit vermittelnden Normaltemperatur liegt, sowie vernünftige Regelung der *Arbeitszeit* und der Pausen.

Arbeitszeit

Studenten, die in Prüfungen nicht erfolgreich waren, berichteten, daß sie sehr viel *Lernzeit* für die Prüfungsvorbereitungen aufgewendet hatten. Nicht wenige von ihnen hatten in den letzten Wochen vor den Prüfungen ohne Pausen fast Tag und Nacht gelernt. Die Menge investierter Zeit und Anstrengung stand dann oft in keiner vernünftigen Relation zum erzielten Ergebnis. Bei diesen Studenten fehlten häufig die sowohl lang- als auch kurzfristige Planung ihrer Arbeit.

Zur *langfristigen Planung* gehört die Klärung, welche Leistungen für ein bestimmtes Ziel verlangt werden, z. B.: »Welche Leistungsnachweise muß ich nach der Studienordnung im 1. Semester erwerben?«

Bei der Festlegung der angestrebten Ziele sind die persönlichen Voraussetzungen und bisher erbrachten Leistungen zu berücksichtigen. Die gesetzten Ziele müssen realistisch sein. In der Leistungsmotivationsforschung (Heckhausen 1989, Weiner 1976) werden zwei Richtungen des Leistungsmotivs unterschieden: Erfolgsorientiertheit und Mißerfolgsorientiertheit. Erfolgsorientierte Versuchspersonen stecken sich realistische Ziele, mißerfolgsmotivierte dagegen extrem niedrige oder unrealistisch hohe. Auf diese Weise bestätigen sich die Mißerfolgsorientierten immer wieder ihre geringe Leistungsfähigkeit. Sie erreichen entweder nur Ziele, die sie selbst als niedrig einschätzen, oder verfehlen die überzogenen Ziele. Beide Erfahrungen behindern die Entwicklung einer guten, realistischen Arbeitshaltung, weil motivierende Erfolgserlebnisse ausbleiben.

Wenn Sie Ihre eigenen Leistungsmöglichkeiten noch nicht ganz sicher einschätzen können, sollten Sie anfangs eher niedrigere als zu anspruchsvolle Ziele wählen, um auf jeden Fall die entmutigende Wirkung zu vermeiden, die das Verfehlen des selbst gesetzten Standards hat (Abb. 8).

Nachdem die *Fernziele* abgesteckt sind, muß geprüft werden, in welche *Teil- und Zwischenziele* sie aufgegliedert werden können und was zu tun ist, um diese Ziele zu erreichen. Dabei erweist es sich als günstig, mit dem Prüfungszeitpunkt zu beginnen und von dort in Richtung auf den gegenwärtigen Zeitpunkt weiterzuplanen. In dem Plan wird festgelegt, wann und wie die einzelnen Etappen und schließlich das Endziel zu erreichen sind.

Abb. 8. Es kann sehr bequem sein, sich die Ziele zu hoch zu stecken. Man muß gar nicht erst versuchen, sie zu erreichen.

➡ Die langfristige Planung muß ergänzt werden durch kurzfristige Arbeitspläne, die den Tages- bzw. Wochenablauf regulieren helfen. Der *Wochenplan* soll helfen, die Tätigkeitsschwerpunkte für die einzelnen Tage festzulegen. Im Wochenplan müssen Freizeit, Lernzeit und andere Verpflichtungen gewichtet und auf die jeweils individuellen Möglichkeiten und Bedürfnisse abgestimmt werden.

➡ Ganz entscheidend für die erfolgreiche Entwicklung eines angemessenen Lernverhaltens ist die Erstellung und natürlich auch Einhaltung eines *Tagesplans*.

Dazu gehören Kenntnisse über physiologisch bedingte Leistungsschwankungen des Organismus in Abhängigkeit vom Tagesverlauf. Das Maximum der physiologisch bedingten Leistungsfähigkeit liegt bei den meisten Menschen vormittags in der Zeit von 8 bis 10 Uhr. Ein erster Tiefpunkt wird zwischen 14 und 15 Uhr erreicht, dann gibt es eine zweite Spitze gegen 17 Uhr und von da ab einen kontinuierlichen Rückgang, der in der Zeit von 2 bis 4 Uhr morgens seinen Tiefpunkt erreicht. Diese Zeiten können individuell erheblich variieren, es empfiehlt sich, Selbstbeobachtungen durchzuführen, um <u>die eigenen Leistungsspitzen bzw. -tiefs festzustellen</u> (Ulich 1970).

Jeder hat beim Lernen schon einmal festgestellt, daß seine Leistungsfähigkeit nachläßt. Das spürt man daran, daß zunehmend unwillkürliche kurze Unterbrechungen auftreten; man gähnt, sieht aus dem Fenster, läßt die Gedanken kurz abschweifen, putzt sich die Nase, kratzt sich den Kopf, spielt mit dem Kugelschreiber etc. Diese Aktivitäten, die unwillkürlich ausgeführt werden, wenn die physiologische Erregung durch die gleichförmige Reizung, die vom Lernmaterial ausgeht, unter das für Lernen notwendige Ausmaß sinkt, sind nützlich zur Stimulierung des Organismus. Unter diesem Gesichtspunkt scheint das in der Schule häufig geforderte Stillsitzen zum Lernen nicht günstig zu sein (Luria 1973). Wenn solche Unterbrechungen jedoch zu häufig auftreten, vielleicht noch begleitet durch die Feststellung, beim Lesen eines Satzes nicht mehr zu wissen, welche Gedanken der vorhergehende Satz enthielt, dann sind die geplanten Arbeitsperioden zu lang. Bis diese Anzeichen bemerkt werden, ist jedoch meist schon relativ viel schlecht genutzte Lernzeit vergangen und die Motivation zum Lernen erheblich beeinträchtigt. ==Deshalb sollten die Pausen eingeplant werden==, zumal die Erwartung einer bald vorgesehenen geplanten Pause noch einmal einen Motivationsschub bewirkt. Die Einplanung von Pausen, d. h. auch des Pausenendes, erzeugt eine Lerneinstellung, die das Wiederaufnehmen der Arbeit nach der Pause erleichtert.

Pausen reduzieren außerdem retro- und proaktive Lernhemmungen. Als retroaktive Hemmung wird eine Lernstörung bezeichnet, die sich darin äußert, daß zwischen Lernen und Reproduktion eines Lernstoffs eingeschobene neue Lernprozesse, die Reproduktion des ersten Lernstoffes erschweren. Das experimentelle Beispiel (Tabelle 3) dieser Störung verdeutlicht diesen Sachverhalt (Müller u. Pilzecker 1900).

Proaktive Hemmung tritt auf, wenn bereits gelernter Stoff die Reproduktion eines später gelernten Stoffes erschwert (Tabelle 4).

Tabelle 3. Retroaktive Hemmung. Die Experimentalgruppe reproduziert Aufgabe A schlechter als die Kontrollgruppe

	Lernen	Lernen	Reproduktion
Experimental-gruppe	Aufgabe A	Aufgabe B	Aufgabe A
Kontroll-gruppe	Aufgabe A	–	Aufgabe A

Tabelle 4. Proaktive Hemmung. Die Kontrollgruppe reproduziert mehr Informationen der Aufgabe B

	Lernen	Lernen	Reproduktion
Experimental-gruppe	Aufgabe A	Aufgabe B	Aufgabe B
Kontroll-gruppe	–	Aufgabe B	Aufgabe B

Die Effekte bei retroaktiver Hemmung sind stärker als bei proaktiver. Je ähnlicher die Aufgaben A und B sind und je geringer der zeitliche Abstand zwischen den beiden Aufgaben ist, um so stärker ist die Hemmung. Beide Formen der Hemmung treten beim Lernen von sinnlosen Silben auf. Bei bedeutungshaltigem Lernstoff sind sie dagegen schwerer nachzuweisen. Dennoch empfehlen wir, sehr ähnlichen Stoff nicht direkt nacheinander zu lernen. Neben der Vermeidung von hemmenden Wirkungen kann ein Wechsel der Aufgabenart das Absinken der Motivation durch psychische Sättigung vermeiden helfen.

Welche Empfehlungen lassen sich für die Pausenregelung geben? In der Literatur werden vier Typen von Lernpausen unterschieden (Tabelle 5).

Zwei Vier-Stunden-Blöcke entsprechen dem Arbeitstag eines Arbeitnehmers und sollten nicht überschritten werden. Auch hier ist es wichtig, den eigenen Anspruch an die Arbeitszeit pro Tag nicht zu hoch anzusetzen. Effektives Lernen will gelernt sein, nicht jeder kann auf Anhieb am Tag acht Stunden geistige Arbeit verrichten. Eine langsame Steigerung der Arbeitszeit pro Tag sollte auf jeden Fall unter Berücksichtigung der Pau-

Tabelle 5. Lernpausen. (Nach Rückriem et al. 1977, S. 51)

Pausentyp	Dauer	Abstand	Pausentätigkeit
1. Unterbrechung	1 min	Nach Bedürfnis	Zurücklehnen
2. Minipause	5 min	Nach 30 min	Freiübungen o.ä.
3. Kaffeepause	15–20 min	Nach 2 Stunden	Kaffee trinken usw.
4. Erholungspause	60–120 min	Nach 4 Stunden	Essen, Schlafen usw.

senregelung versucht werden. Es ist uneffektiv, die Arbeitszeit zu verlängern, indem man Pausen einspart. Verteiltes Lernen ist effektiver als massiertes, und Pausen gehören zum Lernprozeß und unterstützen ihn.

Allerdings kommt es auch hier darauf an, wie die Pause genutzt wird. Generell gilt, daß Pausen für den Lernprozeß um so nützlicher sind, je mehr sich die Pausentätigkeit vom Lernverhalten unterscheidet. Wenn in den Lernphasen gelesen wird, wirkt sich das Zeitungslesen in der Pause nicht günstig aus. Minipausen und Kaffeepausen sollen, wie die spontanen Lernunterbrechungen, der Gewöhnung entgegenwirken. Gymnastische Übungen, die Erledigung alltäglicher Arbeiten (Rasieren, Schuheputzen, Kaffeekochen etc.) sind geeignete Pausenaktivitäten, während angenehme Tätigkeiten dazu führen können, daß man die Arbeit nicht wieder aufnimmt. Es ist dann leichter, sich wieder dem Lernen zuzuwenden, als wenn man sich von seinem Kriminalroman losreißen muß. Angenehme Pausenaktivitäten können andererseits zur Belohnung für bisher geleistete Arbeit verwendet werden, wenn sie entsprechend dem Lernerfolg eingesetzt werden. Nach der Theorie der operanten Konditionierung tritt Verhalten (Arbeiten, Lernen) mit größerer Wahrscheinlichkeit wieder auf, wenn ihm positive Konsequenzen folgen. Die Erstellung eines Arbeitsplans mit eingeplanten Belohnungen erleichtert die Selbstkontrolle und unterstützt den Aufbau und die Aufrechterhaltung von Lernverhalten.

Für die längeren Erholungspausen (ein bis zwei Stunden) gilt über das für die kurzen Pausen Gesagte hinaus folgendes: Wenn in dieser Pause eine Mahlzeit liegt, sollte die triviale Weisheit »Voller Bauch studiert nicht gern« Beachtung finden. Zu schwere Kost und zu große Mengen schaffen ungünstige physiologische Voraussetzungen für geistige Arbeit.

Werden die Erholungspausen für einen Schlaf genutzt, dann unterstützt diese »Pausentätigkeit« vor allem die Lernprozesse, die kurz vor der Pause stattgefunden haben. Bei der Informationsverarbeitung muß die als elektrische Energie vorhandene Information aus dem Kurzzeitspeicher im Langzeitspeicher chemisch repräsentiert werden. Die Umsetzung vom elektrischen in das chemische Format findet nach dem eigentlichen Lernprozeß als relativ träges Geschehen statt und kann, wenn – wie im Schlaf – keine neuen Informationen verarbeitet werden, ohne Störungen ablaufen. Dies gilt natürlich auch für Lernprozesse, die am Abend vor dem Einschlafen stattfinden. In diesem Sinn ist es sogar möglich, im Schlaf zu lernen (vgl. retroaktive Hemmung).

Wir haben die Notwendigkeit der Planung immer wieder hervorgehoben. Der beste Plan taugt jedoch nichts, wenn er in der Schublade verschwindet und vergessen wird (vgl. Hartig 1973). Befestigen Sie den Plan deshalb deutlich sichtbar in der Nähe Ihres Arbeitsplatzes und vergleichen Sie regelmäßig Ihre erbrachten Leistungen mit Ihren Zielen. Wenn Soll und Ist ausgeglichen sind, werden Sie dies mit Befriedigung feststellen und sich ruhigen Gewissens den angenehmeren Dingen des Lebens zuwenden können. Sollten Sie jedoch feststellen, daß Sie Ihr Soll nicht erreicht haben, dann ist es wenig hilfreich, wenn Sie sich als Versager bezeichnen, sich sagen »das schaffe ich sowieso nie«, und mit dieser Ausrede die Arbeit ganz unterbrechen. Wenn Sie sich dafür dann noch belohnen, indem Sie sofort angenehme Dinge tun, haben Sie ein perfektes Arbeitsvermeidungsverhalten aufgebaut. Um dies zu verhindern, verweisen wir hier noch einmal auf das wichtigste Planungsprinzip: Die Ziele müssen auf jeden Fall *erreichbar* sein, im Zweifelsfall sollen sie eher zu niedrig als zu hoch gesteckt werden!

Checkliste zur Erstellung eines Arbeitsplans

1) Ist-Erhebung

a) Selbstkontrolle über 2 Wochen zur Ermittlung der zur Verfügung stehenden Lernzeit durchführen (s. Selbstkontrollbogen)
 – Günstige Tageszeit ermitteln
 – Wieviel Material pro Zeiteinheit wird gelernt (Lernen + Einüben)?

b) Durchsicht des Selbstkontrollbogens
 – Prioritäten setzen
 – Zeitoptimierung versuchen (z. B. Reduzierung der Wegezeiten durch Zusammenlegen von Terminen)
 – Aktivitäten, die weder besonders nützlich noch besonders angenehm waren, streichen
 – Prüfen, ob andere helfen können, indem sie zeitweise Routinearbeiten übernehmen

c) Zur Verfügung stehende Lernzeit (Ist) ermitteln

2) Soll-Erhebung

a) Lernziele abklären
 – In welchen Fächern, Bereichen, Gebieten müssen Prioritäten gesetzt werden?
 – Welche Leistungen gemäß Studienordnung (Prüfungsordnung) muß ich erbringen (Informationen von Kommilitonen, Lehrern, Studienberatung etc. einholen)?
 – Was soll genau gelernt werden (Literaturliste, Lehrbücher etc.)?

b) Wie sind die Lernziele zu erreichen?
 – Schriftliche Hausarbeit anfertigen
 – Kolloquium machen
 – Mündliche Mitarbeit im Unterricht
 – Klassenarbeit schreiben

c) Wie erwerbe ich die verlangten Kenntnisse?
 – Seminar besuchen
 – Literatur bearbeiten
 – Hausaufgaben machen
 – Unterricht vorbereiten/nachbereiten
 – Skripten lernen

d) Geschätzter Zeitaufwand für die unter c) aufgeführten Aktivitäten (Soll)

Besser zuviel als zuwenig Zeit annehmen!
3) **Ist-Soll-Vergleich**
a) Ist = Soll
   - Arbeitsplan erstellen. Dabei vom Prüfungszeitraum an rückwärts planen!
b) Ist < Soll
   - Selbstkontrollbogen auf weitere Zeiteinsparungsmöglichkeiten prüfen
   - »Mut zur Lücke« finden. Dabei Prioritäten setzen!

Die allgemeinen Bedingungen des Lernens können nur in Form eines groben Rasters von Anregungen dargestellt werden. Der Leser muß die einzelnen Vorschläge auf seine individuellen Bedürfnisse abstimmen.

Allgemein gilt jedoch:

- Lernen muß geplant werden (Planung).
- Planung und Ausführung müssen regelmäßig miteinander verglichen werden (Selbstkontrolle).
- Pausen sind Teil des Lernprozesses (Belohnung).
- Regelmäßigkeit erleichtert die Entwicklung günstiger Lerngewohnheiten (Rhythmisierung).

Eine Checkliste mit Hinweisen zur Erstellung eines Arbeitsplans finden Sie auf S. 41. Die S. 43 enthält einen Selbstkontrollbogen, mit dem Sie wichtige Daten zu Ihrem Arbeitsverhalten erheben können, und die S. 44–46 zeigen ein Beispiel für einen Arbeitsplan.

Lernaktivitäten

Die allgemeinen Bedingungen des Lernens liefern den Rahmen, innerhalb dessen die Informationsverarbeitung, die eigentlichen Lernaktivitäten stattfinden. Diese Lernaktivitäten sind verschieden, je nachdem, ob aus Texten gelernt oder ob Fakten eingeprägt werden müssen.

Selbstkontrollbogen

Thema: Lernzeit, eigene Arbeitsunterbrechungen, Lernleistung pro Zeiteinheit usw.

Mögliche Arbeitszeit	Mo	Di	Mi	Do	Fr	Sa	So	Bemerkungen: (z. B. was war vor/nach der Unterbrechung)
8– 9								Mo
9–10								Di
10–11								Mi
11–12								Do
13–14								Fr
14–15								Sa
15–16								So
16–17								
17–18								Auswertung
18–19								
19–20								Was kann ich ändern?
Summe tatsächl. Arbeitszeit								1.
Summe bearbeitete Seiten								2.
Summe Unterbrechungen								3.

Arbeitsplan

Zeit	2. Woche vor der Prüfung		Prüfungswoche (Üben/Lernkontrolle)				
	Mo (Fortsetzen bis Samstag)	Di	Mo	Di	Mi	Do	Fr (Prüfungstag)
$8^{00} - 9^{00}$	Aufstehen, Frühstück etc.	Aufstehen, Frühstück etc.					
$9^{00} - 9^{30}$	Lehrbuch S. 12–20 Lesen mit unterstreichen	Kap. 5 lesen u. Sätze vereinfachen	Fragen Kap. 1, 2 beantworten				
$9^{30} - 9^{35}$	Aufstehen/Herumgehen	Gymnastik Schuhe putzen					
$9^{35} - 10^{05}$	Kap. 1 Lesen mit unterstreichen	Kap. 5: lesen und bildhafte Vorstellungen entwickeln	Zusammenfassung Kap. 3 schreiben	Kommilitonen zum Stoff befragen	Freizeit, evtl. einige Wiederholungen	Freizeit Bewegung Entspannung	Freizeit Bewegung in frischer Luft
$10^{05} - 10^{10}$	Obst essen	Film für den Abend aussuchen					
$10^{15} - 10^{45}$	Unterstrichene Begriffe definieren	Kap. 6: Kann man damit Geld verdienen?	Story zum Stoff erfinden				
$10^{45} - 11^{00}$	Tee kochen/trinken	Teetrinken/Telefonieren/Geschirrspülen					

11^{00}–11^{30}	Kapitel in eigenen Worten zusammenfassen	Kap. 6: Stichworte mit Loci-Technik lernen	Reportage zum Thema X vorbereiten
11^{35}–11^{40}	Schallplatte hören	Aufstehen/Bewegung/kleine Reparaturarbeiten	
11^{40}–12^{10}	Überblick ü. Kap. 2 verschaffen/Gliedern	Kap. 9 neu gliedern	
12^{10}–12^{15}	Atemübung	Hinlegen/Entspannung	
12^{15}–12^{45}	Hierarch. Abrufplan von Kap. 2 anfertigen	Netzstruktur Kap. 1–7	Leserbrief zum Thema verfassen
12^{45}–14^{15}	Essen/Schlafen	Essen/Spaziergang	Netzstruktur Kap. 1–7 umstellen
14^{15}–14^{45}	Kap. 3 Lesen/unterstreichen	Netzstruktur Kap. 1–9 anfertigen	Üben/Lernkontrolle
14^{45}–14^{50}	Blumen gießen/Aufräumen	Prüfer in Sprechstunde aufsuchen Themenbereiche abstecken	
14^{50}–15^{20}	Kap. 3: alle unwichtigen Sätze streichen		Kommilitonen den Stoff frei vortragen
15^{20}–15^{25}	Telef. Verabredung für Abend treffen		

Ratschläge beachten

evtl. mit Kommilitonen den Stoff diskutieren

Arbeitsplan

Zeit	2. Woche vor der Prüfung		Prüfungswoche (Üben/Lernkontrolle)				
	Mo (Fortsetzen bis Samstag)	Di	Mo	Di	Mi	Do	Fr (Prüfungstag)
15^{25}–15^{55}	Stichwörter Kap. 1–3 mit Kennworttechnik lernen						
15^{55}–16^{15}	Entspannung/Autogenes Training	Examenskolloquium besuchen offene Fragen klären				evtl. Maßnahmen gegen Prüfungsangst (s. S. 58, 59 207–209 Kap. 9)	
16^{15}–16^{45}	Kap. 4 lesen u. frei auf Tonband sprechen						
16^{45}–16^{50}	Obst essen						
16^{50}–17^{20}	Fragen zu Kap. 4 überlegen						
17^{20}–17^{25}	Gymnastik						
17^{25}–18^{00}	Anwendungen zu Kap. 1–4 überlegen Erledigungen, Freizeit, evtl. Freund/Freundin das Gelernte erzählen	Fragen zu Kap. 1–9 überlegen	Kennwortliste Kap. 1–3 abrufen				

Texte müssen *auf das Wesentliche reduziert* werden – es wäre unsinnig (vielleicht mit Ausnahme von Gedichten) zusammenhängende Informationstexte wortwörtlich zu lernen. Fakten (Geschichtsdaten, Definitionen etc.) dürfen nicht reduziert werden. Sie sind oft deshalb schwer zu lernen, weil sie an sich nicht sinnvoll sind und deshalb nicht gut in das bereits vorhandene Wissen eingeordnet werden können. Die Einordnung in den Langzeitspeicher ist einfacher, wenn die zu lernenden Fakten so mit zusätzlicher Information angereichert werden, daß ein sinnvoller Zusammenhang entsteht (elaborative Technik).

Während *Informationsreduktion* zum selbstverständlichen Repertoire jedes Lernenden gehört, benutzen nur wenige *elaborative Techniken*. Die gängige Formel – je weniger Stoff, desto leichter das Lernen – wird hier auf den Kopf gestellt. Es mag vielen Lernenden einfach paradox erscheinen, Informationen, die sie nicht benötigen, zu lernen, um Informationen, die sie brauchen, besser behalten zu können.

Das Lernverhalten hängt natürlich auch von der Art der Informationsdarbietung ab.

Reduktion – Textlernen

Verbal vermittelter Text

Als erstes muß sich der »Hörer« von dem Gedanken trennen, er brauche nur die Ohren zu öffnen und werde auf diese Weise, mehr oder minder passiv, lernen. Eine solche Hörgewohnheit verführt dazu, in Gedanken abzuschweifen, sich mit interessanteren privaten Erlebnissen oder Plänen zu befassen oder einfach dahinzudösen. Effektiv gelernt wird nur, wenn der Stoff gedanklich bearbeitet wird, indem die Informationen in Beziehung zu Bekanntem gesetzt werden, der Aufbau des Vortrags erfaßt und versucht wird, Wichtiges von Unwichtigem zu unterscheiden etc.

Auch das *Mitschreiben* diszipliniert die Gedanken und hält sie bei der Sache. Einstein et al. (1985) zeigen, daß Studierende, die Notizen anfertigten, mehr wichtige Informationen erinnerten, als Studierende, die nur zuhörten. Allerdings ist es nicht sinnvoll zu versuchen, alles mitzuschreiben.

Zwischen der Anzahl der mitgeschriebenen Wörter und der Menge der nach einer Woche erinnerten wichtigen Textinformationen fand Howe (1977) bei Studenten keinen Zusammenhang. Wenn jedoch das Verhältnis von Anzahl der aufgeschriebenen wesentlichen Textinformationen zur Gesamtzahl der notierten Wörter erfaßt wurde, korrelierte dieser Wert positiv (r = 0,53) mit der Reproduktionsleistung nach einer Woche. Je weniger Nebensächliches und Überflüssiges notiert wurde, d. h., je ökonomischer die Mitschriften gestaltet waren, um so mehr war gelernt worden. Obwohl aus dieser Untersuchung nicht unmittelbar nachweisbar ist, daß Studenten mehr lernen, weil sie während des Mitschreibens besser strukturieren, können die Ergebnisse so interpretiert werden, daß der Lernprozeß durch die jeweilige Strategie des Notierens beeinflußt wird. Unterstützung findet diese These durch Untersuchungsergebnisse, nach denen mitgeschriebene wesentliche Textinformationen nach einer Woche – ohne Möglichkeit der Einsichtnahme in die Mitschriften – siebenmal häufiger erinnert wurden als Gedanken, die nicht schriftlich festgehalten worden waren! In einer weiteren Untersuchung (Shrager u. Mayer 1989) zeigte sich ein Zusammenhang zwischen Vorwissen und Effektivität des Mitschreibens. Lernende mit geringem Vorwissen profitierten bei späteren Wissensfragen und bei Transferaufgaben. Lernende mit gutem Vorwissen können dagegen eher auf die Strukturierung durch Mitschreiben verzichten.

Der Sinn des Mitschreibens liegt aber natürlich nicht nur in der Informationsreduktion während der Informationsdarbietung. Mitschriften werden angefertigt, um den Text nacharbeiten zu können. Howe (1977) berichtet, daß Studenten, die bei einem Test unmittelbar nach der Informationsdarbietung überdurchschnittliche Ergebnisse erzielten, sich in einem späteren Test nicht weiter verbesserten, wenn sie zusätzlich eine gut gegliederte Zusammenfassung des Textes zur Nacharbeit bekamen.

Überdurchschnittliche Studenten konnten sich mit ihren eigenen Mitschriften auf den zweiten Test genauso erfolgreich vorbereiten wie mit dem gut strukturierten Papier des Dozenten. Dagegen profitierten Studenten, die im ersten Test schlechte Leistungen erbrachten, erheblich von der Strukturierung des Dozenten.

Zusammenfassend kann aus den vorliegenden Untersuchungen geschlossen werden, daß Mitschreiben in Vorträgen und Lehrveranstaltungen den Lernprozeß nur dann begünstigt, wenn vor bzw. während der Niederschrift Informationsverarbeitungsprozesse stattfinden, die zu einer sinnvollen *Informationsreduktion* führen.

Mitschriften als Unterlagen für die Stoffwiederholung werden ebenfalls effektives Lernen nur dann fördern, wenn sie gut strukturiert sind und im Nachhinein nicht nur gelesen, sondern im Hinblick auf Grundgedanken, Lücken, Zusammenhänge, Unklarheiten, eigene Fragestellungen, praktische Verwertbarkeit der Information etc. durchgearbeitet werden.

Schriftlich vermittelter Text

Das Lernen aus schriftlichen Unterlagen (Bücher, Zeitschriften, Studienbriefe, Mitschriften) nimmt gerade bei Jugendlichen und Erwachsenen einen erheblichen Raum ein. *Informationsreduktion* ist auch hier unabdingbar. Die Techniken, Information zu reduzieren, sind vielfältig:

Reduktion

- Unterstreichen der wichtigsten Konzepte,
- Herausschreiben der zentralen Begriffe,
- kursorisches Lesen,
- selektives Lesen,
- Durchstreichen von Unwesentlichem,
- Text unter bestimmter Fragestellung durcharbeiten,
- neue Überschriften formulieren,
- Zusammenfassen in eigenen Worten,
- Schemata entwerfen etc.

Alle Techniken der Informationsreduktion führen zu tieferer Informationsverarbeitung (s. Kap. 6). Allerdings ist auch hier Einübung in die Methoden notwendig. Erst ein Training zum sinnvollen Unterstreichen verbesserte die Lernleistungen bei Realschülern des 9. und 10. Jahrgangs gegenüber einfachem Lesen erheblich (Dumke u. Schäfer 1986). In derselben Untersuchung zeigte sich, daß gute Lerner sparsam unterstreichen.

Brown und Day (1983) konnten mit den folgenden Regeln Trainingserfolge beim Erstellen von Zusammenfassungen erzielen:

- Weitschweifige oder triviale Inhalte werden weggelassen.
- Spezielle Inhalte werden durch allgemeinere Konzepte ersetzt.
- Aus dem Text werden übergeordnete Sätze ausgewählt.
- Es werden übergeordnete Sätze gebildet (z. B. auch Überschriften).

Dansereau et al. (1979) regen an, Lernen aus Texten als Problemlösungsprozeß zu betrachten und den zu lernenden Text in mehreren Schritten zu bearbeiten. Das erste Lesen soll dazu dienen, sich einen Überblick zu verschaffen:

Reduktion

- Was kommt in dem Text vor (Zusammenfassungen und Inhaltsverzeichnisse lesen)?
- Wieviel der dargestellten Informationen sind mir schon bekannt?
- Wieviel Zeit werde ich zur Bearbeitung des Textes benötigen?
- In welche Abschnitte wird das Lesen einteilbar sein?
- Welche Stellen sind mir nicht verständlich?

Erst in einem weiteren Durchgang erarbeitet sich der Leser die Textstellen, die er nicht auf Anhieb verstanden hat, indem er zunächst das Problem identifiziert (schwieriges Wort, unverständlicher Satz, ganze Passage unverständlich). Dann geht er das Problem mit geeigneten Strategien an, z. B. Wortanalyse durch Bestimmen von Präfix/Suffix oder Satzanalyse durch Bestimmen von Subjekt und Prädikat. Ist der Text dann noch nicht verstanden, sucht man in der Umgebung des Problems nach erläuternden Informationen (z. B. Synonyme, Erklärungen, Beispiele etc.) und zieht ggf. andere Quellen hinzu (Lexika, andere Lehrbücher, Lehrer, Studienkollegen usw.).

Das Ziel dieser Strategie ist, den Leser aus der Rolle des mehr oder minder passiven Rezipienten in die Rolle des aktiven Problemlösers zu führen.

»5-Schritt-Methode« zum Lernen mit Texten
(Günther, Heinze & Schott 1977)

(1) Zunächst hat der Student sich einen Überblick über einen Text zu verschaffen. Dadurch kann er entscheiden, ob der Text für seine Fragestellung überhaupt wichtig ist und wenn ja – in einem zwei-

Reduktion

ten Schritt – welche seiner Fragen in diesem Text angesprochen werden. Zunächst wird also überfliegend gelesen, bzw. Klappentexte, Inhaltsverzeichnis u. ä. werden gründlich gelesen.

(2) Der Student formuliert die Fragen, die er durch das Lesen des Textes beantworten will. Es geht hier um eine sehr explizite Lernzielformulierung, wobei die Lernziele unterschiedlich spezifisch formuliert werden können.

(3) Der Text wird gezielt auf die Fragen hin gelesen. Dadurch wird wahrscheinlich sowohl eine Auswahl möglich als auch eine Einordnung der Textinhalte in Zusammenhänge.

(4) Wiederholen des Gelesenen, indem die Fragen aus dem Gedächtnis (also ohne Einblick in den Text zu nehmen) (schriftlich) beantwortet werden. Dadurch wird ein aktives und präzises Umgehen mit dem Textinhalt gefördert, und der Erfolg ist überprüfbar.

(5) Rückblick und Überprüfung. Nun kann anhand des Textes kontrolliert werden, ob die Fragenformulierung selbst und die Antworten angemessen waren, und es können entsprechende Berichtigungen vorgenommen werden.

In diesen Schritten sind einzelne Techniken enthalten: Zusammenfassungen schreiben (4, 5), Unterstreichen (3), Beantworten von (selbstgestellten) Fragen (4) und (selbstgestellte) Lernzielvorgaben (2).

Elaboration – Faktenlernen

Für das Faktenlernen gilt – unabhängig davon, ob die Fakten mündlich oder schriftlich dargeboten werden –, daß Elaboration das Lernen erleichtert. In Kap. 3, 5, 6 und 7 finden Sie zahlreiche Anregungen, wie man bedeutungsarmen Stoff mit Sinn anreichert, um ihn zu lernen. Elaborative Techniken werden neben reduktiven auch bei Texten von großer Informationsdichte anzuwenden sein.

Reduktion und Elaboration als sich ergänzende Prozesse

Wenn der zu lernende Text auf ein sinnvolles Maß reduziert worden ist, hat schon eine Reihe von Verarbeitungsprozessen stattgefunden. Dieses Wissen kann nun gefestigt werden, indem es elaboriert wird, z. B. durch Darstellung der wichtigsten Konzepte in einem hierarchischen Abrufplan, Visualisierung, Einbindung in eine Geschichte, Verwendung eines Kennwortsystems, Entwicklung von Beispielen, Überprüfung auf praktische Verwertbarkeit etc.

Üben und Lernkontrolle

Als gesichert kann gelten, daß verteiltes Üben effektiver ist als massiertes Üben. Es ist besser, Vokabeln an 8 Tagen täglich 3mal zu lernen, als an einem Tag 24mal (Kay 1955). Einfaches Wiederholen (wiederholtes Lesen bzw. Hören) ist sehr ineffektiv. In jedem Fall wirkungsvoller sind Wiederholungen, wenn sie mit tieferer Informationsverarbeitung im Sinne von Neuorganisation, Umstrukturierung, Elaboration und Reduktion verbunden sind. Durch solche Wiederholungen werden zusätzliche Abrufreize und Abrufstrategien geschaffen, die die gelernten Informationen verfügbarer machen. Je mehr Wege zu einer Information im Langzeitspeicher führen, desto größer ist die Wahrscheinlichkeit, daß sie abgerufen werden kann.

Fragen, etwa: was, wo, wer, wann, wozu, warum, dienen ebenfalls diesem Zweck. Bereits fünfjährige Kinder konnten durch Verwendung der Fragen »what« und »why« ganz erheblich verbesserte Lernleistungen erzielen (Turnure et al. 1976).

Die Beantwortung von Fragen nach jedem Abschnitt eines längeren Textes steigert die Lernleistungen von Studenten beim Abschlußtest ganz erheblich (Rothkopf 1966). Dies gilt insbesondere, wenn die Textfragen »auf konkretem faktuellen Niveau« formuliert sind (Groeben 1982).

Wenn aus Texten gelernt werden soll, wird der Leser bewußt oder unbewußt den Text nach einer bestimmten Perspektive bearbeiten. Stimmt die Leseperspektive mit der Abrufperspektive überein, wird am besten erinnert. So erinnern sich Versuchspersonen an unterschiedliche Details eines Textes, in dem ein Haus beschrieben wird, je nachdem, ob sie den Text aus der Sicht eines Hauskäufers oder eines potentiellen Einbrechers gelesen haben (Anderson u. Pichert 1978). Stimmen Leseperspektive und Abrufperspektive nicht überein, wird insgesamt weniger abgerufen. Da dies im Alltagsleben und auch in Prüfungen eher den Regelfall als die Ausnahme darstellt, ergibt sich hier ein Dilemma. Dies wird glücklicherweise dadurch verringert, daß bei Anwendung weiterer Perspektiven Informationen erinnert werden, deren Abruf aus der Leseperspektive nicht erfolgreich war (Flammer 1985).

Wir empfehlen außerdem, Stichworte von zu lernendem Text anzufertigen und anhand der Stichwortliste den Inhalt frei zu reproduzieren. Es lohnt sich, den Versuch zu machen und zu erleben, wie einfach es ist, anhand einer solchen Liste von vielleicht 20 Wörtern eine halbe Stunde frei zu sprechen.

Üben / Lernkontrolle
Übungen verteilen
Vor dem Schlafengehen wiederholen
Auf Tonband sprechen und abhören
Sich selbst laut vorsprechen
Stichworte machen und danach laut einen Vortrag halten
Text aus unterschiedlichen Perspektiven lesen
Informationen aus unterschiedlichen Perspektiven abrufen
Jemandem erzählen, was im Text steht
Sich von anderen abhören lassen
Sich Fragen zum Text stellen und diese laut beantworten
Die 5 wichtigsten Gedanken aus jedem Kapitel aufschreiben
Sich zu den wichtigsten Gedanken ein Beispiel, eine Anwendung, ein Experiment o. ä. ausdenken und aufschreiben
Ein Schema zeichnen
Bildhafte Vorstellungen entwickeln
Stoff neu gliedern
Neue Überschriften zu den Kapiteln erfinden

Affektive Hemmung

Die umgekehrte U-Kurve, welche die Beziehung zwischen Lernen und Erregung darstellt (s. S. 33), verweist auf die lernhemmende Auswirkung starker Gefühle.

Wenn *vor* einem Lernprozeß intensive Gefühle (Furcht, Wut, Freude, Spannung) auftreten, dauert es einige Zeit, bis die affektive Erregung abklingt und sich auf ein für das Lernen geeignetes mittleres Niveau einpendelt. Nach einem Streit mit dem Freund/der Freundin

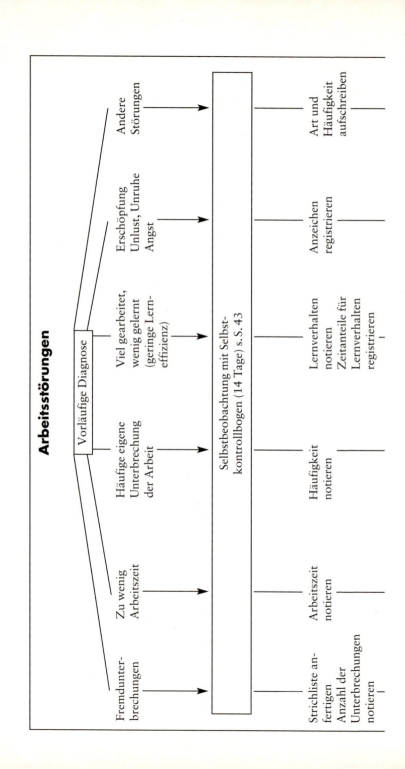

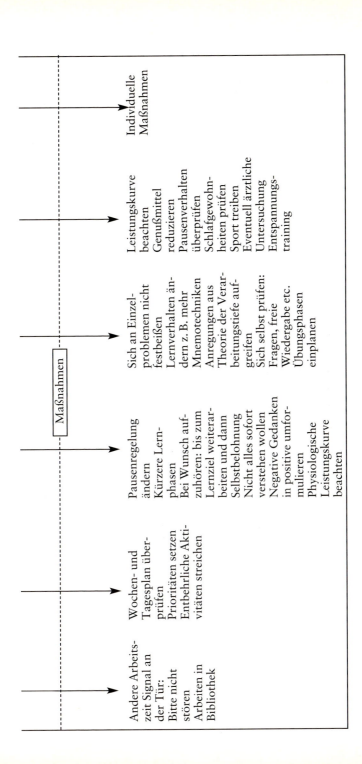

oder nach dem Erschrecken über den Steuerbescheid läßt sich nur schlecht lernen. Wer seine Zeit nicht gut eingeteilt hat und dann vor der Prüfung mit ständiger Furcht im Nacken arbeitet, schafft sich selbst eine ungünstige Arbeitssituation. Ängstliche Lerner sind weniger flexibel in der Verwendung von Lernstrategien und lernen damit schlechter (Mueller 1979, Edmundson und Nelson 1976).

Direkt *nach* dem Lernprozeß auftretende starke Erregung kann die Übertragung der Information vom Kurzzeitspeicher in den Langzeitspeicher behindern. Die *retrograde Amnesie,* das vollständige Vergessen von Ereignissen, die einem Schock, wie z. B. einem Unfall, vorausgegangen sind, stellt dieses Phänomen in extremer Form dar.

■ Individuelle Unterschiede und Lerntechniken

Cronbach und Snow (1977) haben umfangreiche Forschungen zu individuellen Differenzen beim Lernen durchgeführt. Im deutschen Sprachraum hat Flammer (1975) das Thema aufgegriffen und in seinen Untersuchungen berücksichtigt. Während Vester (1975) sich zunächst auf Vermutungen stützt, wenn er behauptet, daß Personen sehr verschieden lernen und jeder die für sich geeignete Form des Lernens ausprobieren muß, kann Flammer (1975) auf empirische Befunde verweisen.

Aufschlußreich sind Untersuchungen, in denen die Versuchspersonen über die eingesetzten Strategien befragt werden und der Lernerfolg später in Beziehung zu den Lernstrategien gestellt wird (Frederiksen 1969). Auch hier ist natürlich der Zugang zu den individuellen

Lernstrategien durch das Ausmaß an Bewußtheit der Strategien und natürlich durch die vom Versuchsleiter vorgegebenen Antwortalternativen beschränkt.

Klare Ergebnisse in Hinsicht auf individuelle Differenzen liegen in bezug auf die Mnemotechniken für hochbegabte Schüler und Studenten vor. Sie lernen bei schneller Vorgabe von Wörtern besser als Normalbegabte, scheinen ihren Vorteil also durch die bessere und aktivere Informationverarbeitung zu erreichen (Scruggs und Mastropieri 1984).

Werden sie instruiert, Mnemotechniken (Peg word, Schlüsselworttechnik, Scruggs u. a. 1985) zu verwenden, so vergrößert sich ihr Abstand zu normalen Lernern weiter. Sie sind eher in der Lage, diese Techniken auch einzusetzen, und übertragen sie auf andere Aufgaben (Scruggs u. a. 1986).

Dies mag daran liegen, daß sie im Vergleich zu normalbegabten Personen motivierter an Lernaufgaben herangehen und daher bereit sind, die komplizierten Mnemotechniken auch angstfrei einzusetzen. Sicher haben sie mehr »Prozessorkapazität« frei. Sie profitieren jedenfalls von den Lernstrategien (die sie optimal einsetzen) stärker als die Normalbegabten! Dabei korrelieren Ausmaß und Korrektheit der Strategieverwirklichung bei Hochbegabten und bei Normalbegabten gleichermaßen mit dem Lernerfolg (Scruggs und Mastropieri 1988).

Schon Bartlett (1932) wies darauf hin, daß die Lebhaftigkeit bildhafter Vorstellungen bei verschiedenen Menschen sehr unterschiedlich ausgeprägt sein kann. In der Forschung spricht man von der Dichotomie »visualizer – verbalizer«. Es ist bereits ein Fragebogen veröffentlicht, mit dem das Vorwiegen des einen oder anderen kognitiven Stils gemessen werden kann (Richardson 1977). Lerntechniken, die bildhafte Elemente verwenden, werden vermutlich leichter von Personen mit lebhaften visuellen Vorstellungen akzeptiert. Untersuchungen zeigen allerdings, daß die Wirksamkeit der Mnemotechniken, die sich bildhafter Elemente bedienen, nicht mit dem subjektiven Bericht über die Lebhaftigkeit visueller Vorstellungen oder mit Maßen räumlichen Vorstellungsvermögens korrelieren (Ernest 1977, Hall et al. 1989).

Seit 1908 (Yerkes und Dodson) weiß man, daß der Zusammenhang zwischen Erregung und Lernleistung umgekehrt u-förmig (s. S. 33) ist, d. h. es gibt bei der Variablen *Erregung* für das optimale Lernen ein Zuviel und ein Zuwenig. Dabei kann es erhebliche individuelle Unterschiede geben, die sich verschiedenartig auswirken; z. B. in bezug auf die optimale Tageszeit für das Lernen. Weil die Gesamterregung im Laufe des Tages ansteigt, werden eher ängstliche Individuen morgens unter geringerer Gesamterregung besser lernen können als abends unter erhöhter Erregung. Hier gilt auf jeden Fall, was Vester in seinem populären Buch zum Lernen vertritt: Jede Person muß selbst herausfinden, welche Tageszeit die günstigste ist, gegebenenfalls müßte man hier zu erregungssenkenden Maßnahmen greifen (vgl. Kap. 2).

Auch bezüglich der vielen Vorschläge, die in unserem Buch gemacht werden, gilt:

> Jeder muß für sich selbst experimentieren, um herauszufinden, was für ihn eine optimale Lerntechnik sein könnte, die ihm am meisten Spaß macht.

An dieser Stelle noch einmal unser Vorschlag bzw. Wunsch:

Besonders in Institutionen, in denen Lernen eine wichtige bzw. die Hauptrolle spielt, sollten dem einzelnen spezielle Kurse angeboten werden, um
- verschiedene Lernmethoden kennenzulernen und
- sich nutzbare Elemente davon anzueignen.

Abschließende Hinweise

Das Thema Lernverhalten wurde in diesem Kapitel relativ eng, am Lernprozeß selbst orientiert behandelt. Innerhalb des hier abgesteckten Rahmens muß der einzelne seine individuellen Präferenzen, Stärken und Schwächen selbst ermitteln und sein Arbeitsverhalten darauf abstimmen. Bei der Darstellung des allgemeinen Rahmens haben wir uns soweit wie möglich auf empirisch gesicherte Befunde der wissenschaftlichen Psychologie gestützt. Wir haben uns dabei auf das Lernverhalten Erwachsener und Jugendlicher konzentriert, weil diese in erster Linie unsere Leser sein werden und weil wir sonst nicht ohne ein umfangreiches Maß an Entwicklungspsychologie ausgekommen wären. Ausgeklammert wurden – obwohl wichtig – das Lernen in Arbeitsgruppen, Fragen der Materialfindung und Materialdokumentation sowie sozialpsychologische und gesellschaftliche Bedingungen des Lernens. Diese Aspekte finden sich in zahlreichen Schriften zum Lernen und wissenschaftlichen Arbeiten (s. Angermaier 1976, Rückriem et al. 1977, Viebahn 1990).

3 Bildhafte Vorstellungen

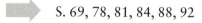 S. 69, 78, 81, 84, 88, 92

Innere visuelle Vorgänge

Bildhafte innere Vorgänge sind jedem Menschen als Traum oder Vorstellungsbild oder gegebenenfalls als Drogenerfahrung bekannt. Es ist schwer verständlich, daß (wie in der Verhaltenspsychologie) solche Phänomene über einige Jahrzehnte unbeachtet blieben. Erst ein Studium der Methodengeschichte der Psychologie läßt erkennen, warum Phänomene, die sich nur auf die Selbstbeobachtung gründen, von der wissenschaftlichen Psychologie mit einigem Grund nicht beachtet wurden. Tatsächlich ist es schwer, diese Vorgänge experimentell zu demonstrieren.

Shephard u. Metzler (1971) prüften in einem mittlerweile berühmten Experiment die Entscheidungszeiten beim Vergleich von rotierten Figuren. Die Versuchspersonen hatten die Aufgabe anzugeben, ob zwei Figuren, die gegeneinandergedreht dargeboten waren, gleich sind oder nicht. Das Ergebnis war, daß die Entscheidungszeit linear mit dem Drehungswinkel der Figuren (zueinander) anstieg. Eine nicht unmittelbar bewiesene, aber naheliegende Interpretation ist, daß die Drehung intern mit einer konstanten Winkelgeschwindigkeit rückgängig gemacht wird, also eine »analoge«, d. h. hier visuelle Informati-

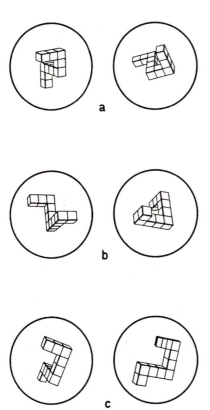

Abb. 9. Die Versuchspersonen sollten beurteilen, ob es sich um die gleichen Figuren handelt. (Aus Shepard und Metzler 1971).

onsverarbeitung erfolgt. Die untersuchten Personen berichteten auch, innere visuelle Umformungen vor dem Vergleich durchgeführt zu haben (Abb. 9). Wenn eine Versuchsperson aufgefordert wird, eine Vorstellung zu erzeugen und gleichzeitig mit den Händen eine räumliche Aufgabe bewältigen soll, ist die Vorstellungskraft gestört, die räumliche Aufgabe stört die Vorstellungstätigkeit (Brooks 1968). Auch dieses Experiment kann als Hin-

Abb. 10. Bei jeder äußeren oberen Ecke sollte versucht werden, innerlich »ja« zu sagen oder mit der rechten Hand kurz aufzutippen. Bei jeder anderen Ecke soll innerlich »nein« gesagt oder mit der linken Hand aufgetippt werden.

weis auf die analoge, visuelle Natur interner Vorstellungen interpretiert werden.

Die Experimente von Brooks sollen durch die folgende Aufgabe illustriert werden. Die Versuchspersonen wurden gebeten, sich ein F anzusehen (Abb. 10). Sie, lieber Leser, können nachprüfen, ob sie die gleichen Beobachtungen machen. Nun sollten sie in Gedanken die Umrißlinie des F verfolgen und jedesmal »ja« sagen, wenn sie in Gedanken eine obere oder untere Ecke erreicht hatten bzw. »nein« sagen, wenn sie eine seitliche Ecke durchliefen. Mußten diese Reaktionen verbal abgegeben werden, so gelang dies schneller und unter weit weniger Schwierigkeiten, als wenn ein rechter oder linker Knopf zu drücken war. Unter dieser letzten Bedingung war sowohl durch die Vorstellungsaufgabe als auch durch die Zeigeaufgabe nämlich das gleiche räumlich visuelle System belastet. Entsprechende Ergebnisse lassen sich auch für die Doppelbelastung des verbalen Systems zeigen, z. B. wenn beim inneren Vorsprechen eines Satzes die Hauptwörter durch ja bzw. nein oder durch Zeigen markiert werden sollen. Dann ist es wesentlich einfacher, das Hauptwort durch eine räumlich motorische Reaktion anzuzeigen (vgl. die ausführliche Darstellung bei Lindsay und Norman 1981).

Die »Vagheit« visueller Vorstellungen und Erinnerungen

Auf der anderen Seite können die inneren bildhaften Prozesse sicher nicht mit der internen Generierung einer Fotografie verglichen werden. Wir hätten nicht so große Schwierigkeiten mit der naturgetreuen Abbildung unserer Umwelt, wenn tatsächlich genaue Bilder ins Gedächtnis gerufen werden könnten. Testet man visuelle Erinnerungen etwa an dem Grundriß der eigenen Wohnung (Norman und Rumelhart 1978), kann es zu erstaunlichen Abweichungen von der Wirklichkeit kommen. Kenntnisse über die Art und Weise, in der Grundrisse im allgemeinen gestaltet sind, fließen in die Erinnerung ein. Diese Ergebnisse entsprechen auch der Erfahrung, daß Gedächtnisbilder vage und wenig elaboriert sind (obwohl es hier interindividuelle Unterschiede zu geben scheint, siehe Richardson 1977).

Nickerson und Adams (1979) untersuchten einmal, wieviele Details eines Pfennigs, also eines häufig gesehenen Gegenstandes, erinnert werden. Tatsächlich kommt es bei der Wiedergabe zu groben Abweichungen von der wirklichen Anordnung der Elemente der Münze. Die Farbe und die räumliche Anordnung werden behalten, dies sind »relevante Kodierungsdimensionen«. Mit dieser »Vagheit« der aus dem Gedächtnis generierten Vorstellungen lassen sich auch andere Ergebnisse erklären.

Instruiert man eine Versuchsperson, sich einen Apfel vorzustellen und blendet man auf einer Mattscheibe einen Apfel ein, so wird dies in der Experimentalgruppe im Vergleich zur Kontrollgruppe (ohne Instruktion, sich den Apfel vorzustellen) seltener bemerkt. Im Gegensatz zur Interpretation der Autoren spricht dieses Ergebnis wahrscheinlich gegen eine allzu realistische Vorstellung. Wäre die Vorstellung sehr speziell durch eine bestimmte

Erinnerungsspur geprägt, so müßte der Unterschied des eingespielten Apfels zum vorgestellten Apfel auffallen.

Wenn das Gedächtnis für visuelle Informationen auch sehr gut ist, so zeigt sich doch, daß im einzelnen Detail kein fotografisches Abbild gespeichert, sondern in der mentalen Vorstellung eher auf gespeicherte visuelle Prototypen zurückgegriffen wird (vgl. Norman 1973, Neisser 1974). Dies ist leicht durch den Versuch demonstrierbar, eine Landkarte Europas zu zeichnen. Italien, das dem Stiefel bzw. der Form des unteren Beines ähnelt, kann recht korrekt wiedergegeben werden, die anderen Landesgrenzen machen aber Schwierigkeiten. Bei den folgenden Gedächtnistechniken, die sich visueller Vorstellungen bedienen, wird es also weniger darum gehen, detaillierte Vorstellungen zu entwickeln, als z.B. räumliche Anordnung und typische Formen zu manipulieren.

Gedächtnisleistungen und visuelle Prozesse

Vielfältige Beobachtungen in unterschiedlichen Bereichen weisen darauf hin, daß bildhaft dargebotenes Material oder visuelle Vorstellungen besonders leicht und dauerhaft gespeichert werden können.

Standing (1973) konnte zeigen, daß Versuchspersonen in überraschendem Maß fähig waren, aus einer Anzahl von 2 500 (und 10 000) Bildern die Bilder wiederzuerkennen, die vorher gezeigt worden waren. Vergleichbare Leistungen lassen sich mit verbalem Lernmaterial (Worten, sinnlosen Silben) nicht erzielen.

Ein Phänomen, das von den Autoren als »Hypermnesie« bezeichnet wird (vgl. Erdely und Becker 1974, Erdely 1976), belegt in überraschender Weise, wie sich das Lernen von Bildern und das Lernen von verbalem Material unterscheiden. Seit Ebbinghaus (1885) seine Ergebnisse beim Lernen von sinnlosen Silben veröffentlichte, galt als unumstrittene Tatsache, daß die Lernleistung (sowohl als Wiedererkennensleistung als auch als Leistung der freien Wiedergabe) mit dem Zeitintervall nach dem ursprünglichen Lernen abnimmt. Für bildhaftes Lernmaterial gilt nun aber eine andere »Vergessenskurve«. Werden nach dem ursprünglichen Lernen einige Wiedergabeversuche unternommen, bei denen allerdings keine Rückmeldung gegeben wird, ob die Leistungen richtig oder falsch waren, steigt die Reproduktionsleistung mit der Zeit an!

Es ist wenig erstaunlich, daß den Rhetorikschulen der Griechen visuelle Gedächtnistechniken bekannt waren (Yates 1984), denn die Möglichkeiten schriftlicher Notizen (Wachstafel!) waren damals begrenzt. Während die visuellen Techniken in der Zeit des antiken Rom noch Verwendung fanden und gelegentlich auch in Büchern der scholastischen Theologie nach Cicero zitiert wurden, sind sie in unserer Zeit eher in Vergessenheit geraten. Einer der Gründe liegt in der leichten Zugänglichkeit externer Gedächtnishilfen, wie Manuskripte und Notizbücher. Im folgenden wird auf *visuelle Gedächtnistechniken* ausführlich eingegangen.

An dieser Stelle sei nur darauf verwiesen, daß professionelle Gedächtniskünstler, die mit ihren Tricks das Fernsehpublikum in Erstaunen versetzen, mit eben diesen klassischen Gedächtnistechniken arbeiten (vgl. hierzu Lorayne und Lucas 1974).

Ein von Luria über eine längere Zeitspanne untersuchter Gedächtniskünstler (der sich z. B. nach 3minütigem Lernen eine Matrix von 50 Ziffern einprägen konnte und mühelos Folgen von 70 Ziffern, Worten oder Buchstaben lernte) hatte eigentümliche Schwierigkeiten mit seinen bildhaften Vorstellungen. Die evozierten Bilder waren bei der Wahrnehmung von Worten und Sätzen so lebhaft, daß er Schwierigkeiten hatte, einem eher abstrakten verbalen Bedeutungsgehalt zu folgen. Auch »überstarke« Gedächtnisfähigkeiten verweisen also wieder auf die visuellen Prozesse bei der Informationsverarbeitung.

Natürlich ist das beschriebene Phänomen bei der Unterrichtung von Menschen immer verwendet worden. Es ist eine unausgesprochene Konvention, daß ein gutes Schulbuch reichhaltig mit Illustrationen und Graphiken ausgestattet sein sollte. (Eine gegenläufige Tendenz entspringt evtl. aus der jesuitischen Tradition des »reinen Diskurses«.) Die wissenschaftlichen Ergebnisse bezüglich der Illustration von Lernmaterial sind eindeutig. Besonders bekannt wurde eine Studie von Düker und Tausch (1970), in der gezeigt wurde, daß nicht nur solche Teile des Lernstoffes, die im Anschauungsmaterial zu beobachten waren, besser gelernt wurden. Auch Informationen, die im Anschauungsmaterial nicht zu beobachten waren, etwa der Verbreitungsraum eines bestimmten Tieres, wurden besser gelernt, wenn ein ausgestopftes Exemplar des Tieres gezeigt wurde.

Welche Merkmale von Bildern behalten und welche vergessen werden, kann Hinweise darauf geben, warum bildhafte Information besser behalten wird: vgl. Schuster und Woschek (1989):

So führt z. B. die Ausarbeitung von Details im Vergleich zu Umrißlinienbildern nicht zu einer Verbesserung des Gedächtnisses (z. B. Anglin und Levie 1985). Tatsächlich werden unwesentliche Bildeinzelheiten unmittelbar nach der Darbietung vergessen (Rock u. a. 1972).

Sicher gibt es noch einen wesentlichen anderen Unterschied zwischen Bildern und Worten: Worte sind immer die Nennung eines schon gespeicherten Falles, also unterscheiden sich nicht individuell, während Bilder, auch vorgestellte Bilder, immer irgendwie einzigartig sind. Möglicherweise werden sie auch deshalb leichter aufgefunden. Wenn Bilder schematisch ähnlich gezeichnet waren, waren sie nicht besser erinnerbar als Worte (Nelson u. a. 1976).

Neisser u. Kerr (1973) versuchten zu isolieren, welche Elemente der bildhaften Vorstellung für die Einprägung wesentlich sind. Sie verwendeten Lernhilfen, die zwei Gegenstände so visualisieren, daß sie sich optisch gegenseitig verdecken: etwa der Schlüssel *in* (!) der Schreibtischschublade. Das Ergebnis der Studie spricht für die auch schon angedeutete Theorie, daß Prozesse der räumlichen Orientierung bei den bildhaften Lernhilfen eine Rolle spielen. Lernhilfen, die eine verdeckte Vorstellung der zu verbindenden Elemente fordern, sind genauso effektiv wie Lernhilfen, die eine bildhafte Verbindung der Elemente fordern.

Lernen wie Gedächtniskünstler: die Locitechnik

Beim Lesen der jetzt beschriebenen Techniken werden Sie vielleicht denken: »Das ist mir zu kompliziert und erfordert ja mehr Aufwand als normales Lernen.« Konsequenterweise werden Sie also gar nicht erst probieren, ob die beschriebenen Verfahren nützlich sind. *Tatsächlich sind sie außerordentlich wirkungsvoll.* Mit der Locitechnik kann sich jeder fast ohne Mühe z. B. eine Reihe von 50 Stichwörtern bei einmaligem Hören merken, und das sogar in der richtigen Reihenfolge. Ohne diese Technik ist das kaum möglich. Das glaubt man aber erst dann, wenn man es wirklich einmal ausprobiert. Mittelalterliche Gelehrte haben sich mit einer ähnlichen Technik einen riesigen Zitatenschatz aus den Werken der antiken Philosophen gemerkt. Also frisch ans Werk: Probieren Sie die Technik wenigstens einmal an einem Lernstoff, den Sie sich merken wollen. Loci-Techniken sind im Grundsatz die gleichen Techniken, mit denen Gedächtniskünstler Unglaubliches leisten.

Andere Lernbücher bewerten die Loci-Techniken nicht sehr hoch (vgl. Kugemann 1997). Das liegt daran, daß sie von den Autoren nie oder nie mit etwas Phantasie eingesetzt wurden. Sie erschließen sich erst dem, der ihnen etwas Vertrauensvorschuß gibt! Dann kann der Einsatz dieser Lerntechnik – z. B. in Jugendgruppen, in Schulklassen, aber auch in Seniorenkursen (wo ebenfalls die außerordentliche Wirksamkeit nachgewiesen wurde, s. Kliegl u. Baltes 1989) – zu einem Spaß bringenden Programmpunkt werden.

Lernen von Wortlisten

Bereits griechische und römische Redner benutzten die Locitechnik, um sich die wichtigsten Punkte ihrer langen Reden einzuprägen. Damit dürfte sie die älteste mnemonische Methode sein. Die Erfindung der Technik wird dem griechischen Dichter Simonides, der etwa 500 v. Chr. lebte, zugeschrieben. Eine Anekdote illustriert die Erfindung der Locitechnik und läßt ihr Grundprinzip erkennen (s. Yates 1966): Simonides hatte den Auftrag, in einer Gesellschaft ein Gedicht zu Ehren des Gastgebers vorzutragen. In sein Gedicht flocht er einige Verse zum Lob der Götter Castor und Pollux ein. Nach dem Vortrag zahlte der Gastgeber nur die Hälfte des vereinbarten Honorars und riet Simonides, sich die andere Hälfte von Castor und Pollux zu holen. Kurz danach wurde Simonides von zwei jungen Männern – Castor und Pollux – hinausgebeten. Während er draußen war, stürzte das Gebäude zusammen und begrub alle im Haus unter sich. Als man die Toten ausgrub, konnten die Verwandten ihre Angehörigen nicht mehr erkennen. Simonides, der sich erinnerte, wer an welchem Platz gesessen hatte, identifizierte die Opfer. Durch dieses Ereignis kam er auf den Gedanken, als Erinnerungshilfe bildliche Vorstellungen der zu behaltenden Informationen an verschiedenen Plätzen in einer bekannten Umgebung einzuordnen. Später können diese Plätze in der Vorstellung durchgegangen und die Informationen auf diese Weise abgerufen werden.

Vorgehensweise

1) Eine gut bekannte Folge von Orten, die an einem gemeinsamen Weg liegen, wird ausgewählt.
2) Die bildlichen Vorstellungen der zu lernenden Begriffe werden mit den verschiedenen Orten bildhaft assoziiert.
3) Beim Abrufen der Informationen wird in der Vorstellung der Weg von Ort zu Ort durchgegangen.

Die Konstruktion der Ortsreihenfolge

Einen bekannten Weg aussuchen. Jeder von uns kennt viele Wege, die zur Grundlage einer Ortsreihenfolge für die Gedächtnistechnik werden können, z.B. den Weg von der eigenen Wohnung zur Schule, zur Universität, zum Arbeitsplatz.

Je nach Länge der zu lernenden Liste von Begriffen muß nun aus diesem Weg eine Zahl von gut unterscheidbaren Orten gewonnen werden. Dazu laufen Sie Ihren Weg in Gedanken ab und notieren sich alle auffälligen Orte, an denen Sie vorbeikommen.

Auch die Zimmer der Wohnung, die Glieder vom Scheitel bis zur Zehe, die Schubladen einer Kommode, die Bücher, die in einer Reihe im Bücherbord stehen, all dies kann genauso gut zur Ortsreihenfolge werden, wenn nur die Reihenfolge bekannt ist und die einzelnen Plätze sich visuell – und dadurch eben auch in der Kombination mit dem Lerninhalt – unterscheiden lassen.

Wer die Konstruktion der Ortsreihenfolge verstanden hat, könnte nun auch innerhalb seines Kleiderschranks eine Ortsreihenfolge konstruieren, in seinem Auto oder sogar innerhalb seines Körpers. Die unterschiedliche Größe von Objekt und Ort kann man ja in der Vorstellung wie mit einem Zoomobjektiv ganz mühelos anpassen.

Man sieht also: Es ist kein Mangel an möglichen Ortsreihenfolgen, selbst wenn Sie sehr viele Zahlen oder Listen lernen wollen!

Auf diesem Weg die Orte bestimmen. Je nachdem, ob der Weg nun 10 oder 100 Orte hergeben muß, wird die »Prominenz«, die Auffälligkeit des einzelnen Ortes etwas unterschiedlich ausfallen. Müssen aus einem Weg sehr viele Ort gewonnen werden, kann man manchmal Wiederholungen (Ampeln, Kreuzungen, Bahnübergänge) nicht ganz vermeiden. Die ausgewählten Orte sollten sich am besten auch gleichmäßig über die Wegstrecke verteilen und nicht z. B. nur in der ersten Hälfte des Weges liegen. Die Orte sind natürlich in dem Sinne auch nicht »objektive« Gegebenheiten eines Weges, sondern subjektiv prominente Plätze. Der Hobbymodellbauer wird immer das Werkzeuggeschäft auf seinem Weg registrieren und insofern auch beim Durchschreiten in der Vorstellung erinnern, der Musiker vielleicht das Verkehrszeichen mit dem Hinweis auf die Konzerthalle. Es geht bei der Auswahl der Orte also um Orte mit subjektiver, nicht mit objektiver Bedeutung.

Hinterher, wenn man in Gedanken den Weg abläuft, sollen die richtigen Orte zu einer Suche nach dem gespeicherten Bild führen, daher ist es gut, wenn die ausgewählten Orte visuell auffällig sind. Dabei muß der Ort nicht groß sein oder die ganze visuelle Szene umfassen, auch ein umgeknickter Baum, ein besonderes Schlagloch auf der Straße kann ein solcher Ort sein, wenn er nur ausreichend auffällig ist und beim Abschreiten des Weges im Gedächtnis bemerkt wird.

Nachdem eine Zahl von Orten aus einem Weg gewonnen wurde, machen Sie am besten erst einmal den Test, ob sie beim Durchschreiten des Weges auch richtig auf alle ausgewählten Orte kommen (und nicht fälschlich auch noch andere Orte aussuchen).

Ein Weg am eigenen Körper entlang. Nehmen wir als Beispiel eine ganz persönliche Ortsreihenfolge, die Orte am (vorgestellten) Weg den eigenen Körper hinab. Gehen wir von zehn zu unterscheidenden Elementen aus, so können wir nur die größeren Einheiten als Ort am Weg den Körper hinab auswählen: z. B.: Haare – Schläfen – Stirn – Nase – Mund – Kinn – Hals – Brust – Bauch – Unterleib (– Oberschenkel – Unterschenkel – Füße bleiben hier übrig).

▰ Die Bildvorstellungen herstellen

Manche Wörter sind ohne weiteres bildhaft vorstellbar: etwa das Wort »Hammer«. Wenn dies nun das erste Wort einer Stichwortliste wäre, würde man es bildhaft mit dem ersten Ort der Reihenfolge verbinden, also z. B. in der Vorstellung die Haustür sehen (erster Ort), durch die ein riesiger Hammer ragt. Diese Vorstellung ist etwas ungewöhnlich. Tatsächlich sind die bildhaften Verbindungen der Stichwörter mit den Orten ja keine wirkliche Sache, <u>sondern öffnen Raum für die Phantasie</u>. Weiter unten folgen einige Regeln, wie Verbindungsbilder konstruiert sein sollten, damit man sie später wieder gut erinnert.

Manchmal gibt es für Wörter aber keine Vorstellungsbilder. Dies gilt speziell für abstrakte Begriffe wie z. B. „Freiheit" oder „Relation". Dann gehört etwas Phantasie dazu, ein Bild zu finden, das möglichst eindeutig mit diesem Begriff verknüpft ist. Bei Freiheit bietet sich z. B. das Vorstellungsbild der Freiheitsstatue an, bei Relation das Bild eines mathematischen Bruchs, evtl. aber auch eines Steinbruchs, in dem die Steingrößen alle in einer bestimmten Relation stehen. Alldderdings sind hier die Beziehungen zwischen Begriff und Bild weniger sicher, so daß es hier und da zu falschen Ablesungen aus der Vorstellung kommen kann. Daher muß der Abruf von abstrakten Wortlisten einige Male geübt werden.

Es gibt auch Wörter, die kein Vorstellungsbild haben und auch kaum eine Assoziation erlauben, z. B. die Bezeichnungen von Muskeln (die sich nicht ausreichend unterscheiden, um entsprechende Muskelbilder zu speichern). Greifen wir einen heraus: Er heißt »sterno-cleido-mastoideus«. In solch einem Fall gibt es einen weiteren Kunstgriff: Man kann für die Bildvorstellung ein ähnlich klingendes Wort verwenden (hier z. B. »Sternkleid am Mast«). Dies ist eine Bildvorstellung, die sich nun wieder leicht mit einem Ort der Ortsreihenfolge verbinden läßt. Dies wird ausführlich bei der Schlüsselworttechnik erklärt.

Bei der Konstruktion der verbindenden Bilder sind folgende Regeln hilfreich (diese Regeln gelten natürlich auch bei der Verbindung eines Ziffernbildes mit einen Ortsbild):

- Die Bilder sollten so sein, daß sich Orts-Bild und Stichwort-Bild gegenseitig räumlich durchdringen.

Wie kann man vorgehen, um dies zu erreichen? Man stelle sich die beiden Begriffe zuerst getrennt auf je einem transparenten Blatt gemalt vor, dann legt man die Zeichnungen gedanklich übereinander und verbindet sie zu einem sinnvollen Bild.

- ==Die Bilder sollten lebhaft und farbig sein.== Das Stichwortbild sollte im Ortsbild deutlich auffallen, also z. B. nicht die gleiche Farbe haben, oder sich in einer Umgebung befinden, in der man derartige Gegenstände erwartet (z. B. könnte ein rotes Buch auf einer roten Schreibunterlage bei einem späteren Abruf der Verbindungsbilder übersehen werden).
- Die Bilder können ruhig etwas bizarr sein, das Stichwortbild z. B. riesig oder tausendfach, an lustiger Stelle oder in einer ungewöhnlichen Farbe.

==Emotional aufgeladene Bildvorstellungen.== Ein Gedächtniskünstler scheut sich in einem Fernsehinterview, seine Vorstellungen genauer zu erklären. Was ist der Grund? Er sagt, die Hälfte seiner Vorstellungen seien sexueller Natur und daher wenig fürs Fernsehen geeignet. Aber fürs Lernen eignen sie sich um so besser, denn Menschen interessieren sich eben grundlegend für Sexuelles, und was man daran knüpfen kann, behält man auch. Ordnen Sie die Begriffe also ruhig auf den Muskeln Ihres Freundes oder den sanften Rundungen ihrer Freundin an.

Die Locitechnik hat Ähnlichkeit mit der weiter unten beschriebenen Technik der assoziativen Verbindungen. Beide Techniken beruhen auf bildhafter Vorstellung und sind geeignet, Informationen in festgelegter Reihenfolge vorwärts und rückwärts zu erinnern. Im Unterschied zur Technik der assoziativen Verbindung werden bei der Locitechnik bildhafte Vorstellungen von Orten verwendet, die unabhängig vom zu lernenden Material sind. Dies hat den Vorteil, daß auch dann, wenn an einem Platz der Begriff nicht erinnert wird, der Weg fortgesetzt und der folgende Begriff wieder erinnert werden kann. Bei der Technik der assoziativen Verbindung ist dagegen mit dem Vergessen eines Elements der Reihe ein Erinnern der folgenden Begriffe kaum noch möglich.

Beispiel

Lernen Sie folgende 20 Wörter in der vorgegebenen Reihenfolge:

Nase, Buch, Kamel, Brot, Finger, Tasche, Schreibmaschine, Büroklammer, Locke, Auto, Stein, Geige, Kuchen, Schiff, Fahne, Regentropfen, Koffer, Telefon, Baum, Scheck.

Die Ortsreihenfolge könnte der Weg von Ihrer Wohnung zum Arbeitsplatz sein. Auf diesem Weg kommen Sie nacheinander an folgenden Plätzen vorbei:

Haustür, Wohnhaus des Schriftstellers X, Ampel, Holzstoß, Eisenbahnschranke, Tunnel, Kraftwerk, Ortsschild LOCUM, Fluß, Berg, Kilometerstein, Flughafen, Fabrik, Gasthaus, Kornfeld, Reklameschild, Mietshaus, Dom, Biergarten »Zur Linde«, Fenster eines Bankgebäudes.

Die zu lernenden Wörter werden nun mit den Orten bildhaft verknüpft:

Als Sie Ihr Haus verlassen, ragt eine *Nase* durch die Tür. Sie fahren los und kommen am Haus des Schriftstellers X vorbei, das anstelle des Dachs mit einem *Buch* abgedeckt ist. Die Ampel, die Sie dann passieren, befindet sich im Bauch eines *Kamels*. Auf Ihrem Weg kommen Sie dann an einem Holzstoß vorbei, der fast von einem riesigen *Brot* verdeckt wird. Die Bahnschranke, auf die Sie zufahren, wird von einem *Finger* auf und ab bewegt. Sie müssen das Fahrlicht einschalten, weil Sie in einen Tunnel einfahren, der wie eine *Tasche* aussieht. Die fol-

Abb. 11. Beispiel, wie eine Liste von Begriffen bildhaft mit einer Ortsreihenfolge verbunden werden kann.

genden Stationen sind ein Kraftwerk, das wie eine *Schreibmaschine* aussieht, das Ortsschild LOCUM, das mit einer *Büroklammer* befestigt ist, der Fluß, in dem *Locken* schwimmen, und der Berg, der durch ein *Auto* fast verdeckt ist. Sie fahren dann an einem *Stein* vorbei, der als Kilometerstein dient. Den Flugplatz verbinden Sie mit dem Bild einer *Geige* und die Fabrik mit einem Stück *Kuchen*. Die Gaststätte »Zur Fregatte« ist im Bauch eines Schiffes, im Kornfeld dient ein Halm als Mast für eine *Fahne,* von dem dann folgenden Reklameschild fallen große *Regentropfen*. Nachdem Sie an dem häßlichen Mietshaus, das aussieht wie ein *Koffer*, vorbeigekommen sind, fahren Sie auf den Dom zu, dessen Längsschiff Sie sich als *Telefon* vorstellen. Am Biergarten »Zur Linde« stellen Sie sich einen *Baum* vor, und aus dem Fenster des Bankgebäudes kommt Ihnen ein *Scheck* entgegengeflattert (s. Abb. 11).

Man kann die Begriffe abrufen, indem man, ausgehend von der Haustür, denselben Weg noch einmal durchgeht. Es ist auch möglich, den Weg in Gedanken von der letzten Station zurück zur Haustür zu verfolgen und damit die gelernten Begriffe in umgekehrter Reihenfolge zu reproduzieren.

Versuchen Sie die Technik einmal mit einer Ihnen bekannten Ortsfolge.

Lernen von Zahlen mit der Locitechnik

Zahlen sind unterschiedliche Abfolgen der immer gleichen 10 Ziffern. Daher sind lange Ziffernfolgen nicht leicht zu lernen. Die Ziffern 0–9 selbst muß niemand mehr lernen, die kann jedes Kind; nur die spezielle Folge ist es, die Schwierigkeiten macht. Am Beispiel einer zehnstelligen Zahl können Sie nachvollziehen, wie Gedächtniskünstler riesige Zahlen lernen können.

Lernen fällt leicht mit sinnvollen Inhalten, weniger leicht mit abstrakten Zahlen, daher werden die einzelnen Ziffern in einem ersten Schritt über ein ähnliches Bild sinnvoll gemacht (vgl. S. 117):

1 = Bleistift
2 = Schwan
3 = Gesäß seitlich
4 = umgedrehter Stuhl
5 = frei schwingender Sessel

6 = Tennisschläger
7 = Sense
8 = Brille
9 = Wandlampe
0 = Ball

Diese Verbildlichungen der Ziffern kann man sich wegen der Ähnlichkeit von Bild und Ziffer ohne großen Aufwand merken. Nach einmaligen Durchlesen kann man die Verbindungen schon auswendig.

Nun geht es im zweiten Schritt um die Reihenfolge. Am besten wir verknüpfen nun die in Bilder umgeformten Ziffern mit einer schon bekannten, also auch schon gelernten Ortsreihenfolge. Dann braucht die Reihenfolge nicht mehr gelernt zu werden, sondern nur die Verknüpfungen. Und dies geht fast mühelos: Man stellt die Verknüpfungen einmal bildhaft im Kopf her und kümmert sich dann nicht mehr darum (d. h. es ist kein inneres Wiederholen, kein krampfhaftes Sich-Vorsprechen mehr nötig). Sie werden überrascht sein, wie leicht das funktioniert.

Nehmen wir die ersten 5 Ziffern der Zahl π als Beispiel: 3,1415. Als Ortsreihenfolge verwenden wir die Körperteile. Auf die Haare kann eine Frisur in Form eines Gesäßes imaginiert werden; aus der Schläfe ragt ein Bleistift; auf die Stirn ist mit schwarzer Farbe ein Stuhl gemalt; durch die Nase ist, wie bei einem Wilden, ein Bleistift gebohrt; der Mund hält einen Freischwingersessel zwischen den Lippen.

Will man noch weitere Ziffernfolgen lernen, benutzt man am besten neue Ortsreihenfolgen – wie wir gesehen haben, stehen ja viele zur Verfügung. In den klassischen Texten zur Locitechnik wird aber auch von erfolgreichen Mehrfachnutzungen der gleichen Ortsreihenfolge berichtet. Man kann dann z. B. für alle Vorstellungsbilder eine andere Farbe verwenden.

Wozu ist die Locitechnik noch brauchbar?

- Lernen von Listen, z. B. Merkmale von eßbaren Pilzen, Schritte eines Rezeptes, Symptome einer Krankheit, Knochen der Hand (Medizinstudium), die verschiedenen Intelligenztests (Psychologiestudium) usw.
- Behalten von Handlungsfolgen (z. B. erste Hilfe, diagnostische Schritte, Maßnahmen bei einer Operation), die man im kritischen Fall nicht so leicht oder nicht so schnell nachlesen kann.
- Behalten von Bedienungsschritten selten genutzter technischer Geräte. Im kritischen Augenblick weiß man oft nicht, wie eine bestimmte Funktion eingestellt wird. Man kann dem vorbeugen, indem man für einige benötigte Funktionen die Schritte bildhaft auf eine Ortsreihenfolge legt. Nun gehen sie nicht mehr verloren.
- Lernen von Gliederungen für eine freie Rede (z. B. eine fünfminütige Einleitung des Themas in der mündlichen Prüfung).
- Lernen von langen Ziffernfolgen. Auch das Morse-Alphabet läßt sich mit Hilfe einer etwas abgewandelten Locitechnik lernen. Hier verweisen wir auf das Buch von Höntsch (1990).
- Ebenso lassen sich mit einer etwas abgewandelten Locitechnik Vokabeln lernen, das erklären wir im nächsten Abschnitt zur Kennworttechnik.
- Das Lernen von Information aus Vorträgen: Tatsächlich eignet sich die Locitechnik besser für gehörtes als gelesenes Material (DeBeni et al. 1997). Die visuelle Aufgabe »Lesen« stört die gleichzeitige ebenfalls visuelle Aufgabe, bildhafte Vorstellungen zu erzeugen.

Studien zur Effizienz

Empirische Belege für die Effizienz der Locitechnik ergeben zahlreiche Studien (Ross u. Lawrence 1968; Bower 1973; Crovitz 1969). Groninger (1971) ließ Versuchspersonen mit Hilfe der Locitechnik eine Liste von 25 konkreten Begriffen lernen; die Kontrollgruppe erhielt keine spezielle Lerninstruktion. Beide Gruppen konnten selbst entscheiden, wieviel Zeit sie für das sorgfältige Lernen der Liste benötigten. Die Teilnehmer der Experimentalgruppe brauchten weniger Zeit und erinnerten nach einer Woche im Durchschnitt 6 Wörter mehr als die Kontrollgruppe. Nach 5 Wochen erinnerte die Experimentalgruppe im Mittel noch 20 Wörter, die Kontrollgruppe noch 10. Beide Gruppen konnten nach dieser Zeit aus einer Liste von 50 Wörten die gelernten 25 vollständig wiedererkennen. Damit wird deutlich, daß beide Gruppen die Informationen speicherten, aber durch die Locitechnik der Zugriff auf die Information verbessert wurde.

In unseren Lehrveranstaltungen gelang es Studenten, bei erstmaliger Anwendung der Locitechnik nach einmaliger Darbietung eine Liste mit 100 Begriffen fehlerfrei zu reproduzieren.

Weitere bildhafte Gedächtnistechniken

Technik der assoziativen Verbindungen

Die Technik der assoziativen Verbindungen basiert auf der Erfahrung, daß man sich leichter an Informationen erinnern kann, wenn sie untereinander verknüpft sind. Diese Erfahrung wird genutzt, indem unverbundene Informationen *bildhaft miteinander verknüpft* werden.

Die assoziativen Verbindungen werden in zwei Schritten hergestellt:

1. Zu jeder Information, die gelernt werden soll, wird eine bildhafte Vorstellung entwickelt.

2. Die bildliche Vorstellung jeder Information wird assoziiert mit der bildlichen Vorstellung der nächsten Information.

Auf diese Weise entsteht eine *Assoziationskette,* in der die Reproduktion eines Elements automatisch die Erinnerung an das folgende hervorruft. Die Herstellung solcher Assoziationsketten ist besonders geeignet für seriales Lernen, d. h. immer dann, wenn Reihen von Informationen zu erinnern sind. Die Methode ermöglicht es, die Elemente exakt in der vorgegebenen Reihenfolge zu reproduzieren. Wenn Sie die Technik einmal ausprobieren wollen, arbeiten Sie bitte das folgende Beispiel durch.

Beispiel
Lernen Sie die folgenden 10 Begriffe nach der Methode der assoziativen Verbindung:
Hut‿Kugelschreiber‿Arzt‿Löwe‿Tulpe‿Zahn‿Schlüssel‿Lampe‿Tasse‿Kamin

Die Schleifen verdeutlichen, daß immer zwei Begriffe in einer bildlichen Vorstellung repräsentiert werden sollen. Die erste visuelle Assoziation ist zwischen den Begriffen »Hut« und »Kugelschreiber« herzustellen. Sie können sich z. B. einen Hut vorstellen, der anstelle von Straußenfedern mit Kugelschreibern geschmückt ist. Als nächstes stellen Sie sich einen Kugelschreiber vor, mit dem gerade ein Arzt im weißen Kittel blau angemalt wird. Das Bild für »Arzt« und »Löwe« könnte zeigen, wie ein Arzt einen Löwen operiert. Stellen Sie zu den restlichen Begriffen eigene visuelle Assoziationen her. Wichtig dabei ist, daß Sie sich bemühen, diese Assoziationen so klar wie möglich zu visualisieren.

Reproduzieren Sie nun die Begriffe, indem Sie mit dem 1. Begriff »Hut« beginnen und der Reihe nach fortschreiten. Notieren Sie die behaltenen Begriffe und vergleichen Sie diese mit der vorgegebenen Liste. Sie können die von Ihnen gebildete Assoziationskette jetzt auch rückwärts abrufen.

In der Assoziationskette stellt das vorausgehende Element den Suchhinweis für das folgende dar. Eine Ausnahme bildet das erste Element der Kette, für das kein Hinweis vorhanden ist und das deshalb leicht vergessen werden kann. Wenn der erste Begriff nicht reproduziert werden kann, steht er auch als Abrufreiz für den zweiten nicht zur Verfügung. Um das Vergessen des ersten Begriffs zu verhindern, wird empfohlen (Lorayne und Lucas 1974), ihn bildlich mit der Informationsquelle zu verknüpfen, z. B. mit dem Cover des vorliegenden Buchs oder bei mündlicher Darbietung mit der Person, die die Wortreihe vorspricht. Da die Methode voraussetzt, daß alle Begriffe miteinander verbunden sind, besteht die Gefahr, daß die einer »Lücke« folgenden Informationen alle nicht mehr erinnert werden können.

Studien zur Effizienz

Delin (1969) wies nach, daß Studenten, die angewiesen waren, Wortlisten mit der Technik der assoziativen Verbindung zu lernen, weniger Zeit brauchten und weniger Fehler machten als die uninstruierte Kontrollgruppe. In einer anderen Untersuchung desselben Autors (1969) reproduzierten Studenten, die die Technik benutzten, nach einmaliger Darbietung einer 20-Wort-Liste im Mittel 15 Begriffe. Das Mittel bei der Gruppe, die kein System benutzte, lag dagegen bei nur 5 Begriffen. In der Tendenz ähnliche Ergebnisse fanden Mueller und Jablonski (1970) sowie Bugelski (1974).

Anwendungsmöglichkeiten

Die Technik der assoziativen Verbindung ist besonders geeignet zum <u>Memorieren von Informationen in festgelegter Reihenfolge</u>.

Sie kann benutzt werden, um Tagespläne aufzustellen, indem die am Tag zu erledigenden Aufgaben bildlich repräsentiert und untereinander verbunden werden. Bei der Erledigung der ersten Aufgabe wird die an sie assoziierte zweite Arbeit erinnert usw. Auch Einkaufslisten können auf diese Weise behalten werden. Für Vorträge oder Referate, die in freier Rede gehalten werden müssen, können die wichtigsten Stichworte zu einer Assoziationskette verbunden werden. Damit ist es möglich, ohne Notizen den »roten Faden« zu behalten. Zuhörer können den Inhalt von Reden besser erinnern, wenn sie die wichtigsten Begriffe imaginieren und miteinander verbinden. In vielen Berufen kommt es darauf an, bestimmte Handlungssequenzen in festgelegter Reihenfolge wiederholt auszuführen (z. B. bei Fließbandarbeit, Arbeitsabläufen im Büro). Die Einarbeitungszeiten könnten verkürzt und die Fehlerquoten verringert werden, wenn in der Ausbildung Mnemotechniken eingesetzt würden. Prüfungsleistungen können verbessert werden, wenn der Prüfungskandidat sicher über die wichtigsten Gliederungspunkte des Prüfungsstoffs in richtiger Reihenfolge verfügt.

■ Geschichtentechnik

Eine andere Methode, unverbundene Informationen miteinander zu verknüpfen, um sie besser erinnern zu können, besteht darin, sie in eine *zusammenhängende Geschichte* einzubinden.

Beispiel

Für die 10 Begriffe (s. S. 82) könnte die Geschichte so lauten:

Ein alter *Hut* soll repariert werden. Mit dem *Kugelschreiber* notiert sich der *Arzt*, dem der Hut gehört, daß der Hutmacher in der *Löwen*straße wohnt. Für die Frau des Hutmachers schneidet er eine *Tulpe* und geht los. Obwohl ihn sein *Zahn* schmerzt, vergißt er nicht, mit dem *Schlüssel* abzusperren. Der Hutmacher besieht sich den alten Hut genau unter der *Lampe,* trinkt genüßlich aus seiner *Tasse* und wirft ihn verächtlich in den offenen *Kamin*.

Die Begriffe werden abgerufen, indem die Geschichte von Anfang an durchgegangen wird, wobei die kritischen Begriffe in der vorgegebenen Reihenfolge wiedererkannt werden.

Studien zur Effizienz

Obwohl die Versuchspersonen bei der Geschichtentechnik nur aufgefordert werden, eine Geschichte aus den Informationen zu konstruieren, benutzen sie über die Anweisung hinaus spontan bildliche Vorstellungen. Es ist anzunehmen, daß diese *spontanen Visualisierungen* der konstruierten Geschichten wesentlich zur von vielen Autoren belegten hohen Effizienz der Methode beitragen. Die Untersuchung von Santa et al. (1973) stützt diese Annahme. Versuchspersonen lernten 6 Listen mit je 10 Wörtern nach 8 verschiedenen Instruktionen. Bei Listen mit konkreten Begriffen zeigte sich deutlich, daß die Anweisungen, die bildliche Vorstellung verlangten, zu hohen Reproduktionsleistungen führten. Eine Sonderstellung nahm die Geschichtentechnik ein, die auch ohne Visualisierungsinstruktion zu den zwei effektivsten Techniken gehörte.

Beim Lernen von abstrakten Wortlisten blieben dagegen alle 8 Mnemotechniken ohne Effekt. Aus diesen

Befunden schließen Santa et al., daß die Effekte auch bei der Geschichtentechnik – wie bei den anderen effektiven Techniken – auf bildlichen Vorstellungen basieren. Wir schließen uns diesem Argument an und beschreiben deshalb die Geschichtentechnik im Rahmen dieses Kapitels über bildliche Vorstellungen.

Higbee (1977) dagegen vertritt die Auffassung, daß die Geschichtentechnik auch ohne bildliche Vorstellungen effizient genutzt werden kann – fügt allerdings auch hinzu, daß sich die Effizienz bei zusätzlicher Visualisierung der Geschichten wesentlich erhöht. Ein schwacher Beleg für diese Auffassung findet sich in der von Higbee zitierten Studie von Manning und Bruning (1975), in der die Erinnerungsleistung für Listen mit abstrakten Begriffen bei der Geschichtentechnik zwar gering war, aber signifikant über der Leistung von Versuchspersonen ohne Mnemotechnik lag. Eine Visualisierung der abstrakten Begriffe kann damit nicht als ausgeschlossen gelten.

Die Geschichtentechnik verbessert, wie die Technik der assoziativen Verbindungen, das Lernen von Informationsreihen. Anders als bei dieser Technik werden jedoch nicht nur immer zwei Begriffe miteinander verbunden, sondern alle Informationen werden in einen (logischen) Zusammenhang gebracht. Wenn das von Manning und Bruning berichtete Ergebnis nicht auf Visualisierung zurückzuführen sein sollte, könnte es durch die Einbindung der isolierten Begriffe in einen übergreifenden Bedeutungszusammenhang erklärt werden. Dann müßten Versuchspersonen, die nicht oder nur schlecht in der Lage sind, bildliche Vorstellungen zu produzieren, besser mit der Geschichtentechnik als mit der Technik der assoziativen Verbindungen arbeiten können.

Ein Nachteil der Geschichtentechnik liegt darin, daß es mit erheblichem Aufwand verbunden sein kann, wenn aus einer längeren Reihe von unverbundenen

Wörtern sinnvolle und logische Zusammenhänge konstruiert werden müssen. Auch die bei der Technik der assoziativen Verbindungen leicht zu realisierende Erinnerung in umgekehrter als der vorgegebenen Reihenfolge stößt bei der Geschichtentechnik auf Schwierigkeiten.

Herausgehoben sei hier die Untersuchung von Bower und Clark (1969), deren Versuchspersonen mit der Geschichtentechnik 93% der Begriffe von 10 Listen mit je 12 Wörtern erinnerten. Die Kontrollgruppe, die ohne besondere Lerninstruktion arbeitete, erinnerte dagegen nur 13% der Wörter. Versuchs- und Kontrollgruppe erreichten diese Leistungen, wenn das erste Wort jeder der 12 Listen vorgegeben wurde. Bower und Clark führten ihr Experiment nach der Methode des Paarvergleichs durch.

Die Mitglieder der Experimentalgruppe konnten nach eigenem Lerntempo arbeiten und die Lernzeit (in der Regel zwischen 30 und 40 min) selbst bestimmen. Die Mitglieder der Kontrollgruppe mußten die Aufgabe in der von den »Untersuchungszwillingen« benötigten Zeit bewältigen. Die beeindruckendsten Effekte von Mnemotechniken waren dann zu beobachten, wenn die Versuchspersonen genügend Zeit bekamen, die instruierten Verhaltensweisen auch tatsächlich auszuführen. Experimente, in denen ungeübte Versuchspersonen Mnemotechniken unter Zeitdruck anwenden, sind zur Bewertung der Effizienz dieser Techniken nur mit Einschränkungen geeignet. Wenn nicht kontrolliert werden kann, ob die Versuchspersonen tatsächlich nach den Instruktionen arbeiten, so sollte doch zumindest sichergestellt sein, daß sie die *Möglichkeiten* dazu haben.

Obwohl die Studie von Bower und Clark in dieser Hinsicht vorbildlich angelegt ist, bleibt offen, ob ein Teil der Unterschiede in den Erinnerungsleistungen zwischen Experimentalgruppe und Kontrollgruppe durch unterschiedliche Motivationslagen erklärt werden kann, da die Experimentalgruppe selbständig ihre Lernzeit bestimmen konnte, die Kontrollgruppe sich aber an die von den Experimentalgruppenmitgliedern vorgegebene Zeit zu halten hatte.

Im Zusammenhang mit der Geschichtentechnik ist ein Forschungsergebnis von Micko u. Thüring (1985) besonders interessant. Hier lernten Versuchspersonen unverbundene Sätze schlechter als solche, die einfach durch die Konjunktionen »und« oder »denn« miteinander verbunden wurden.

Anwendungsmöglichkeiten

Die Geschichtentechnik ist wie die Technik der assoziativen Verbindung besonders geeignet zum Memorisieren von Informationen in festgelegter Reihenfolge.

Kennworttechnik

Ähnlich wie bei der Locitechnik werden bei der Kennwortmethode die zu lernenden Begriffe an bereits vorhandenes, gut eingeübtes (überlerntes) Wissen assoziiert. Bekannte konkrete Begriffe (Kennworte) werden fest mit einer Reihenfolge, z. B. den Buchstaben des Alphabets verknüpft und dann zusammen mit den zu lernenden Informationen in bildlicher Vorstellung repräsentiert.

Die Kennworttechnik ermöglicht, wie die Locitechnik, den unmittelbaren Zugriff zu einem beliebigen Element der Serie.

Beispiel

Bei einer Autopanne ist es nützlich, die wichtigsten Verursachungsmöglichkeiten zu kennen. Checklisten helfen in solchen Fällen, die Fehlerquelle aufzusuchen. Zum Lernen einer solchen Checkliste »Autopanne« verwenden wir das folgende *alphabetische Kennwortsystem:*

A	–	Affe	N – Nashorn	
B	–	Bär	O – Ochse	
C	–	Chamäleon	P – Panther	
D	–	Dachs	Q – Qualle	
E	–	Elefant	R – Rabe	
F	–	Fuchs	S – Sau	
G	–	Gans	T – Tintenfisch	
H	–	Hase	U – Uhu	
I	–	Igel	V – Vase	
J	–	Jaguar	W – Wolf	
K	–	Kuh	X – Xylophon	
L	–	Lamm	Y – Yak	
M	–	Maus	Z – Zebra	

Sie können auch die Tiere nehmen, die Ihnen spontan zu den Buchstaben einfallen. Die Liste der 26 Kennwörter haben Sie mit Hilfe bildhafter Vorstellungen nach ein- bis zweimaligem Lesen gelernt.

Bei einer Autopanne sind folgende Maßnahmen durchzuführen:

A – Warnblinkanlage einschalten.
B – Warndreieck aufstellen.
C – Kontrolle: kein Treibstoff?
D – Kontrolle: elektrisches Kabel lose?
E – Kontrolle: Kühlwassertemperatur zu hoch?
F – Kontrolle: Öldruck (Öldrucklampe an)?
G – Kontrolle: Reifen platt?

Der *Maßnahmenkatalog* kann durch bildhafte Vorstellungen gelernt werden. Wir schlagen folgende Vorstellungen vor, Sie können natürlich auch eigene entwickeln:

A – Affe, der im Takt der eingeschalteten Warnblinkanlage auf und nieder hüpft.
B – Bär, der mit dem Warndreieck spielt.
C – Ein Chamäleon, das aus dem Reservekanister lugt.
D – Ein Dachs mit einem losen Kabel im Maul.
E – Elefant, der mit dem Rüssel Kühlwasser nachfüllt.
F – Fuchs mit rotleuchtenden Öldrucklampen als Augen.
G – Gans, die versucht, mit ihrem Schnabel einen Reifen plattzubeißen.

Beim Abruf der Information werden auf dem Umweg über den Buchstaben das Kennwort und die bildhafte Vorstellung die Maßnahme gefunden.

Andere Kennwortsysteme arbeiten mit Reimen, z. B. könnte ein solches System so aussehen:

eins – Mainz
zwei – Blei
drei – Brei
vier – Bier
fünf – Strümpf
sechs – Hex
sieben – Rüben
acht – Tracht
neun – Scheun

Studien zur Effizienz

Die Versuchspersonen von Bower (1972) verknüpften bis zu 20 Items mit einem Kennwort und reproduzierten bei freier Erinnerung von 5 Listen mit je 20 Substantiven ca. 2 1/2mal soviel Items wie die Kontrollgruppe. Die Reihenfolge der Wörter wurde nicht berücksichtigt.

<u>Für das Lernen von Listen</u> ist die Effizienz der Kennworttechnik im Vergleich zu Kontrollgruppen ohne mnemonische Instruktion in zahlreichen Untersuchungen nachgewiesen worden (Hunter 1964; Bugelski et al. 1968; Foth 1973). Santa et al. (1973) zeigten, daß die Kennworttechnik einfachem Wiederholen nur dann überlegen ist, wenn die Kennworte konkrete Begriffe sind und die Instruktion ausdrücklich die Verwendung interagierender bildlicher Vorstellungen von Kennwort und zu lernendem Begriff verlangt. Die Leistungen der Versuchspersonen, die mit der Kennworttechnik ohne bildliche Vorstellung arbeiteten, lagen deutlich unter denen mit einfachem Wiederholen.

Alle von Santa et al. untersuchten Variationen der Kennworttechnik (konkretes Kennwort gereimt, abstraktes Kennwort gereimt, konkretes Kennwort gereimt und bildliche Vorstellung, abstraktes Kennwort gereimt und bildliche Vorstellung, ungereimtes konkretes Kennwort und bildliche Vorstellung) waren weniger effizient als die Geschichtentechnik und die Instruktion, sich die zu lernenden Begriffe in lebhaften Bildern vorzustellen und die Bilder und Wörter in der zur Verfügung stehenden Lernzeit zu wiederholen.

Wieweit auch eine Langzeiterinnerung gewährleistet ist, scheint aus der Sicht neuerer Untersuchungen nicht ohne weiteres klar (Krinsky u. Krinsky 1996). Möchlicherweise müssen nach dem Erwerb weitere Übungen das Behalten sichern

Anwendungsmöglichkeiten

Die Kennworttechnik kann in denselben Anwendungsbereichen wie die anderen bisher geschilderten Techniken verwendet werden. Darüber hinaus ist sie be-

sonders geeignet, wenn der unmittelbare Abruf einzelner Informationen verlangt wird. Die Frage, wie das 7. Gebot lautet, kann direkt beantwortet werden, wenn die Kennworttechnik beim Lernen verwendet wurde:
z. B. 7 – Rüben – Stehlen: bildliche Vorstellung eines Diebes, der Rüben stiehlt. Du sollst nicht stehlen.
Welche Kollegin sitzt im Büro Nr. 6?
6 – Hex – Müller: bildliche Vorstellung einer Hexe mit den Gesichtszügen von Frau Müller.

Weitere Anwendungen: Checklisten für unvorhersehbare Situationen, z. B. Autopanne, Erste Hilfe bei Unfall etc., auch die Gliederungspunkte eines Vortrags oder des Stoffs für Prüfungen oder Listen zu erledigender Aufgaben (Harris u. Blaiser 1997).

Schlüsselwortmethode

Atkinson und Raugh entwickelten die Schlüsselwortmethode, nach der bildliche Vorstellungen zur Aneignung eines fremdsprachigen Vokabulars eingesetzt werden. Im folgenden beziehen wir uns im wesentlichen auf die Veröffentlichungen von Atkinson und Raugh (1975), Atkinson (1975) und Raugh et al. (1977).

Vorgehensweise

Nach der Schlüsselwortmethode vollzieht sich das Studium fremdsprachiger Vokabeln in zwei Schritten: 1. Schritt: Der Lernende muß die gesprochene Vokabel mit einem Wort der Muttersprache verbinden, das ähnlich wie die ganze oder ein Teil der zu lernenden Vokabel klingt. 2. Schritt: Der Lernende muß die bildliche Vorstellung dieses Wortes (Schlüsselworts) mit der bildlichen Vorstellung der Übersetzung verbinden. Das fremdsprachige Wort wird also durch *akustische Ähnlichkeit* mit dem Schlüsselwort verbunden, während das Schlüsselwort mit der Übersetzung durch *bildliche* Vorstellung verknüpft wird.

Beispiel

Das englische Wort *duck* (Ente) klingt gesprochen so ähnlich wie das deutsche Wort Dock. Die bildliche Vorstellung könnte ein riesiges Dock sein, in dem eine Ente schwimmt. Hört man nun das Wort »duck« fällt das Bild ein (Dock → Ente), und die Bedeutung ist gefunden.

Die Schlüsselwörter sollen nach Atkinson und Raugh (1975) folgende Bedingungen erfüllen:

- Das Schlüsselwort muß möglichst ähnlich klingen wie das ganze oder ein Teil des Fremdworts.
- Es sollte leicht möglich sein, ein einprägsames Bild zu entwickeln, das das Schlüsselwort und seine Übersetzung verbindet.
- Jedes Schlüsselwort sollte im Rahmen eines zu lernenden Vokabulars nur mit einer bestimmten Übersetzung verknüpft werden.

Studien zur Effizienz

Atkinson und Raugh (1975) ließen amerikanische Studenten an drei Tagen je 40 russische Vokabeln lernen. Als am vierten Tag alle 120 Vokabeln abgefragt wurden, beherrschte die Gruppe, die nach der Schlüsselwortmethode gelernt hatte, 72% der Vokabeln gebenüber 46 % in der Kontrollgruppe. Bei einem unangekündigten Test nach ca. 43 Tagen lagen die Leistungen in der Experimentalgruppe bei 43% und in der Kontrollgruppe bei 28 %. Raugh und Atkinson (1975) fanden in einer ähnlichen Untersuchung mit spanischem Vokabular noch deutlichere Leistungsunterschiede (88% in der Schlüsselwortgruppe versus 28% in der Kontrollgruppe).

In der Untersuchung von Raugh et al. (1977) hatten Studenten im Rahmen eines computerunterstützten Programms innerhalb von 8–10 Wochen 675 russische Vokabeln zu lernen. Sie konnten auf Wunsch Schlüsselwörter abrufen. Die Studenten machten von dieser Möglichkeit bei 72% der Vokabeln Gebrauch, und zwar während des Kurses mit zunehmender Tendenz. Über die Effizienz der Schlüsselworttechnik in dieser Studie ist keine Aussage möglich, da eine Kontrollgruppe fehlte. Die Studenten verwendeten aber bei freier Wahl ihrer Lernstrategie die Schlüsselworttechnik in sehr hohem Ausmaß. In Berichten beschreiben die Studenten ihr Lernverhalten so, daß sie häufig erst dann die Schlüsselworttechnik benutzten, wenn ihre eigenen gewohnten Strategien versagten. Neuere Untersuchungen bestätigen die Effektivität der Schlüsselwortmethode beim Lernen von Vokabeln (Lawson u. Hogben 1998).

In seiner Studie von 1975 greift Atkinson einige *Probleme* der Schlüsselwortmethode auf:

- Sollten die Schlüsselwörter vorgegeben werden, oder ist die Methode effektiver, wenn die Versuchspersonen die Schlüsselwörter selbst entwickeln? Es scheint, daß die Versuchspersonen erfolgreicher sind, wenn die Schlüsselworte vorgegeben werden.
- Ist die Methode effektiver, wenn die bildliche Vorstellung, die Schlüsselwort und Übersetzung verbindet, vorgegeben wird? Versuchspersonen scheinen mehr zu leisten, wenn sie die bildlichen Vorstellungen selbst generieren.
- Ist die Instruktion, bildliche Vorstellungen zu benutzen, für die Schlüsselwortmethode bedeutsam oder sind die Leistungen gleich gut, wenn das Schlüsselwort und seine Übersetzung in einem sinnvollen Satz verbunden werden? Die Leistungen sind bei bildlicher Vorstellung signifikant besser.

Es scheint so, als würde der so erworbene Lernstoff aber schnell wieder vergessen, wenn er nicht unmittelbar nach dem Lernen überprüft, wiederholt bzw. gebraucht wird (Wang u. Thomas 1995).

Die Methode erwies sich in einigen Untersuchungen auch als effektiv zum Lernen von Fakten aus zusammenhängenden Texten. Schüler der 8. Klasse lernten aus Texten Eigenschaften von Mineralien (Levin et al. 1986) und Informationen über amerikanische Städte (Levin et al. 1983). Die Schlüsselwörter in Verbindung mit vorgegebenen zeichnerischen Darstellungen waren freiem Lernen und dem Lernen mit vorgegebener hierarchischer Organisation überlegen. 10- bis 12jährige Schüler lernten musikgeschichtliche Daten dauerhaft besser als eine Kontrollgruppe ohne diese Mnemotechnik (Brigham u. Brigham 1998).

Dretzke und Levin (1990) führten Schüler in einer 55minütigen Sitzung in den Gebrauch von Mnemotechniken ein. Die Schüler profitierten stark von der Verwendung der Schlüsselwortmethode beim Lernen von biographischen Daten amerikanischer Präsidenten. Die Schlüsselworte wurden vorgegeben. Der Unterschied zwischen vorgegebenen Bildern und selbstgenerierten bildhaften Vorstellungen war so gering, daß der Aufwand, Bilder vom Lehrer vorzugeben, in dieser Untersuchung nicht gerechtfertigt erschien.

Anwendungsmöglichkeiten

Die Schlüsselwortmethode kann sehr effizient zum Erwerb fremdsprachiger Vokabeln eingesetzt werden. Darüber hinaus eignet sie sich besonders für das Lernen von Fakten z. B. im Geographie- und Geschichtsunterricht. Möglich ist auch die Anwendung dieser Technik zum Erwerb der vielen Fachtermini im Medizin- oder Psychologiestudium. Speziell für das Vokabular eines Einführungskurses in Psychologie setzten Carney u. Levin (1998) diese Methode erfolgreich ein. Es zeigten sich Vorteile im direkten Abruf der Begriffe und bei Anwendungsaufgaben. Zu beachten ist, daß die Anwendung etwas Übung erfordert oder die <u>Vorgabe von Schlüsselwörtern durch den Lehrer oder das Lehrbuch verlangt.</u>

■ Optimierung bildhafter Vorstellungen

■ Konkretheit des Materials

Der Anwendungsbereich der mnemonischen Techniken wäre außerordentlich klein, wenn abstrakte Begriffe nicht einbezogen werden könnten. Andererseits sollte auch bei diesem Material nicht auf den »Königsweg der Memorisierung«, die bildliche Vorstellung verzichtet werden. Lorayne und Lucas (1974) schlagen deshalb vor, zu abstrakten Wörtern ähnlich klingende Substitute zu suchen und diese zu visualisieren. Dieses Vorgehen entspricht dem ersten Schritt der Schlüsselwortmethode von Atkinson und Raugh.

Eine andere Möglichkeit stellt das Ersetzen der abstrakten Begriffe durch konkretes Material aus deren semantischem Umfeld dar. So kann z. B. zum Begriff »Freiheit« die Freiheitsstatue in New York imaginiert werden, zu »Protest« wäre ein Mann vorzustellen, der sich erregt am Bankschalter über eine Fehlbuchung auf seinem Konto beschwert. Die Ersetzungen können, wie konkrete Begriffe, im Rahmen der bisher vorgestellten mnemonischen Techniken verwendet werden, verlangen jedoch einen weiteren Verarbeitungsschritt, der wiederum zu Fehlern führen kann.

Interaktion

Bildliche Vorstellungen von isolierten Begriffen allein verbessern die Behaltensleistung nur unwesentlich. <u>Es wird eine wesentlich höhere Effizienz erreicht, wenn die Begriffe in der bildlichen Vorstellung interagieren.</u> Versuchspersonen, denen Bilder von isolierten Gegenständen gezeigt wurden, erinnerten deutlich weniger dieser Gegenstände als Versuchspersonen, denen Bilder gezeigt wurden, auf denen die Gegenstände interagierten (Kee und White 1977).

Um »Vogel« und »Kind« zu erinnern, ist es ungünstig, wenn Vogel und Kind getrennt imaginiert werden. Interaktionen, in denen z. B. ein Kind auf einem Vogel durch die Luft fliegt, werden leichter reproduziert.

Die Überlegenheit interagierender Bilder gegenüber isolierter Vorstellung ist empirisch so häufig belegt, daß Higbee (1979) meint, zukünftige Anstrengungen sollten sich mehr auf die theoretische Erklärung dieses Effekts als auf weitere Nachweise seiner Existenz richten.

Hier bietet eine Arbeit von Neisser und Kerr (1973) erste Richtungshinweise. Es kommt wohl hauptsächlich auf die räumliche Durchdringung an. Wenn ein Begriff in der Vorstellung in anderen enthalten ist, also z. B. in einer Kiste, in einem Koffer, bleibt die Effizienz der Verbindung bestehen, obwohl man ja den zu merkenden Gegenstand nicht sehen würde.

Lebhaftigkeit

Die Instruktion zur Verwendung von lebhaften, aktiven Bildern führte, wie Delin (1969) experimentell nachwies, zu besseren Gedächtnisleistungen bei den Versuchspersonen. Die Interaktion des Items, in unserem Beispiel ein Kind, das auf einem Vogel durch die Luft fliegt, ist zwar der wesentliche Faktor, die Erinnerungsleistung kann jedoch erst verbessert werden, wenn dieses Bild detailliert ausgeführt wird, indem man sich vorstellt, wie der Vogel aussieht, wie er seine Schwingen bewegt, wie das Kind ihn mit Zurufen anspornt etc.

■ Gefühlsgeladenheit

Sadalla und Loftness (1972) variierten den emotionalen Kontext der bildlichen Vorstellungen. Die Bilder wurden von den Versuchspersonen selbst konstruiert. Beim Paarassoziationslernen ergaben sich signifikante Verbesserungen für emotional geladene Bilder, und zwar ohne Unterschied, ob die Gefühle positiv oder negativ waren.

■ Bizarrheit

In ihrem berühmten *Memory book* betonen Lorayne und Lucas (1974), daß die Bilder merkwürdig, unmöglich, verrückt, unlogisch und absurd sein sollten. Die überwiegende Anzahl der Untersuchungen unterstützt diese These nur bedingt (Bevan und Feuer 1977; Hauck 1976; Senter und Hoffmann 1976; Riefer u. Rouder 1992, Tess et al. 1999). Wenn die Bilder konkrete, lebhafte und emotionsgeladene Interaktionen der Elemente enthalten, stellt die Bizarrheit keinen zusätzlichen Vorteil dar. Allerdings erfüllen bizarre Vorstellungen diese Kriterien häufig und können deshalb verwendet werden. Manche Versuchspersonen haben jedoch Schwierigkeiten, bizarre Vorstellungen zu erzeugen folgen der Instruktion nicht und erzielen deshalb keine besseren Ergebnisse (Campos et al. 1999).

■ Selbsterzeugte versus vorgegebene Bilder

In seinen Untersuchungen zur Schlüsselwortmethode stellte Atkinson (1975) fest, daß die Vorgabe der

Schlüsselwörter zu Leistungsverbesserungen führte. Dies bestätigt sich auch in späteren Untersuchungen (z.B. Ironsmith u. Lutz 1996). Die Vorgabe der bildlichen Vorstellung in Form von Strichzeichnungen hatte dagegen einen Leistungsrückgang zur Folge.

Andere Ergebnisse sind uneinheitlich. Treat und Reese (1976), Reese (1977) und Campione und Brown (1977) fanden, daß Versuchspersonen (ältere Menschen, Kinder und geistig Retardierte), die nicht in der Lage waren, geeignete Bilder selbst zu generieren, von der Vorgabe von Bildern profitierten.

Fehler

In einer großen Zahl sorgfältig durchgeführter Untersuchungen ist die Effizienz der hier dargestellten mnemonischen Techniken nachgewiesen worden. In diesen Studien finden sich jedoch kaum Hinweise auf Fehler, die bei der Verwendung dieser Techniken auftreten. Bei unserer Arbeit mit Studenten fanden wir, daß Versuchspersonen bei der Locitechnik zwar den Ort fanden, das gesuchte Element jedoch nicht wiedererkannten. Wenn die bildliche Vorstellung des Elementes gefunden wurde, so wurde häufig ein gängiges Synonym für den gesuchten Begriff genannt. Semantisch ähnliche Begriffe wurden verwechselt. Eine genauere Analyse typischer Fehler könnte von beträchtlichem praktischem und theoretischem Wert sein.

Vorgehensweisen zur Optimierung bildhafter Vorstellungen

Konkretes Material verwenden
Abstrakte Begriffe durch konkretes Material ersetzen. Beispiel: Freiheit – Freiheitsstatue in New York
Interagierende Bilder herstellen
Lebhafte Bilder suchen

- Gefühlsgeladenheit (positive und negative Gefühle)
- Bilder selbst erfinden
- Wenn möglich, auch bizarre Bilder entwickeln
- Achtung: Semantisch ähnliche Begriffe werden manchmal verwechselt. Statt des gelernten Worts wird ein Synonym erinnert. Diese Fehlerquelle stört nur, wenn wortwörtliche Wiedergabe verlangt ist.

Spezielle Anwendungen

Altersgrenzen

Die Einsetzbarkeit der beschriebenen Mnemotechniken für sehr junge Kinder wirft drei Fragen auf:

- Speichern junge Kinder ohnehin eher bildhaft und haben daher keinen zusätzlichen Gewinn von entsprechenden Mnemotechniken?
- Ab wann sind Kinder in der Lage, den recht komplizierten Instruktionen zu folgen?
- Können sehr junge Kinder überhaupt selbständig nicht wahrnehmungsmäßig gegebene Bilder formen?

Eine Antwort auf diese Fragen würde klären, ab welchem Alter es sinnvoll ist, die entsprechenden Lerntechniken in der Schule als Hilfe anzubieten. Reese (1977) faßt die vorliegenden Ergebnisse zusammen, kommt aber nicht zu einer eindeutigen Stellungnahme. Einige Studien sprechen dafür, daß Vorschulkinder von bildhaften Mnemotechniken weniger als etwa von verbalen Elaborationen profitieren. Andere Untersuchungen haben diesen Trend nicht verifiziert. Higbee (1976) gibt einen kurzen Report über den Einsatz der Kennworttechnik bei zwei 7 1/2jährigen Kindern, die das System mit

Erfolg und vor allem mit Spaß an der Aufgabe einsetzten. Geht es nicht um die Verbindung von zwei Informationen in einem Bild, sondern wird nur verbale und bildhafte Darbietung eines Lernmaterials verglichen, profitieren bereits Vorschulkinder (mittleres Alter = 4 Jahre, 2 Monate) von der bildhaften Darbietung mehr als von der verbalen Darbietung (Perlmutter und Myers 1975). Studien, die im Entwicklungsvergleich viele Materialarten, Lernprozeduren und Testprozeduren verglichen, kommen bei sehr jungen und erwachsenen Versuchspersonen zum gleichen Datenmuster, weshalb vermutet werden kann, daß bezüglich der funktionellen Einbettung der visuellen Vorstellung im Entwicklungsverlauf keine qualitativen Veränderungen vorliegen (Arabie und Kosslyn 1975, Jusczyk et al. 1975, Holoyak et al. 1972). Nach unserer Meinung wird ein Nachteil jüngerer Versuchspersonen bei der Instruktion zu komplizierten mnemotechnischen Prozeduren am ehesten in einem mangelnden Instruktionsverständnis zu suchen sein. Hier muß also kindgemäß erklärt werden, was zu tun ist.

Alte Menschen

Gerade im Bereich Gedächtnis und Merkfähigkeit scheint im hohen Lebensalter bei erhaltenem Altgedächtnis ein biologisch mitbedingter Abbau beobachtbar. Hulicka und Grossmann (1967) konnten zeigen, daß Memorierungsstrategien den Unterschied zu jüngeren Versuchspersonen aufheben können. Das Lerndefizit der alten Personen könnte wenigstens zum Teil auch darauf zurückgeführt werden, daß die geeigneten Lernstrategien nicht mehr benutzt und verlernt wurden (Schuster und Barkowski 1980). Robertson-Taschabo et al. (1976) trainierten alte Personen in der Verwendung bildhafter Lerntechniken und berichten positive Ergebnisse. Gerade die Loci Technik führte auch bei alten Menschen zu dramatischen Leistungssteigerungen (Kliegl u. a. 1989).

▰ Lernen des Alphabets

Können visuelle Lernhilfen das Lernen des Alphabets erleichtern? Hier gibt es von seiten der Pädagogen verschiedene Versuche, z. B. in der Waldorfpädagogik, deren Erfolge allerdings nicht systematisch erfaßt sind. Eine Studie von Marsh und Desberg (1978) verwendete als Lernhilfe Bilder, die mit dem gleichen Laut begannen wie der zu lernende Buchstabe. Eigene Untersuchungen zu diesem Thema, bei denen die Buchstaben als menschli-

Abb. 12. Auch beim Buchstabenlernen verbessern bildhafte Hilfen des Einprägen der Form des Buchstabens und die Verbindung mit einem Phonem (Schuster u. Faethe 1990).

che Körperhaltung interpretiert wurden (vgl. Abb. 12) führten zu ermutigenderen Ergebnissen. Mit dieser visuellen Lernhilfe war bei gleicher Lernzeit die spätere Fehlerzahl bei einem Test mit gedruckten Buchstaben nur etwa halb so hoch wie in der Kontrollgruppe.

Geistige Retardierung

Die Einschränkungen, die für junge Kinder erwähnt wurden, müssen für geistig retardierte Menschen entsprechend stärker ins Gewicht fallen. Eine Untersuchung (Brown u. Barclay 1976), die mit «labeling» vorging, d. h. die Benennung von zu lernenden Reizen forderte, war erst nach einer Trainingsphase bei Versuchspersonen erfolgreich, die ein Mindest-MA (mental age) von 8 Jahren hatten. Lebrato und Ellis (1974) hatten mit einer Vorstellungsaufgabe bei 18jährigen Versuchspersonen mit einem Intelligenzquotienten von 56 nur nach einer Trainingsphase und auch nur dann Erfolg, wenn die mentalen Vorstellungen vorgegeben wurden.

Ängstliche Personen

Hohe Ängstlichkeit kann die geistige Funktionsfähigkeit einschränken. Wahrscheinlich setzen Hochängstliche auch ihre Kenntnisse über den Umgang mit dem Gedächtnis weniger flexibel ein. Kann also bei Examensvorbereitungen oder unter anderen angstauslösenden Bedingungen eine bildhafte Memorierungstechnik weiterhelfen? Hier gibt eine Untersuchung von Edmundson und Nelson (1976) Auskunft. Tatsächlich werden Memorisierungsstrategien von ängstlichen Personen weniger häufig eingesetzt. Das Lerndefizit der ängstlichen Personen gegenüber einer weniger ängstlichen Kontrollgruppe konnte durch eine bildhafte Technik aber ausgeglichen werden.

Bildhafte Prozesse beim Denken

Wieweit bildhafte Prozesse ganz allgemein bei der menschlichen Informationsverarbeitung, also auch beim Denken, eine Rolle spielen, ist noch wenig erforscht und steht hier nicht im Mittelpunkt. Allerdings soll kurz darauf verwiesen werden, daß Beschreibungen vieler kreativer Denker ausdrücklich auf den Verlauf der bildhaften Vorstellungen und den daraus resultierenden kreativen Akt verweisen (etwa Poincaree, Kekule, Heisenberg u.a.). Bestimmte Kreativitäts- oder auch Problemlösetechniken in therapeutischen Sitzungen heben besonders auf bildhafte Prozesse ab (Grof 1978, Leuner et al. 1977).

Die metaphorische Bildhaftigkeit unserer Sprache wird ihre Entsprechung in den Konstruktions- und Wirkungsprinzipien des Denkens finden (Stromnes 1974). Viele Worte sind durch räumliche Präfixe gebildet (z. B. vorstellen, nachsitzen, überlegen usw.).

Eine mögliche Ursache der Wirkung von visuellen Vorstellungen beim Denken wird von Hadamard (1945, S. 77) vorgeschlagen: »Ich brauche sie (die bildhafte Vorstellung), um mir alle Teile eines Arguments gemeinsam vorzustellen, sie zusammen zu erkennen und ein Ganzes daraus zu machen, kurz, um eine Synthese zu erreichen...«

Möglicherweise erlaubt eine bildliche Vorstellung, wie auch ein externes Bild, eine simultane Verarbeitung mehrerer Elemente, während mehr verbale Verarbeitungsformen einen sukzessiven Abruf der Einzelinformationen erfordern.

4 Lerntechniken für Zahlen, Buchstaben und Namen

 S. 109, 116, 121

Bedeutungsarmes Lernmaterial

Manchmal weiß man den Namen eines Bekannten oder ein bestimmtes Wort, es liegt sozusagen auf der Zunge, aber es will nicht einfallen. Manchmal kann man angeben, mit welchem Buchstaben das gesuchte Wort anfängt, oder Wörter, die ähnlich klingen, werden abgerufen. Freedmann und Landauer 1966, Wellmann 1977, fragten nach den Bezeichnungen für seltene Objekte und prüften, was ihren Versuchspersonen einfiel, wenn sie das gesuchte Wort nicht gleich erinnern konnten. Dabei zeigte sich, daß sehr wohl der erste Buchstabe oder der Klang der Wörter, die produziert werden, mit dem gesuchten Wort übereinstimmen können. Auf der anderen Seite zeigte sich auch, daß Wörter, die ganz anders klangen, aber eine ähnliche Bedeutung hatten, abgerufen wurden. Das belegt wiederum, daß die Speicherung im Gedächtnis *phonemisch,* nach dem Wortklang, und *semantisch,* nach der Bedeutung, organisiert ist. In Kap. 5, in dem Empfehlungen zur Organisation des Lernstoffs gegeben werden, wird auf die inhaltliche Ordnung des Wissens hingewiesen.

Die klangliche und die inhaltliche Kodierung scheinen gewissen Entwicklungsveränderungen zu unterliegen. In Versuchen, in denen man unschädliche Elektroschocks gibt, immer wenn das Wort Tisch auftaucht, zucken die jüngeren Versuchspersonen auch dann ein wenig, wenn ein ähnlich klingendes Wort dargeboten wird, z. B. Fisch, während erwachsene Versuchspersonen etwas zusammenzucken, wenn inhaltlich ähnliche Worte, wie z. B. Tafel oder Anrichte, dargeboten werden. Im Laufe der Individualentwicklung scheint sich die Ordnung der Inhalte des Langzeitgedächtnisses mehr zu inhaltlichen Kategorien zu verlagern. In diesem Kapitel sollen beide Systeme eine Rolle spielen. Die Klangähnlichkeit führt zu einem gesuchten Wort; so kann man sich die lernerleichternde Wirkung von Gedichten, Reimen vorstellen, bei denen das letzte Wort der Zeile wiederum das letzte Wort der folgenden Zeile und deren Sinn erinnern hilft. Die Bedeutung scheint das bevorzugte Format, die Einheit zu sein, in der ein Gedächtnisinhalt gespeichert ist. Aber oft haben Informationen eben keine Bedeutung oder keine allzuleicht unterscheidbare Bedeutung, so daß die Einordnung in ein System von Bedeutungen schwerfällt.

Es wäre falsch zu sagen, Zahlen seien bedeutungslos. Wie Farben Eigenschaftsbeziehungen für Objekte sind, so sind Zahlen Eigenschaften für Mengen. Aber das Bedeutungsspektrum von Zahlen ist nicht sehr groß: Es gibt nur zehn individuelle Bedeutungen. Werden größere Mengen gekennzeichnet, wiederholen sich diese Elemente auf eine Art, die zwar systematisch, aber in der Kombination nicht bedeutungsvoll ist. Will man also Zahlen bedeutungsvoll machen, so wäre es begrifflich präziser, von dem Versuch zu sprechen, das Spektrum von zehn unterscheidbaren Bedeutungen zu erweitern. Wenn man im Gespräch große Zahlen erwähnt, z. B. einen Lottogewinn oder das Vermögen eines reichen Mitmenschen, so spricht man von einer Million oder einem Millionär. Hier werden Ziffernfolgen aufgegriffen, die sich nur aus zwei der möglichen zehn Bedeutungen zusammensetzen und besonders leicht zu verarbeiten sind. Für solche Zahlen gibt es auch jeweils abgehobene Begriffe, Bedeutungen: Hundert, Tausend, Million, Milliarde.

Bedeutung und Abkürzungen

In manchen Fällen kann man die Information reduzieren und gleichzeitig eine Bedeutung hinzufügen, die das Einprägen erleichtert. Die musikalischen Bezeichnungen Do, Re, Mi, Fa, So, sind jeweils die ersten Silben aus einem unter Musikern gut bekannten mehrzeiligen Text. Dieses Beispiel entspricht jedoch noch nicht ganz dem »Bedeutungsvollmachen«, weil die zugrundeliegende Bedeutung nur den Personen zugänglich ist, die den entsprechenden Text kennen. Andere Abkürzungen sind hier eindrucksvoller, z. B. JET (Bedeutung Düsenjäger) anstelle »Joint European Torus« (hier handelt es sich um eine Kernforschungsanlage der EG in England), oder KUMI (nicht völlig mit einem deutschen Begriff identisch) anstelle von Kultusminister. Natürlich erfordert das Entwickeln bedeutungshaltiger Abkürzungen Einfallsreichtum und einige Beschäftigung mit der Sache, so daß sich die Empfehlung zur Erfindung bedeutungshaltiger Abkürzungen eher an den Lehrenden wenden sollte, der weiß, daß bestimmte Informationen immer wieder gelernt werden, und der deshalb einmal die Arbeit investiert, eine solche bedeutungshaltige Abkürzung zu erfinden.

Bedeutung und Reimworte beim Zahlenlernen

Besonders im Geschichtsunterricht kennen der erfahrene Pädagoge und auch der geplagte Schüler bald eine Reihe von Möglichkeiten, Zahlen in Verbindung mit Ereignissen zu lernen. Lernhilfen bieten Reime auf Zahlen an, z. B. 3 3 3: Issus Keilerei, 7 5 3: Rom kroch aus dem Ei. Die Verbindung von Bedeutung und Zahl wird durch den Reim hergestellt. Phonemisch ähnliche Worte verschiedener Bedeutung steuern im Netzwerk des Wissens die gleiche Stelle an.

Bedeutung durch Assoziation zu bekannten Zahlen

Es gibt natürlich auch die Möglichkeit, zu den Zahlen direkt Bedeutungen zu assoziieren. Das versuchen auch sehr viele Menschen, wenn sie Zahlen lernen sollen. Bei der Zahl 284578 könnte z. B. 28 mein eigenes Alter sein, 45 könnte das Alter der Mutter und 78 das Alter der Großmutter sein. Sie erinnern sich an die Untersuchung von Ericsson et al. (1980), dessen Versuchsperson Zahlen lernte, indem sie diese mit Rekordzeiten in Verbindung brachte (s. S. 3). Das Spektrum der Möglichkeiten ist groß, es könnten Konfektionsgrößen, Hausnummern, Preise, Geburtstage usw. Verwendung finden. Für Mathematiker oder Personen, die berufsmäßig mit Zahlen zu tun haben, hat die Zahl oder Zahlengruppe ohnehin Bedeutung. Da gibt es Primzahlen, Zahlen, die sich durch besonders viele Zahlen teilen lassen, die erste Stelle hinter dem Komma von π und $\sqrt{2}$, so daß solche Personen beim Lernen von Zahlen oft gar nicht mehr nach Assoziationen suchen müssen, sondern bereits eine Vielzahl von Bedeutungen kennen. So wird von Aitken, einem Gedächtniskünstler, der Professor der Mathematik war, berichtet, daß er bei der Erwähnung der Zahl 1961 sofort erkannt habe, daß es sich um 37 x 53 oder um $44^2 + 5^2$ oder um $40^2 + 19^2$ handelt (vgl. Baddeley 1979). Weil nicht anzunehmen ist, daß der Leser dieses Buches noch Mathematikprofessor werden möchte, reicht diese Schilderung natürlich nicht, um das Lernen von Zahlen zu verbessern. Wir müßten einen systematischen Weg finden, wie man Zahlen Bedeutungen zuordnet. Im folgenden werden Mnemotechniken. d. h. *Gedächtnissyteme,* vorgestellt, mit denen man Zahlen – und wenn man das Prinzip erweitert, jeder beliebigen sinnfreien Einheit – Bedeutungen zuordnen kann.

Phonetisches System

Um Zahlen bedeutungshaltig zu machen, werden sie als erster Schritt des phonetischen Systems mit Buchstaben assoziiert. Aus den Buchstaben können dann im zweiten Schritt Bedeutungen gebildet werden, die sich nicht so leicht verwechseln lassen wie die Ziffern. Das System, das wir hier vorstellen, hat sich schon bewährt und wird in anderen Sprachen in der gleichen Art angeboten, so daß auch wir die Verknüpfung von Buchstabe und Zahl, die meist verwendet wird (vgl. Lorayne und Lucas 1974, Beyer 1974), benutzen. Damit man unterschiedlichste Wörter formen kann, wird jeder Zahl nicht nur ein Buchstabe, sondern eine Phonemgruppe zugeordnet. Die Zuordnung wird durch eine bedeutungshaltige Merkhilfe *(Assoziation)* erleichtert:

Die 1 hat *einen* senkrechten Strich und steht für *t* und *d*, die als Buchstabe auch einen senkrechten Strich haben.

Abb. 13. Das K könnte man aus 2mal der 7 zusammensetzen.

Abb. 14. Das handgeschriebene f ähnelt der 8.

Die 2 wird durch einen Buchstaben mit *zwei* senkrechten Strichen, das *N*, repräsentiert.

Die 3 wird durch einen Buchstaben, der in der Kleinschrift *drei* senkrechte Striche besitzt, repräsentiert, das *m*.

Die 4 wird durch den letzten Buchstaben des Wortes *vier*, das *r* repräsentiert.

Die 5 wird dem Buchstaben *L* zugeordnet, weil das L im lateinischen Zahlensystem 50 bedeutet.

Die 6 klingt im Wort wie *ch* und *x*, das verwandte Phonem *sch* wird hinzugenommen.

Wenn man die Form der 7 zweimal verwendet, kann man einen Großbuchstaben K formen. Die verwandten Laute, *ck*, *g*, *Q* und *J* kommen hinzu (Abb. 13).

Die 8 hat Ähnlichkeit mit einem handgeschriebenen f, die verwandten Laute *pf* und *v* können auch für die Acht stehen (Abb. 14).

Die 9 hat eine Formähnlichkeit mit dem *p* und dem *b*.

Die 0 ist der letzte Buchstabe dieser Zahlenreihe und wird durch das *z* ausgedrückt, das auch der Anfang des englischen Wortes für Null *(zero)* ist. Ähnlich wie z sind die Laute *s, c* und *ß*.

Die Zahlen sind also durch die Konsonanten repräsentiert. Keiner der Vokale a, e, i, o, u steht für eine Ziffer. Wenn Worte geformt werden sollen, können die Vokale also frei verwendet werden. Dies gilt auch für die Umlaute.

Liste der Codewörter für die Zahlen von 1–100. (Nach Bayer 1974. Die gleiche Liste wird aber wohl schon seit einigen Jahrzehnten verwendet.)

0 = Hose	26 = Nische	51 = Latte	76 = Koch
1 = Tee	27 = Onko	52 = Leine	77 = Geige
2 = Noah	28 = Napf	53 = Lamm	78 = Kaff
3 = Oma	29 = Nabe	54 = Lore	79 = Kappe
4 = Reh	30 = Maus	55 = Lilie	80 = Fass
5 = Löwe	31 = Matte	56 = Leiche	81 = Pfote
6 = Schuh	32 = Mine	57 = Liege	82 = Pfanne
7 = Kuh	33 = Mumm	58 = Lava	83 = Vim
8 = Pfau	34 = Meer	59 = Lippe	84 = Feier
9 = Bau	35 = Maul	60 = Schuss	85 = Feile
10 = Dose	36 = Masche	61 = Schutt	86 = Fisch
11 = Tod	37 = Mücke	62 = Schiene	87 = Feige
12 = Ton	38 = Muff	63 = Schaum	88 = Pfeife
13 = Dom	39 = Mopp	64 = Schere	89 = Vopo
14 = Teer	40 = Rose	65 = Schal	90 = Bus
15 = Diele	41 = Rute	66 = Scheich	91 = Boot
16 = Tisch	42 = Rinne	67 = Scheck	92 = Bahn
17 = Teig	43 = Ramme	68 = Schiff	93 = Baum
18 = Topf	44 = Rohr	69 = Scheibe	94 = Bär
19 = Taube	45 = Rolle	70 = Käse	95 = Ball
20 = Nase	46 = Rache	71 = Kette	96 = Busch
21 = Niete	47 = Rock	72 = Kanne	97 = Backe
22 = Nonne	48 = Riff	73 = Kamm	98 = Puff
23 = Name	49 = Rippe	74 = Karre	99 = Popo
24 = Nero	50 = Lasso	75 = Kohle	100 = Dosis
25 = Nil			

Die Konsonanten w, y und h kommen bei der Zuordnung zu den Buchstaben nicht vor. Das h hört man bei der Aussprache deutscher Worte kaum, das y ist sehr selten, nur das w hätte noch untergebracht werden können.

Versuchen Sie einmal, ob Sie nach einem einmaligen Durchlesen bereits in der Lage sind, die Zuordnungen von Zahlen und Buchstaben bzw. Phonemen wiederzugeben. Wenn nicht, sollten Sie den Text noch einmal lesen.

Es erleichtert die Arbeit mit dem phonetischen System, daß für die Zahlen 1–100 bereits eine Gruppe von Codewörtern entwickelt ist. Diese Liste muß man nicht auswendig lernen, man kann sie verwenden, wenn eine bestimmte Zahl gelernt werden soll. Die Phonemgruppen für die einzelnen Ziffern muß man aber im Kopf haben. Man kann diese Codewörter verwenden, um größere Zahlen aufzuspalten (auch beim Sprechen gibt man Telefonnummern ja in Zweiergruppen an) oder man kann sie als ein Kennwortsystem mit 100 (!) in einer festen Reihenfolge angeordneten konkreten Begriffen verwenden, etwa um eine Stichwortliste für eine Prüfung auswendig zu lernen.

Sicher haben Sie gemerkt, daß bei diesen Codewörtern jeweils der einzelne Laut zählt, ob er sich aus einem einfachen oder einem doppelten Buchstaben zusammensetzt, spielt keine Rolle.

Es ist üblich, wenn eine Ziffer zweimal hintereinander vorkommt, ein Wort zu bilden, das zwischen die beiden gleichen Phoneme für die Zahl einen Vokal einschiebt. Die Zahl 499 müßte also z. B. nicht Rippe, sondern möglicherweise Reh-Popo heißen.

Will man größere Zahlen aus den Codewörtern zusammensetzen, wie z. B. Jahreszahlen, so kann es vorkommen, daß die Zahlengruppe 01, 02 vorkommt. Bei einem Geburtsjahr 1804 müßte ein Codewort für 04 vorhanden sein. Längere Folgen von Nullen, also 00, 000 usw. könnten ebenfalls in Zahlengruppen vorkommen. Zur Verbesserung der Anwendungsmöglichkeit müssen wir der Codeworttabelle also die folgenden Worte hinzufügen:

00	Soße	05	Zoll
01	Zote	06	Zeus
02	Zone	07	Zacke
03	zahm	08	Zofe
04	Zier	09	Suppe

Die Folge 000 könnte aus Hose und Soße zusammengesetzt werden usw.

Die Buchstaben-Phonem-Kombinationen können nun auf zwei Arten eingesetzt werden: Bei der ersten Methode werden Worte gebildet, die mit jedem relevanten Konsonanten eine Zahl chiffrieren: So könnte man sich die Nummer des Weckdienstes 114 durch das Wort Dieter merken: D = 1, ie = Vokal, t = 1, e = Vokal, r = 4, oder die Nummer der Zeitansage 119 durch das Wort Teetip: T = 1, e = Vokal, e = Vokal, t = 1, i = Vokal, p = 9.

Je länger die Zahl, um so schwerer ist es natürlich, ein einziges Wort zu finden, in dem alle Ziffern kodiert sind. Das ist auch gar nicht nötig. Bei langen Zahlen können verschiedene Wörter verwendet werden.

Wir wollen es am Beispiel der $\sqrt{2}$ einmal probieren: Die Zahl $\sqrt{2}$ lautet auf 5 Stellen genau: 1,41421 also: Torte (1 4 1), rund (4 2 1).

Sie können versuchen, für Zahlen, die für Sie selbst wichtig sind, ein solches Wort bzw. einen Satz zu formen: z. B. für die Kontonummer, die Paßnummer, die Telefonnummer der Freundin, die Autonummer oder ähnliches.

Mit ein wenig Anstrengung lassen sich noch weit längere Worte so formen, daß man eine Zahl mit ihnen kodieren kann. Es ist oft nicht leicht, ein Wort aus mehreren relevanten Konsonanten zu bilden. Mancher Lernende mag es als leichter empfinden, Sätze zu bilden, deren Worte jeweils mit dem Phonem für eine Zahl beginnen. Nehmen wir als Beispiel die Zahl π, die bei der Berechnung von Kreisdurchmesser und Kreisfläche eine Rolle spielt. Sie lautet auf 4 Stellen hinter dem Komma 3,1416. Einer von vielen möglichen Sätzen, in denen man diese Zahl verarbeiten könnte, wäre: **M**an (3) **d**reht (1) **R**äder (4) **d**urch (1) **S**chwung (6). Dieser Satz stellt gleichzeitig eine assoziative Beziehung zur Bedeutung der Zahl π her.

Geburtstage, Jahreszahlen und Termine

Wie schon oben erwähnt, kann die Lerntechnik für Zahlen auf zweifache Weise nützlich werden. Man möchte sich z. B. einen Geburtstag merken oder den Hochzeitstag. Nehmen wir als Beispiel das Geburtsjahr von Goethe, nach dem Lehrer manchmal fragen. Goethe wurde 1749 geboren: Also können wir die Zahl aus den Worten Teig und Rippe zusammensetzen. Eventuell könnte man eine bildhafte Vorstellung formen, wie Goethe aus Teig eine Rippe formt. Dieses Bild hebt auf den Akt des Erschaffens ab.

Oder nehmen wir einmal einen Geburtstag, z. B. den 28. Januar. Wie kann der Monat jetzt eingeprägt werden? Die Monate können nach ihrer Reihenfolge ebenfalls in Zahlen von 1 bis 12 umgelesen werden. Es ergäbe sich für diesen Geburtstag das Schlüsselwortpaar Napf und Tee, und man könnte sich bildhaft vorstellen, wie der Geburtstagstee aus dem Napf getrunken wird.

Auf die gleiche Weise lassen sich Termine lernen. Stellen Sie sich vor, Sie wollen sich am Freitag abend um 19.30 Uhr treffen. Auch den Wochentag kann man wieder leicht in eine Zahl umlesen. Man kann dabei die Tabelle verwenden, man kann aber auch für die Zahl des Freitags (Montag 1, Dienstag 2, Mittwoch 3, Donnerstag 4, Freitag 5, Samstag 6, Sonntag 7, Sonntag war der siebte Tag, an dem der Herr ruhte, die Zahlenfolge liegt also nahe) ein neues Wort erfinden, das auf die Person paßt, die man treffen möchte: z. B. Löwe, Taube, Maus (die beiden letzten Wörter stehen für die Uhrzeit 19.30). Diese drei Begriffe (sie entstammen der Liste der Codewörter) könnten in einem Satz oder in einem Bild kombiniert werden.

Phonetisches System als Kennwortreihe

Die zweite Verwendungsmöglichkeit für die Zahlenwörter – hat man diese Wort- und Zahlzuordnungen einmal gelernt – stellt ein Kennwortsystem mit 100 Elementen zur Verfügung. Die Zahlen ersetzen das Alphabet oder die Orte als die feste Reihenfolge, an die mit bildlicher Vorstellung eine andere Reihe von Lernelementen assoziativ gekettet wird.

Nehmen Sie an, Sie wollten in einem kleinen einführenden Vortrag in der Prüfung erst etwas über den Begriff des Lernens sagen, dann über das Dreispeichermodell und dann über die Ordnung des Wissens.

Das erste Kennwort 01 wäre Hose, Sie könnten sich vorstellen, daß in der Hosentasche ein Zettel mit der Definition von Lernen ist.

Das zweite Kennwort 02 wäre Tee: Jetzt können Sie sich vorstellen, wie Tee in 3 verschiedenen hintereinanderliegenden Lagerkammern untergebracht ist.

Das dritte Kennwort 03 wäre Noah: Hier können Sie sich vorstellen, wie Noah die Tiere auf der Arche nach ihrer Klassenzugehörigkeit ordnet.

Wenn man einmal die Mühe auf sich nimmt, die Zahlenwörter für die Zahlen von 1 bis 100 zu lernen, ist es leicht, eine Reihenfolge von 100 Elementen zu lernen. Wenn Sie die Gelegenheit hätten, in einer Sendung wie etwa der Show von Rudi Carrell »Am laufenden Band« mitzumachen, in der Sie die Gegenstände gewinnen, an die Sie sich erinnern können, sollten Sie die Mühe auf jeden Fall auf sich nehmen.

Bei Terminen, Jahreszahlen oder Geburtstagen kann man versuchen, die Bedeutung der Wörter des Codewortsystems bildhaft oder assoziativ mit der Bedeutung der Zahl zu verbinden. Etwa wenn der Geburtstag von Goethe durch die Worte Teig und Rippe zusammengesetzt werden soll (es ist natürlich immer möglich, anstelle der Wörter des Codewortsystems neue Wörter zu bilden, die sich aus den geforderten Konsonanten und beliebigen Vokalen zusammensetzen), so könnte man die Beziehung zum Dichter assoziativ so herstellen, daß Goethe sich aus Teig eine Rippe zubereitet oder eine für seine naturwissenschaftlichen Studien verwendet.

Zahlenbedeutung und bildhafte Vorstellung

Natürlich kann man Zahlen auch bedeutungsvoll machen, indem man sie mit bildlichen Vorstellungen verbindet. Bei langen Zahlen ergibt sich aber dann doch wieder die Schwierigkeit, die genaue Reihenfolge richtig zu behalten. Wir wollen ein Beispiel für ein solches *Bildsystem* geben (s. Abb. 15):

Abb. 15. Möglichkeiten, wie die Zahlen in eine bildhafte Form gebracht werden können.

Die 1 sieht aus wie ein Bleistift,
die 2 wie ein Schwan,
die 3 wie ein Gesäß,
die 4 wie ein umgedrehter Stuhl,
die 5 wie ein moderner Sessel,
die 6 wie ein Tennisschläger,
die 7 wie eine Sense,
die 8 wie eine Brille,
die 9 wie eine Lampe,
die 0 wie ein Ball.

Wieder besteht die Möglichkeit, diese Kombinationen von Zahlen und Bildern auch als Kennwortsystem zu verwenden. Will man sich mit Hilfe solcher bildhafter Vorstellungen Zahlen merken, müßte man Elemente aus der Loci-Technik zu Hilfe nehmen (s. Kap. 3). Man geht z. B. in Gedanken im Zimmer umher und verteilt die Bilder der Ziffern der zu merkenden Zahl im Raum. Wenn man diesen Weg dann wieder abschreitet, treten die Bilder wieder ins Bewußtsein, und die Zahl ist rekonstruierbar. Nehmen wir als Beispiel die Zahl, mit der man Yard in Meter umrechnen kann: 1 Yard ist 0,9144 m. Wenn ich z. B. durch das Wohnzimmer gehe, treffe ich zuerst auf die Couch: Ich stelle mir einen *Ball* auf der Couch vor. Neben der Couch steht eine Kommode: Ich stelle mir vor, daß diese eine *Lampe* trägt. Verfolge ich meinen Weg von der Kommode weiter, treffe ich auf einen Schrank: Den stelle ich mir mit einem großen *Bleistift* angefüllt vor. An der Wand steht ein Stuhl: Ich stelle mir vor, der *Stuhl steht auf dem Kopf*. Darauf folgt eine Tür. Ich stelle mir vor, gegen die Tür lehnt ein auf dem *Kopf stehender Stuhl*.

Muß man sich verschiedene Zahlen merken, so kann man auch auf eine ungewöhnliche Variante – ein weiteres bildhaftes System – zurückgreifen. Dieses System wurde von Chernoff (1971) entwickelt, indem er das gute Gedächtnis des Menschen für Gesichter benutzte. Den Ziffern 1–10 wurden jeweils verschiedene Mund-, Augen-, Kopfformen oder Haartrachten und Ohrformen zugeordnet. Der Mund steht nun jeweils für die erste Stelle der Zahl, die Augen für die zweite usw. Wir haben in Seminaren ausprobiert, wie diese Gedächtnishilfe funktioniert, kamen aber zu dem Ergebnis, daß das phonetische System mit weniger Lernaufwand anzuwenden ist und eine weitaus fehlerfreiere Reproduktion der zu lernenden Zahl erlaubt. Daher soll das Gedächtnissystem, das Chernoff »face mnemonic« nennt, nur erwähnt werden.

Rhythmisierung beim Zahlenlernen

Zahlen (z. B. Telefonnummern) werden beim Lernen und bei späteren Abrufen (v. Cube 1970) rhythmisch wiedergegeben, wie etwa die Strophe eines Liedes. Kybernetiker haben vorgerechnet, daß so die Informationsmenge der Zahl reduziert wird. Dies scheint uns aber für die Wirksamkeit der Rhythmisierung nicht im Vordergrund zu stehen. Wenn für gesungene und gesprochene Sprache unterschiedlich störbare Gehirnzentren verantwortlich sind, wird auch dieses Phänomen nur zum Teil zur Wirksamkeit der Rhythmisierung beitragen. Die Zahlen 284578 z. B. werden in Zweiergruppen zu 3 individuellen, klanglich unterscheidbaren Elementen gemacht, während ohne Rhythmisierung 6 solcher leicht verwechselbarer Elemente gelernt werden müßten. Faßt man in einem Wort 3 Zahlen zusammen, wird die Menge der phonemisch eindeutigen Elemente noch weiter reduziert. Das Verfahren der Rhythmisierung wird spontan von den meisten Menschen angewandt. Sie werden Spaß haben zu beobachten, wie schwer es ist, eine Zahl, die man in rhythmischen Gruppen gelernt hat, in Ziffern aufzusagen. Versuchen Sie dies einmal mit Ihrer eigenen Telefonnummer oder einer Telefonnummer, die Sie gut kennen. Die Gruppierung der Zahl führt zu einer »phonemischen« Individualisierung, zu einer Reduktion der »sinnlosen« Klanggruppen, die auswendig gelernt werden müssen.

Eventuell kann man sich den Vorteil der Rhythmisierung, der Gruppierung auch durch die Begrenzung des Kurzzeitspeichers erklären. Eine sechsstellige Telefonnummer wird auf 3 »Wörter« oder nur 2 »Wörter« reduziert, die jeweils einen Kurzzeitspeicherplatz einnehmen.

Mögliche Anwendungen

Es ist am besten, wenn Sie das phonetische System am Beispiel von Zahlen ausprobieren, die Sie wirklich lernen und wissen sollten, z. B.:
- Telefonnummern von Bekannten, Freunden, Verwandten;
- Kontonummer (wahrscheinlich wissen Sie die Ihre schon auswendig);
- Geheimzahl für Geldautomaten;
- Personal- oder Matrikelnummern, die man immer wieder beim Ausfüllen von Formularen benötigt;
- Nummer des Personalausweises;
- Autonummer;
- Geburtstage der Bekannten;
- Nummern von Zahlenschlössern, mit denen Sie umgehen müssen;
- Steuernummer;
- Postleitzahlen, die Sie häufig verwenden;
- Bestellnummer eines Artikels, den Sie erwerben wollen;
- Lottozahlen, die Sie getippt haben;
- Entfernungen, die Sie vom Kilometerzähler ablesen, um sie später abzurechnen;
- Telefon-Notrufnummern, Auftragsdienste, Taxiruf;
- Radiofrequenzen mit Verkehrsfunkdurchsage oder von Sendern mit speziellen Programmen (Hitparade);
- Umrechnungswerte: Wechselkurse, Umrechnung von Maßeinheiten;
- Fahrzeiten von Bussen und Straßenbahnen;
- Konfektionsgrößen der Partnerin/des Partners, um ein »passendes« Geschenk mitbringen zu können;
- Telefonnummer des Hausarztes;
- Konstanten, z. B. e, π, $\sqrt{2}$.

Namen und Gesichter

Gesichter können wir uns normalerweise recht gut merken, die Verknüpfung von Gesicht und Name allerdings vergessen wir gelegentlich, zum Ärger der Betroffenen. Eine Lernhilfe müßte die Verbindung von Name und Gesicht sinnvoll machen (vorausgesetzt, der Name hat einen »Sinn«). Bei Namen, die keinem Wort der deutschen Sprache entsprechen, müßte zusätzlich versucht werden, dem Namen eine Bedeutung zu geben. Das klingt nun recht kompliziert, aber in Trainingskursen gelingt es den Lernenden nach einer kurzen Einführung, z. B. die 40 Namen der Anwesenden auf Anhieb zu lernen.

Bei Verwendung der Technik betrachtet man das Gesicht der Person, die vorgestellt wird oder ihren Namen nennt, genau und versucht, ein auffälliges Merkmal zu finden. Das kann eine spitze Nase, die Frisur, die Augen- oder Gesichtsform sein. Hat die betreffende Person einen Namen, der eine Bedeutung hat, wie Bäcker oder Schmidt oder Faßbinder, so versucht man, eine bildliche Vorstellung herzustellen, die das auffällige Merkmal und die Bedeutung des Namens kombiniert. Beim Bäcker mit

Abb. 16. Beispiel, wie die Verbindung eines Namens mit den Merkmalen eines Gesichts geformt werden könnte.

der Glatze könnte man sich einen blanken Brotlaib vorstellen (Abb. 16).

Meistens allerdings sind Namen nicht sinnvoll und entsprechen nicht der üblichen Silbenfolge der deutschen Sprache, z. B. könnten Samulowski oder Barkowski zwar die lustigsten Gesichtsmerkmale haben, es ergäbe sich dennoch keine bildhafte Kombination mit dem Namen. Hier muß man, wie es schon in Kap. 3 beschrieben wurde, zu ähnlich klingenden Ersatzworten greifen, die dann ihrerseits eine Bedeutung haben. Bei Samulowski könnte man an einen »Sammelski« denken, der in einer Sammlervitrine liegt, bei Barkowski könnte man an den Barkauf eines Skis denken und ein entsprechendes Bild formen. Die Wortfolge »bar kauf ski« könnte man in ein Bild umsetzen, das zu den Merkmalen des Gesichts oder der Gestalt des Namenträgers paßt, indem wir das Skilaufen als natürliches Hobby des athletischen Bekannten imaginieren.

Das System verlangt einige Übung in der Bildung der Ersatzwörter, aber auf jeden Fall wird die Aufmerksamkeit bei dem Versuch, ein Ersatzwort zu bilden, in einem solchen Ausmaß auf den Namen gelenkt, daß ein Lernen schon wahrscheinlicher wird (vgl. Kap. 6). Gedächtnistrainer, die mit dem System gearbeitet haben, konnten es zu einer so großen Geschicklichkeit bringen, daß sie bei einmaligem Hören der Namen 500 Personen mit Nennung des Namens verabschieden konnten. Diese Autoren empfehlen (z. B. Loryane und Lucas 1974), sich den Namen, den man sich merken möchte, ruhig noch einmal nennen zu lassen, und das Bild, das Namen und Gesicht verbindet, im Laufe eines Abends – z. B. bei einer Party – noch einmal zu wiederholen. Vielleicht führt die Verwendung des Systems auch dazu, daß Sie Ihren Gesprächspartner häufiger anlächeln, wenn Ihnen nämlich das Bild, das Sie geformt haben, wieder einfällt. Das muß keine unangenehme Folge der Gedächtnishilfe sein.

Studien zur Effizienz

Die Wirksamkeit der geschilderten Techniken wurde in verschiedenen wissenschaftlichen Untersuchungen nachgewiesen. Yarmey (1970) und Hastings (1982) zeigte, daß bei der Verknüpfung von Namen und Gesichtern eine bildhafte Vorstellung das Lernen verbessert.

Brautmann (1973) verwendet das phonetische System beim Lernen von Telefonnummern und vergleicht den Lernerfolg mit einer Gruppe, die keine Kenntnis der Mnemotechnik hatte. In einem Test nach 24 Stunden war die Lernleistung der Gruppe, die das phonetische System verwendet hatte, mehr als doppelt so hoch wie die Lernleistung einer Kontrollgruppe, deren Telefonnummern aus Buchstaben und Zahlen bestanden, und mehr als viermal so hoch wie die Lernleistung einer Kontrollgruppe, deren Telefonnummern (wie es hier üblich ist) ausschließlich aus Zahlen bestanden. Auch wenn das phonetische System als Reimwort oder Reihenfolgensystem verwendet wird, läßt sich zeigen, daß Probanden, die dieses System trainiert hatten, in der Lernleistung besser abschnitten (Senter und Hauser 1968, Delin 1969). Ebenso berichtet Higbee aus seinen Kursen (1977) über positive Erfahrungen mit dem phonetischen System sowohl als Schlüsselwortsystem, um eine Reihenfolge von Worten zu lernen, als auch um Zahlen zu lernen.

In unseren eigenen Kursen konnten wir besonders beim Lernen von Zahlen erstaunliche Erfolge mit dem phonetischen System demonstrieren, gerade wenn es darum geht, eine größere Menge oder besonders lange Zahlen zu lernen.

In einigen Arbeiten werden aber auch negative Resultate berichtet (Patton 1986: Selbstkonstruktion der Codewörter, Bruce u. Clemons 1982). In einer anschließenden Arbeit versuchen Patton u. Lantzy (1987), die Bedingungen zu klären, unter denen der Einsatz des phonetischen Systems die Erinnerung an Zahlen verbessert. Nur wenn die Verspuchspersonen ausreichend Übung mit dem System hatten, führte es zu einer 50%igen Lernverbesserung. Wenn aber die Versuchspersonen die phonetischen Codewörter selbst konstruieren mußten, kam es (bei einer gegebenen Zeitbegrenzung) zu Verschlechterungen der Lernleistung.

Die Verknüpfung von Namen und Gesichtern erwies sich als wirkungsvoller als irgendeine spontan eingesetzte Strategie zum Namenlernen (Carney et al. 1997). Dies gilt für kurzfristiges und langfristiges Behalten.

<u>Bei vielen Lerntechniken ist es das Problem, den Lernenden zu überreden, die Lerntechnik auch anzuwenden und den zusätzlichen Aufwand auf sich zu nehmen</u> (Persensky und Senter 1970a). Durch die Demonstration der Effekte der Lerntechnik sind solche skeptischen Einstellungen zu überwinden.

Natürlich wird nur der Anwender die Mühe auf sich nehmen, ein solches System zu lernen und zu üben, der auch tatsächlich häufig mit Zahlen umgehen muß.

5 Organisation des Lernstoffs

S. 134, 137, 148, 157

Organisation im Kurzzeit- und Langzeitspeicher

Bei der Darstellung des Dreispeichermodells (Kap. 1) wurde auf die begrenzte Kapazität des Kurzzeitspeichers hingewiesen. Es wurde auch gezeigt, wie durch die Zusammenfassung der Informationen zu übergreifenden Einheiten (Chunks) die Menge des aufzubewahrenden Materials im Kurzzeitspeicher wesentlich vergrößert werden kann. Die *Organisation* (Zusammenfassung) des zu lernenden Materials zu größeren Einheiten ermöglicht es, die Menge der dort repräsentierten Information zu vervielfachen.

Die Speicherkapazität des Langzeitgedächtnisses ist – im Gegensatz zum Kurzzeitspeicher – riesig. Damit entstehen für die effiziente Benutzung dieses Systems andere Probleme als die der Überwindung enger Kapazitätsgrenzen. Um dies zu verdeutlichen, können wir die 2 Speichersysteme mit 2 unterschiedlichen Bibliotheken vergleichen. Der Kurzzeitspeicher entspricht einer Bibliothek, in der nur für 7 ± 2 Bücher Einstellplätze vorhanden sind. Wenn alle 7 Stellplätze besetzt sind, können neue Bücher nur eingestellt werden, wenn alte herausgenommen werden. Um die Menge der Informationen, die in dieser Bibliothek aufbewahrt werden kann, zu vergrößern, bliebe nur die Möglichkeit, die Speicherplätze besser auszunutzen, z. B. indem man dickere Bücher einstellt oder die Seiten der Bücher enger bedruckt. Der Benutzer, der ein bestimmtes Buch benötigt, braucht in einer solchen Bücherei nicht lange zu suchen. Er kann sehr schnell die wenigen Bücher daraufhin überprüfen, ob das gesuchte darunter ist oder nicht.

Das Langzeitgedächtnis läßt sich dagegen mit einer sehr großen Bibliothek, die über fast unbegrenzt viele Stellplätze für Bücher verfügt, vergleichen. Wenn der Benutzer auf der Suche nach einem bestimmten Buch nun *alle* Regale durchsehen müßte, würde er u. U. Wochen und Monate benötigen, bis er es gefunden hätte. Eine solche Bibliothek wäre ziemlich nutzlos. Deshalb verfügen große Bibliotheken über eine Ordnung, die festlegt, an welchem Platz ein Buch eingestellt werden muß und was der Benutzer zu tun hat, um ein Buch, das er sucht, schnell zu finden. Die Leistungsfähigkeit einer Bibliothek wird ganz wesentlich davon abhängen, wie gut deren Organisation ist.

<u>Auch das Langzeitgedächtnis muß über eine solche Organisation verfügen,</u> es wäre anders nicht zu erklären, daß Menschen in der Lage sind, aus der großen Menge der gespeicherten Informationen sehr schnell und relativ zuverlässig ganz bestimmte abzurufen.

▪ Organisation und Vergessen

Mit der Analogie zwischen großer Bibliothek und Langzeitgedächtnis läßt sich auch das Phänomen des Vergessens veranschaulichen. Die Bücher, die in den Regalen der Bibliothek stehen, können nicht einfach verschwinden, allerdings kann man davon ausgehen, daß sich das

Papier durch chemische Prozesse innerhalb von ca. 100 Jahren zersetzt. Dieser Vorgang findet eine Parallele in der *Spurenzerfallstheorie des Vergessens*. Nach dieser Theorie hinterläßt jede gespeicherte Information eine physiologische Spur im Zentralnervensystem. Diese Spur löst sich bei Nichtgebrauch im Laufe der Zeit auf, und die Information geht damit verloren (Rohracher 1953). Präzise Erinnerung älterer Menschen an ihre Kindheit und Jugendzeit sprechen jedoch gegen die Theorie des Vergessens durch Nichtgebrauch.

Eine andere Sicht des Phänomens Vergessen betont dagegen, daß gespeicherte Information nicht verschwindet, sondern im Langzeitspeicher aufbewahrt wird, bis sie durch geeignete Reize aktiviert und abgerufen wird. Vergessen oder genauer, die Unfähigkeit, Gelerntes zu reproduzieren, kann auf das Fehlen geeigneter Suchhinweise zurückgeführt werden. Das Gefühl, etwas auf der Zunge zu haben, aber im Moment nicht darauf zu kommen, macht diese Annahme einsichtig. Versuchspersonen (Wellmann 1977) konnten sogar ziemlich genau die wichtigsten Merkmale des Vergessenen angeben. Nach Prüfungen klagten Studenten oft, daß sie die Antworten gewußt hätten, aber aus den Fragen des Prüfers nicht entnehmen konnten, was dieser wissen wollte. Die Prüferfragen stellten offenbar keinen geeigneten Abrufreiz dar, und die gespeicherte Information wurde nicht aktiviert und abgerufen.

Tulving und Pearlstone (1966) prüften die *Theorie des abrufreizabhängigen Vergessens,* indem sie Versuchspersonen eine Liste mit Substantiven aus 4 Kategorien lernen ließen. Die Experimentalgruppe erhielt zusätzlich zu den Wörtern die Kategoriebezeichnungen und konnte mit Hilfe dieser Abrufreize signifikant mehr Wörter erinnern als die Kontrollgruppe.

Die Befunde weisen darauf hin, daß viele Informationen zwar gespeichert, aber nicht ohne weiteres abrufbar sind, entweder weil sie an einem falschen Platz eingeordnet sind oder weil der Zugang zur Information nicht gut dokumentiert worden und damit verlorengegangen ist. Lernhilfen sollten gegen diese Formen von Informationsverlust schützen, indem sie für die richtige Einordnung der Informationen im Speichersystem sorgen und sichere Abrufstrategien bereitstellen.

Dazu ist in der Regel erforderlich, daß die zu lernende Information sortiert, zusammengefaßt, – mit einem Wort »organisiert« wird. Mit diesem Aspekt des Gedächtnisprozesses – der Organisation des zu lernenden Materials – befassen wir uns in diesem Kapitel.

Semantische Organisation

Das Thema Organisation ist nicht neu in der Gedächtnisforschung. Bereits die Gestaltpsychologen Koffka (1921) und Köhler (1935) suchten nach Organisationsprinzipien und übertrugen das Prägnanzgesetz aus der Wahrnehmung auf die Arbeitsweise des Gedächtnisses. Dieser Forschungsansatz wurde in der Folge nicht weitergeführt. Erst nach 1970, vorbereitet durch das bahnbrechende Buch *Plans und structure of behavior* von Miller, Galanter und Pribram tauchte der Begriff Organisation im Kontext der neuen kognitiven Psychologie wieder auf und wurde, wie Bower (1970 a) bemerkte, zu einem Slogan. Bower schlug daher vor, den Terminus Organisation durch Begriffe wie Gruppierungen bzw. Klassen und Relationen zu ersetzen.

Es interessiert nun natürlich, nach welchen Merkmalen gruppiert wird. Die Methode, mit der dieser Frage nachgegangen wurde, ist relativ einfach: Versuchspersonen wurden instruiert, unzusammenhängende Wörter zu lernen und in beliebiger Reihenfolge zu reproduzieren.

Regelmäßigkeiten in der Reihenfolge der erinnerten Wörter können als Hinweise auf Organisationsprinzipien gelten.

Bousfield (1953) ließ seine Versuchspersonen 4 Listen mit je 15 Substantiven lernen und anschließend ohne Rücksicht auf die Reihenfolge erinnern. Sie können den Versuch selbst nachvollziehen, wenn sie sich in den nächsten Minuten die folgenden 60 Wörter einprägen.

Joseph	Rübe	Bisamratte
Murmeltier	Friedrich	Eichhörnchen
Heinz	Richard	Erich
Panther	Drucker	Kellner
Aubergine	Gerhard	Bäcker
Norbert	Rentier	Martin
Pirol	Rabe	Radieschen
Soldat	Karotte	Drogist
Salat	Kraftfahrer	Physiker
Werner	Leo	Otter
Wolfram	Wiesel	Karl
Giraffe	Melone	Kürbis
Spinat	Franz	Chemiker
Peter	Zahnarzt	Petersilie
Kamel	Milchmann	Löwe
Pavian	Gurke	Kohl
Autoschlosser	Rettich	Florist
Wildkatze	Kohlrabi	Pilz
Pilot	Bohnen	Otto
Fuchs	Dreher	Leopard

Die Versuchspersonen von Bousfield erinnerten zwischen 12 und 36 Wörter, bei einer mittleren Leistung von 25 Wörtern. Aber Bousfield interessierte nicht in erster Linie die Anzahl der reproduzierten Wörter, sondern in welcher Ordnung diese Wörter wiedergegeben wurden.

Bitte schreiben Sie jetzt alle Wörter nieder – in beliebiger Reihenfolge – an die Sie sich noch erinnern. Sie können jetzt daran folgende Annahmen, die sich auf mögliche systematische Tendenzen in der Reihenfolge der Wörter beziehen, prüfen:

- Es besteht die Tendenz, daß Wörter mit ähnlichem Klangbild häufig zusammen auftreten.
- Wörter mit gleicher Buchstabenanzahl werden zusammen erinnert.
- Es besteht die Tendenz, die Wörter genau in der vorgegebenen Reihenfolge zu reproduzieren.
- Wörter mit ähnlicher Bedeutung treten häufig zusammen auf.

Vergleichen Sie nun die Ergebnisse Ihres eigenen Versuchs mit den Ergebnissen wissenschaftlicher Forschung.

Zu Hypothese 1: Die Organisation nach Lautmerkmalen (phonemische Speicherung) spielt beim Lernen von Wortlisten nur eine untergeordnete Rolle.

Zu Hypothese 2: Es finden sich keine Belege dafür, daß Wörter mit gleicher Anzahl von Buchstaben überzufällig häufig zusammen erinnert werden.

Zu Hypothese 3: Mandler und Dean (1969) stellten fest, daß Versuchspersonen, denen eine zu lernende Wortliste mehrfach in derselben Reihenfolge dargeboten wurde, bei freier Reproduktion dazu neigten, die Wörter in der vorgegebenen Folge zu erinnern. Dieser Effekt ist vermutlich bei einmaliger Darbietung, wie in unserem Beispiel, geringer.

Zu Hypothese 4: Am deutlichsten wurde in der Untersuchung von Bousfield die Tendenz der Versuchspersonen, die Wörter nach den Kategorien Tiere, Vornamen, Berufe und Gemüsearten zu ordnen. Wurde z. B. ein Tiername genannt, dann folgten diesem mit hoher Wahrscheinlichkeit weitere Tiernamen. Die *semantische Organisation* wird zudem durch die Analyse von Fehlern beim Listenlernen belegt. Manchmal wird anstelle des vorgegebenen Begriffes ein phonologisch völlig anderes, aber bedeutungsähnliches Wort abgerufen, z. B. wird anstatt Räuber Verbrecher wiedergegeben oder bei unserer Liste anstatt Kraftfahrer das Wort Autofahrer.

Belege für die Organisation von Informationen nach Bedeutungsmerkmalen finden sich auch in Experimenten zur semantischen Generalisierung (zusammenfassend Maltzman 1968). Wenn z. B. dem Wort »Hase« mehrfach ein Elektroschock folgt, löst nach mehreren Testdurchgängen allein dieses Wort schon autonome Erregung (Steigerung der Puls- und Atemfrequenz) aus. In darauf folgenden Versuchen reagieren die Versuchspersonen dann auf das Wort Kaninchen mit größerer autonomer Erregung als auf das Wort Haare. Die Reaktion erfolgt also eher auf das semantisch als auf das phonologisch ähnliche Wort. Wenn das Lernmaterial keine semantischen Ähnlichkeiten anbietet, dann wird nach anderen Merkmalen klassifiziert, z. B. nach orthographischen (gleicher Anfangsbuchstabe, gleiche Wortlänge) phonemischen (Klangähnlichkeiten) oder syntaktischen (Satzbau).

In der Mehrzahl der Untersuchungen organisieren die Versuchspersonen Lernstoff nach Kategorien, die vom Versuchsleiter implizit *vorgegeben* werden. Es stellt sich damit die Frage, ob in weniger künstlichen Situationen ebenfalls nach Bedeutungsmerkmalen kategorisiert wird. Studenten, die gebeten wurden, die Mitglieder des Lehrkörpers ihrer Universität zu nennen, kategorisierten nach Fakultäten. Bemerkenswert war, daß die abgefragten Informationen nicht ausdrücklich für das Experiment gelernt wurden, sondern sich im alltäglichen Leben nebenher fast zufällig eingeprägt hatten. Semantische Organisation findet also auch spontan bei Lernprozessen, die neben anderen Tätigkeiten ablaufen, statt (Inzidentelles Lernen: Rubin u. Olson 1980).

Lernhilfen durch semantische Organisation des Lernstoffs

Zahlreiche Forschungsergebnisse (Thomson et al. 1972, Forrester und King 1971, Puff 1970, Cofer 1967) zeigen, daß Kategorisierung die Reproduktionsleistung verbessert. Die positive Beziehung zwischen Reproduktionsleistung und semantischer Organisation wird deutlich, wenn die Instruktion, 100 Begriffe nach subjektiven Kategorien zu ordnen, zu gleich hoher Erinnerungsquote führt, wie die Instruktion, die Begriffe zu lernen (Mandler 1967). Dabei wurde die relative Anzahl der pro Kategorie erinnerten Wörter mit zunehmender Kategoriengröße geringer.

Eine erhebliche Hilfe bei der Reproduktion von kategorisierten Begriffen stellt die Vorgabe der Kategoriebezeichnungen dar. Damit wird verhindert, daß ganze Kategorien vergessen werden (Tulving und Pearlstone 1966).

Je stabiler die Ordnung ist, nach der z. B. Wörter kategorisiert werden, um so höher die Reproduktionsleistung. Wenn Versuchspersonen bei mehreren Versuchsdurchgängen dasselbe Lernmaterial nach verschiedenen Prinzipien ordnen müssen und damit am Aufbau einer stabilen Organisation gehindert werden, fällt ihre Gedächtnisleistung bei freier Erinnerung sehr stark ab (Bower 1970, Bower et al. 1969).

Die dargestellten Untersuchungsergebnisse erklären noch nicht, warum Organisierung des Lernstoffs zu besseren Erinnerungsleistungen führt. Wir gehen dieser

Frage nach, indem wir zwei verschiedene Annahmen über die Funktionsweise des Langzeitspeichers betrachten.

Annahme 1. Die Arbeitsweise des LZS (Langzeitspeicher) ähnelt der eines Apothekers, der die verschiedensten Medikamente angeliefert bekommt und diese exakt in die dafür vorgesehenen Fächer einordnet. Für jede Arznei gibt es nur einen ganz bestimmten Ort. Wenn ein Patient ein bestimmtes Mittel verlangt, muß der Apotheker nur wissen, in welches Fach er es gelegt hat. Von entscheidender Bedeutung für den Abruf einer Information ist nach diesem Modell, daß sie bei der Einspeicherung am richtigen Platz *eingeordnet* wurde.

Als empirisch gesichert (Tulving und Osler, 1968) kann gelten, daß Reize, die während der Einspeicherung der Information wahrgenommen werden, ohne direkt zum Lernstoff zu gehören, beim Abruf eine wirksame Hilfe für das Auffinden des richtigen Orts und damit der Information darstellen.

Annahme 2. Aufgefordert, eine Liste von Wörtern zu reproduzieren, überlegt die Versuchsperson zunächst, was ihr zu dem Thema alles einfällt. Besteht die geforderte Aufgabe z. B. darin, bestimmte Säugetiere der Liste zu erinnern, so könnte die Versuchsperson zuerst alle Säugetiere, die ihr bekannt sind, generieren. Die vorher gelernten Wörter der Liste müssen dann nur noch wiedererkannt werden. Entscheidend für die Gedächtnisleistung ist nach diesem Modell die Verfügbarkeit einer *Strategie,* die zur Generierung geeigneter Probeinformationen führt. Solche Strategien führen zu Fehlern, wenn die gelernte Liste unwahrscheinliche Ereignisse einer Kategorie enthält, z. B. wird das Ereignis »Wal« in einer Kategorie »Säugetiere« leicht vergessen.

Beide Prozesse sind eng miteinander verbunden. Bei falsch eingeordneter Information nützt eine günstige Abrufstrategie wenig, andererseits sind richtig eingeordnete Informationen oft ohne besondere Abrufhilfen nicht leicht reproduzierbar. Dennoch lassen sich die Lernhilfen danach unterscheiden, ob sie *vorwiegend* beim Einspeichern oder mehr beim Abruf wirksam werden. Diese Überlegungen gelten für die freie Wiedergabe von Gelerntem, nicht für Wiedererkennensaufgaben.

Hierarchischer Abrufplan

Durch Gruppierung der Information wird die freie Erinnerung verbessert, indem *Abrufhilfen* bereitgestellt werden. Die Kategorie, besonders der Kategorienname dient als Hinweis, in welchem Bereich des Speichersystems zu suchen ist. Allerdings kann es geschehen, daß bei Verwendung mehrerer Kategorien ganze Informationsgruppen vergessen werden (Mandler 1969). Diese Fehlerquelle wird weitgehend ausgeschaltet, wenn die Informationen hierarchisch angeordnet sind. Die Logik der Ordnung muß nicht den Gesetzen der formalen Logik entsprechen, sie kann sich aus den Inhalten selbst ergeben, sie kann aber auch sehr individuell und persönlich sein. Bower et al. (1969) weisen die Effizienz hierarchischer Abrufpläne nach: Den Versuchspersonen wurden z. B. Informationen zum Thema »Mineralien« in Form einer Hierarchie von Begriffen vorgegeben (Abb. 17).

Alle Informationen wurden – anders als bei den üblichen Experimenten zum Lernen von Listen – für längere Zeit zusammen dargeboten. Damit bekamen die Ver-

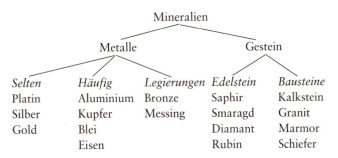

Abb. 17. Hierarchisch geordnete Informationen zum Thema Mineralien.

suchspersonen Gelegenheit, die Ordnung der Begriffe zu erfassen. Die Darstellung des Abrufplans läßt erkennen, daß er nicht nur die Kategorien selbst enthält, sondern auch deren Bezeichnungen. Außerdem wird deutlich, daß die Baumstruktur über vier Ebenen gegliedert ist, die vom umfassendsten Begriff auf der obersten Stufe zu immer spezielleren führt. <u>So ergibt sich beim Abruf eine »natürliche« Folge von Suchschritten, die ein Vergessen ganzer Kategorien fast unmöglich macht.</u> Die Kategoriennamen dienen dann weiter als spezifische Abrufreize für die einzelnen Ereignisse der Kategorie. Wenn der Kategorienname gefunden ist, können Ereignisse der Kategorie *generiert* und geprüft werden, ob sie zu der gelernten Liste gehören oder nicht. Es wird Sie nicht sehr überraschen, daß solche hierarchischen Abrufpläne zu besseren Leistungen führen als die Darbietung ungeordneter Informationen. Die Leistungen beim Lernen von 112 Wörtern waren mehr als dreimal so gut. Auch beim Lernen von japanischen und chinesischen Schriftzeichen erwies sich eine hierarchische Anordnung als hilfreich (Lu et al. 1999, vgl. auch Bower 1969, s. oben).

Solche hierarchisch strukturierten Abrufpläne können zum Lernen verschiedenster Informationen aus unterschiedlichen Wissensbereichen verwendet werden.

Gerade Wissenschaftler neigen dazu, ihr Wissen in hierarchischer Form zu strukturieren (Systeme in der Biologie, der Botanik, Medizin, Chemie, Physik). Die Verwendung dieser Lern- und Abrufhilfe ist zur Aneignung von sonst oft quälend erworbenem Faktenwissen hervorragend geeignet.

Der Anwendungsbereich von Abrufplänen erweitert sich, wenn beim Lernen von Prosatexten die zentralen Informationen hierarchisch strukturiert werden können. Zur Einübung in diese Form, einen Text zu lernen, schlagen wir vor, daß Sie den folgenden Text aus einem Erdkundebuch für das 7. Schuljahr lesen, die wichtigsten Begriffe heraussuchen und diese in einen hierarchischen Abrufplan einordnen

Beispiel
»Während die Pygmäen nur Sammler, Fischer und Jäger sind, treiben die eigentlichen Neger des Urwaldes

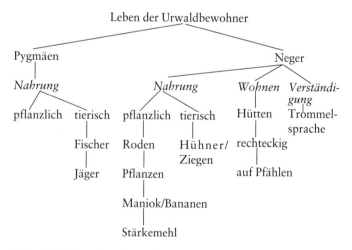

Abb. 18. Hierarchische Ordnung der Informationen aus dem Beispieltext von S. 140/141.

Feldbau. Sie gürteln einige Bäume, indem sie die Rinde ringsum einkerben, so daß sie absterben, und roden mit Hackmesser und Feuer das Buschwerk. Die Frauen pflanzen dann zwischen den stehengebliebenen Baumstümpfen mit Hilfe des Grabstockes, dessen unteres Ende spatenartig verbreitert ist, Bananen und Maniok. Die Maniokstaude wird 2 m hoch. Aus ihren Wurzelknollen gewinnt man Stärkemehl. Schon nach ein paar Jahren ist der Boden erschöpft. Ein neues Stück muß dann gerodet werden, während die alte Fläche rasch wieder überwuchert wird. Die Bantuneger halten auch einige Haustiere, vorwiegend Hühner und Ziegen. Ihre rechteckigen Hütten errichten sie zum Schutz gegen Tiere und Feuchtigkeit oft auf Pfählen. Unter mächtigen Palmen stehen sie in langer Reihe nebeneinander. Mit Hilfe der Trommelsprache, die im Wald weithin hörbar ist, verständigt man sich von Dorf zu Dorf« (Textbeispiel aus Langer et al. 1974).

Es gibt verschiedene Möglichkeiten, die Information dieses Textes hierarchisch zu ordnen. Wir schlagen die in Abb. 18 dargestellte vor.

Netzplantechnik

Nach der Netzplantechnik muß der Lernende zunächst die wichtigsten Gedanken (Begriffe) des Lernmaterials identifizieren und deren Beziehungen zueinander bestimmen. Die Gedanken werden dann graphisch als *Knotenpunkte,* die Beziehungen der Gedanken zueinander als Verbindungslinien dargestellt.

Dansereau et al. (1979) unterscheiden hierarchische Strukturen, Kettenstrukturen und Clusterstrukturen (Tabelle 6).

Der semantische Netzplan ermöglicht die simultane Verarbeitung aller wesentlichen Informationen des zu ler-

Tabelle 6. Semantische Netzstrukturen. (Nach Dansereau et al. 1979)

	Hierarchische Strukturen	Schlüsselfragen
»Teil-von«-Verbindung *Hand* ↓ *T* *Finger*	Der Inhalt eines niedrigeren Knotenpunkts ist ein Teil des Gegenstands, Prozesses, der Idee oder des Begriffs eines höheren Knotenpunkts	Ist Teil von Ist Segment von
«Beispiel-für»-Verbindung *Schulen* ↓ *B* *Gymnasium*	Der Inhalt eines niedrigeren Knotenpunkts ist ein Beispiel für die Klasse oder Kategorie von Prozessen, Ideen, Begriffen oder Gegenständen eines höheren Knotenpunkts	Ist typisch für Gehört zur Kategorie Ist ein Beispiel für Mehrere davon ergeben ein
	Kettenstrukturen	
«Führt-zu»-Verbindung *Übung* ↓ *F* *Meisterschaft*	Der Gegenstand, Gedanke, Prozeß oder Begriff eines Knotenpunkts führt zu dem Gegenstand, Gedanken, Prozeß oder Begriff in einem anderen Knotenpunkt	Führt zu Resultiert aus Verursacht Bewirkt
	Clusterstrukturen	
Analogieverbindungen *Langzeitspeicher* *A* → *Bibliothek*	Der Gegenstand, Gedanke, Prozeß oder Begriff eines Knotenpunkts ist analog, ähnlich, gleich oder korrespondiert mit einem Gegenstand, Gedanken, Prozeß oder Begriff in einem anderen Knotenpunkt	Ist analog Ist ähnlich Ist gleich Korrespondiert mit

Tabelle 6. Fortsetzung

»Charakteristisches-Merkmal«-Verbindung *Himmel* $\xrightarrow{Ch}$ *blau*	Der Gegenstand, Gedanke, Prozeß oder Begriff eines Knotenpunkts hat die Eigenschaft, Qualität, das Merkmal, Detail, Besondere des Gegenstands, Gedankens, Prozesses oder Begriffs eines anderen Knotenpunkts	Hat Ist gekennzeichnet durch
Evidenzverbindung *Armbruch* $\xrightarrow{E}$ *Röntgenstrahlen*	Der Gegenstand, Gedanke, Prozeß oder Begriff eines Knotenpunkts liefert Evidenz, Fakten, Daten, Hinweis, Beweis für den Gegenstand, Gedanken, Prozeß oder Begriff in einem anderen Knotenpunkt	Weist hin auf Illustriert durch Zeigt durch Unterstützt Belegt

nenden Materials und deren Beziehungen zueinander. Zudem kann beim Erinnern des Lernstoffs das Netzwerk als Abrufplan dienen. Netzpläne sind auch als »advance organizers« (s. 159) verwendbar.

Dansereau et al. (1979) konnten nachweisen, daß Studenten, die mit der Netzplantechnik gelernt hatten, mehr von den wichtigsten Informationen des Lernstoffs reproduzierten als die Kontrollgruppe.

An einem längeren Text soll die Netzplantechnik demonstriert werden.

Beispiel

Der kreative Prozeß (aus Schuster und Beisl 1978)
Ein von Kramer (1975) berichteter Fall soll den

Vorgang der Sublimierung, der Umlenkung der gefährlichen und unerwünschten Impulse des Es in sozial wünschenswerte konstruktive Aktivitäten verdeutlichen: In einer Gruppe von Jungen entwickelte sich eine wilde Konkurrenz, wer den größten Penis aus Ton modellieren könne. Der Bastelraum wurde total verwüstet, die Erzieherin mußte eingreifen und das Vorhaben beenden. Tags darauf versuchten die Jungen, besonders hohe Häuser, z. B. das Empire State Building, aus Ton herzustellen. Die gemischt aggressiven, sexuellen Impulse waren in eine symbolische Darstellung umgemünzt, zu einer sozial wünschenswerten Verhaltensweise sublimiert worden.

Die schöpferische Produktion selbst ist nach Freud nicht so sehr das Ergebnis bewußter Anstrengungen als vielmehr vorbewußter oder unbewußter Prozesse, deren Ergebnis plötzlich im Bewußtsein aufleuchtet, ohne daß ihr Zustandekommen im einzelnen zu rekonstruieren wäre. Auch im Traum können schöpferische Einfälle entstehen. Freud (1972, S. 581) schreibt: »Wir neigen wahrscheinlich in viel zu hohem Maße zur Überschätzung des bewußten Charakters auch der intellektuellen und künstlerischen Produktionen. Aus den Mitteilungen einiger höchstproduktiver Menschen, wie Goethe und Helmholtz, erfahren wir doch eher, daß das Wesentliche und Neue ihrer Schöpfungen ihnen einfallsartig gegeben wurde und fast fertig zu ihrer Wahrnehmung kam.« Jeder weiß über Gelegenheiten zu berichten, wo ein dringendes Problem nicht durch analytisches Denken, sondern durch einen plötzlichen Einfall, einen »Gedankenblitz« gelöst wurde, ohne daß unsere bewußte Aufmerksamkeit sich gerade mit diesem Problem beschäftigte.

Am kreativen Prozeß sind also unbewußte, und das heißt in der psychoanalytischen Theorie auch Es-nahe, primäre Vorgänge beteiligt. So sehen auch heute die psychoanalytischen Autoren Ehrenzweig (1969) und Müller-

Braunschweig (1974) den Moment der Kreativität als eine vorübergehende Entdifferenzierung des Ich, als einen zeitweiligen Rückschritt in eine entwicklungsmäßig frühere Phase. Während das Denken des Ich begrifflich und logisch ist, ist das Denken des Unbewußten, das primäre Denken, bildhaft und symbolisch.

Inhalte, die ins Unbewußte verdrängt sind und bei ihrem Auftauchen im Bewußtsein die Anpassungsleistung des Ich stören würden, werden bei der »Reise« ins Bewußte symbolisiert, das heißt durch Bilder ersetzt, deren Bedeutung der Person nur zum Teil oder gar nicht klar wird. Im folgenden wird noch näher erläutert, welche Symbole verwendet werden und in welchem Maß Symbole individuelle oder generelle Gültigkeit haben.

In Symboldarstellungen können auch verdrängte Affekte freigelegt werden. So kann die kreative Tätigkeit zur Gesundung der Person beitragen. Es entspricht auch einer häufig berichteten Alltagserfahrung, daß musikalische oder darstellende Tätigkeiten in der Lage sind, Verstimmungen aufzulösen und zu einer neuen Sicht der eigenen Situation anzuregen.

Um zu wirklich künstlerischen Leistungen zu führen, muß der Prozeß der Entdifferenzierung des Ich natürlich auf günstige Bedingungen treffen. Im Unbewußten muß ein reich strukturierter Binnenraum angetroffen werden.

Allerdings richtet die referierte Theorie die Aufmerksamkeit weniger auf die Frage, welche Leistung aus der Menge der Darstellungen durch besondere Kunstfertigkeit beeindruckt, sondern vielmehr darauf, wie bei Kunstwerken oder auch Kinderzeichnungen die abgebildeten Inhalte auf dem Hintergrund des persönlichen Erlebens des »Produzenten« zu interpretieren sind.

Künstler und Kunstbetrachter können im Kunstwerk auf die gleiche Weise Triebenergie reduzieren bzw. Konfliktspannungen bewältigen. Der Künstler gibt eine bestimmte Art der Konfliktdarstellung vor, in deren Betrachtung der »reproduktive Künstler«, der Rezipient, eigene, eventuell ähnliche Konflikte ähnlich bearbeiten kann.

Weil die künstlerische Tätigkeit eine zeitweilige Entdifferenzierung (neutraler formuliert: Aufhebung) der üblichen und geforderten Denkstrukturen ist, kann auch Alkoholeinfluß, Drogeneinfluß, ja in einigen Fällen sogar der Einfluß verschiedener Geisteskrankheiten fördernd auf die herzustellenden Werke oder aber auf die Aufnahmefähigkeit wirken. Künstler verwenden verschiedenste Techniken, um sich aus den gewohnten Bahnen stringenten Denkens zu lösen und zu einem bildhaften, assoziativen Denken zu gelangen.

Am Beispiel einer Statue von Michelangelo und von zwei Bildern van Goghs soll die psychoanalytische Erklärung der Wirkung und der Entstehung von Kunstwerken demonstriert werden.

Freud war von der Moses-Statue des Michelangelo (Rom, S. Pietro in Vincoli) außerordentlich beeindruckt. Er schreibt, daß er diese Skulptur oft besuchte und stundenlang vor ihr verweilte. In einem Aufsatz (1914) versucht er eine Interpretation ihrer Wirkung, nachdem er belegt, daß die Interpretationen der Kunstkritiker der Zeit zum einen sehr unterschiedlich ausfallen, zum anderen stark an der subjektiven Empfindung orientiert sind.

Freud faßt die Statue als den Endpunkt einer gerade abgelaufenen Bewegungsfolge auf. Aus der Stellung von Hand, Bart, Fuß und Blick rekonstruiert er in detektivisch anmutender Schlußkette eine hypothetische Abfolge. Moses sitzt am Hang des Berges Sinai, um auszuruhen. Unter seinem Arm trägt er die Gesetzestafeln. Als er seinen Blick auf das Volk Juda lenkt, sieht er es um das Goldene Kalb tanzen und will im ersten Zorn aufspringen. (Was er laut Überlieferung der Bibel auch tut. Wutentbrannt zerschmettert er die Gesetzestafeln am Fels.) Er beherrscht seinen Zorn jedoch, um die Gesetzestafeln nicht fallen zu lassen. Die Statue zeigt Moses in dem Moment, in dem er, sich selbst beherrschend, seinen zerstörerischen Impuls überwunden hat. Der Betrachter erkennt die menschliche Größe der Pose und ist von der Szene beeindruckt, die den Kampf der seelischen Instanzen abbildet, dem Kampf zwischen dem aggressiven Impuls des Es und der willentlichen Kontrolle des Ich. Nach Freud wird hier die »stolzeste menschliche Leistung« ins Bild gesetzt.

Sowohl das Thema als auch die Arbeit mit Hammer und Meißel am Stein haben für den als aggressiv und schwierig geltenden Michelangelo eine persönliche Bedeutung gehabt (vgl. Müller-Braunschweig 1974). Die persönlichen Konflikte des Künstlers werden stellvertretend in der Darstellung gelöst. Dabei erlaubt es die Arbeit, aggressive Energie abzuführen.

Der Konflikt zwischen Ich und Es ist kein individueller Konflikt des Künstlers, sondern ein Gegensatz in jedem Menschen, so daß die dargestellte Lösung für jeden ein Stück Gültigkeit hat.

Freud versucht zu belegen, daß der Künstler bewußt danach strebte, diesen Effekt zu erreichen, bzw. daß das Zusammenspiel der Stellungen der Statue vom Künstler bewußt hergestellt wurde, um den Eindruck der beschriebenen Bewegungsfolge zu vermitteln. Es verwundert, daß gerade Freud, der doch der Wirkung unbewußter Determinanten breiten Raum gibt, eine Absicht des Künstlers aufzeigen möchte.

Es ist umstritten, ob van Gogh als »geisteskrank« diagnostiziert werden muß, auf jeden Fall fordern sein ungewöhnliches Leben und seine ungewöhnliche Größe als Maler eine psychologische Studie geradezu heraus (Nagara 1973).

Der Briefwechsel Vincents mit seinem Bruder Theo erlaubt es, ein genaueres Bild seiner psychischen Situation zu gewinnen, als es von der geistigen Disposition vieler anderer Künstler möglich ist, von denen der Nachwelt nur die Werke erhalten sind.

Van Gogh »sublimierte« in der Malerei sexuelle Energie, Libido. Er schrieb selbst oft darüber, daß der Geschlechtsverkehr dem Malen abträglich sei und riet einem jüngeren Malerfreund, vierzehntäglich eine Prostituierte aufzusuchen, um nicht allzusehr von der Arbeit abgelenkt zu werden. Nagaras Deutung bleibt aber nicht bei so allgemeinen Aussagen stehen, sondern analysiert auch die Entstehungsgeschichte der einzelnen Bilder unter Berücksichtigung der seelischen Situation des Künstlers. Ein Beispiel soll herausgegriffen werden.

Es gibt zwei Bilder, auf denen leere Stühle dargestellt sind. Es handelt sich um den Stuhl Gauguins, der zu dieser Zeit in Arles zu Besuch war, und um van Goghs Stuhl. Während des Aufenthaltes Gauguins war es zu Streitigkeiten zwischen den beiden Malern gekommen, und Gauguin wollte abreisen. In dieser Situation werden in van Gogh wieder Erinnerungen an Trennungen von seinem Vater wach, zu dem er ein ambivalentes Verhältnis hatte. Er verehrte ihn, verzieh ihm aber die Trennungen nie ganz, stritt oft mit ihm und fühlte sich leicht verletzt und abgelehnt.

Die Aggression gegen den Vater wendet sich gegen Gauguin. Der unbewußte Tötungswunsch drückt sich in dem Symbol des leeren Stuhles aus. Nagara kann nachweisen, daß dieses Symbol für van Gogh wirklich die Bedeutung des Todes besaß. Der Künstler hatte sich einige Zeit zuvor von einem Bild beeindruckt gezeigt, in dem der leere Stuhl eines Verstorbenen abgebildet war, und bemühte sich sogar, dieses Bild antiquarisch für einen Freund zu beschaffen.

Der Konflikt des Künstlers wird so stark, daß er auch sein Verhalten beeinflußt. Abends verfolgt van

Gogh seinen Besucher mit einem Rasiermesser. Als dieser sich umwendet und seinen Verfolger entdeckt, geht Vincent zurück ins Haus und schneidet sich ein Ohr ab, das er dann einer Prostituierten schenkt. Das starke Über-Ich bzw. Gewissen des sehr religiösen Mannes – er hatte Laienprediger werden wollen – wendet die Aggression gegen die eigene Person: Die Kastrationsdrohung, die vom Vater erlebt wird, vollstreckt er symbolisch am eigenen Ohr, das ja dann auch bezeichnenderweise einer Prostituierten geschenkt wird.

In den Bildern werden unbewußte Wünsche sichtbar, die das Ich nicht zulassen kann, weil sie die Realitätsanpassung stark gefährden würden. Die symbolische Darstellung solcher Wünsche wird oft als Selbstheilungsversuch interpretiert, als Versuch, sie in der Darstellung

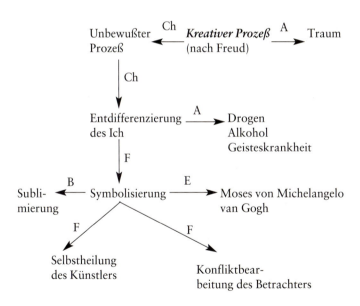

Abb. 19. Nach der Netzplantechnik erarbeitete Ordnung der Informationen aus dem Beispieltext zum kreativen Prozeß.

soweit abzubauen, daß sie nicht auf das Verhalten übergreifen. Van Gogh erlebte das Malen immer als berauschend, es befreite ihn von seinen Konflikten. Aus diesem Grund sind in seiner nur wenige Jahre währenden Schaffensperiode außerordentlich viele Bilder entstanden.

Symbole – wie die leeren Stühle in den Bildern van Goghs – können individuell sein, aber auch generell für viele Menschen die gleiche Bedeutung haben. Es gibt einige Traumsymbole, von denen Freud annahm, daß ihre Bedeutung innerhalb der europäischen Kultur festgelegt sei.

Wie dieser Text mit Hilfe der Netzplantechnik aufgeschlüsselt werden kann, zeigt Abb. 19.

Mind-Mapping

Die Brüder Tony und Barry Buzan veröffentlichten 1993 in England und 1997 in deutscher Übersetzung *Das Mind-Map-Buch*. Der anspruchsvolle Untertitel »Die beste Methode zur Steigerung ihres geistigen Potentials« macht den hohen Anspruch deutlich, der mit der hier vorgestellten Methode verbunden ist. Das Mind-Map-Buch »ist eine Einführung in die geistige Alphabetisierung, ein Konzept, das hoffentlich tiefgehende positive Auswirkungen auf den einzelnen, die Familie, auf Organisationen, Gesellschaften und die Zivilisation allgemein haben wird.« (Buzan u. Buzan 1999, S. 286). Wir teilen die Meinung der Autoren nicht, daß die Menschheit sich in einem »geistig analphabetischen Zustand« (S. 286) befinde und daß die Anwendung der Mind-Map-Richtlinien der Weg aus diesem Zustand heraus sei. Wir werden allerdings darstellen, daß wir das Mind-Mapping durchaus als eine nützliche Methode ansehen, Wissen zu organisieren und damit besser zu lernen.

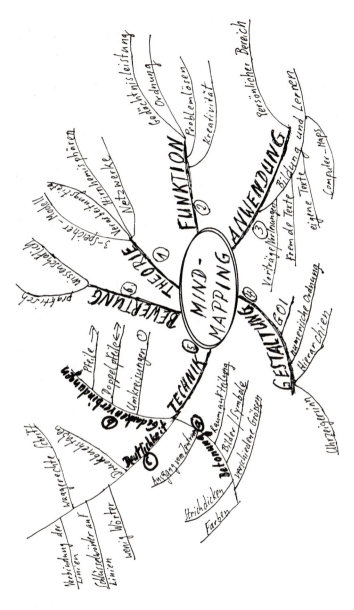

Abb. 20

Die Mind-Map-Methode soll nach Buzan u. Buzan nicht nur das Lernen verbessern, sondern auch die Kreativität und das Problemlösen in verschiedenen Lebensbereichen fördern. Im Rahmen des vorliegenden Buches richten wir unsere Aufmerksamkeit besonders auf die Anwendung des Mind-Mapping in Bildung und Ausbildung, d. h. zum Lernen aus schriftlichen Texten, zum Erstellen von Mitschriften bei Vorträgen und zur Vorbereitung von eigenen Texten. Wir sehen in diesen Bereichen das Mind-Mapping als eine Methode, die ähnlich wie Hierarchische Abrufpläne und Netzplantechnik geeignet ist, Lernstoff, d. h. eigene Texte oder die Texte anderer, sinnvoll zu reduzieren, zu ordnen und übersichtlich darzustellen.

Beispiel

In Abb. 20 finden Sie eine Mind-Map mit den grundlegenden Ordnungsideen (GOI, ein Begriff von Buzan u. Buzan 1999), die im folgenden Text ausgeführt werden. Die GOI sind in der Mind-Map die Hauptzweige, die von dem zentralen Begriff »Mind-Mapping« strahlenförmig ausgehen.

Als Leser können Sie diese Map im Sinne eines Advance Organizer (s. S. 159) verwenden und sich damit einen Überblick, ein Wissensgerüst, verschaffen, das Ihnen das Verstehen und Lernen des Textes erleichtert. Noch wirkungsvoller ist es allerdings, aus einem Text selbst eine Mind-Map zu entwickeln. Dies führt zu vertieftem Verstehen und damit zum besseren Behalten. Die fertige Mind-Map ist dann sehr praktisch, wenn man sie z. B. zur Vorbereitung auf eine Prüfung mehrfach zur Hand nimmt und sich anhand der Zeichnung mit den Stichworten an die wichtigen Inhalte erinnert. Die Erinnerungsleistung kann noch weiter verbessert werden, wenn die Mind-Map später um neue Ideen ergänzt oder einfach noch ein oder mehrere Male neu gezeichnet wird.

Grundlegendes zur Erstellung einer Mind-Map

Die Erstellung einer Mind-Map beginnt immer damit, daß das Thema, Problem, die Fragestellung in der Mitte des Blattes als Stichwort oder auch in kreativer Form als Zeichnung oder Bild eingetragen wird. Wird ein übliches DIN-A4-Blatt verwendet, so soll auf jeden Fall im Querformat gearbeitet werden. Von diesem Mittelpunkt aus verzweigen sich dann die GOI in unterschiedlichen Gestaltungsformen. Mit Bezug zur Kapazitätsgrenze des Kurzzeitgedächtnisses auf ca. 7 Einheiten soll die Mind-Map nicht mehr als etwa 7 *Hauptzweige* (bzw. GOI) enthalten. In der Beispiels-Mind-Map sind die 6 Hauptzweige dem Uhrzeigersinn nach angeordnet und mit den Ziffern 1–6 versehen. Aus drucktechnischen Gründen wurde in unserem Beispiel auf viele Gestaltungsmöglichkeiten wie Farbigkeit, Bilder, Pfeile und Dreidimensionalität verzichtet.

Der wichtigste – und vielleicht schwierigste – Arbeitsschritt ist die *Identifikation der grundlegenden Ordnungsideen (GOI)*:

- Lesen Sie dazu zunächst den Text auf dem Umschlag des Buches, den Klappentext.
- Sehen Sie sich dann das Inhaltsverzeichnis sehr gründlich an.
- Lesen Sie das Vorwort und, wenn vorhanden, die Zusammenfassungen der einzelnen Kapitel.
- Erst dann »überfliegen« Sie das erste Kapitel und achten auf Schlüsselbegriffe, die häufig typografisch (kursiv, fett, unterstrichen) hervorgehoben sind, und versuchen, die Grundgedanken zu erfassen.
- Wenn der Text Grafiken, Bilder, Tabellen enthält, lesen Sie die Bildunterschriften und Erläuterungen.

Häufig finden Sie hier die zentralen Gedanken des Abschnitts konzentriert zusammengefaßt.

- Auch die 5-Schritt-Methode zum Lernen von Texten (S. 51) ist geeignet, die GOI zu extrahieren.

Es kann sein, daß Sie auf diese Weise zunächst mehr GOI finden, als für Ihre Zwecke brauchbar sind. Zeichnen Sie zunächst alle als Zweige in eine erste Mind-Map ein und prüfen Sie dann, welche Ordnungsideen für Ihr Interesse, Ihre Fragestellung oder Ihre Aufgabe die wichtigsten sind.

Wenn etwa 7 GOI gefunden sind, wird eine zweite Mind-Map entwickelt, deren Hauptzweige (die GOI) dann beim genaueren Lesen durch weitere Schlüsselwörter aus den einzelnen Absätzen und weitere Verzweigungen ausdifferenziert werden. So entsteht für jedes Kapitel eine Mind-Map. Die Grundgedanken des ganzen Buches können dann noch einmal aus den Kapitel-Maps herausgefiltert und in einer Gesamt-Mind-Map zusammengefaßt werden.

Für unsere Beispiels-Mind-Map fanden wir auf diesem Wege zunächst zuviele Ordnungsideen und entschieden uns dann, die auszuwählen, die aus unserer Sicht die wichtigsten für das Verständnis der Methode, ihre Anwendung und ihre Bewertung im Rahmen eines kurzen Textes sind.

Wir haben auf diesem Wege, ausgehend von dem Standardwerk von Buzan u. Buzan, die folgenden GOI gewählt, die als Hauptzweige in unserer Mind-Map eingezeichnet sind: 1. Theorie, 2. Funktion, 3. Anwendungen, 4. Gestaltung, 5. Techniken, 6. Bewertung. Im folgenden sollen diese grundlegenden Ordnungsideen ausgeführt und differenziert werden:

Theorie

Die Mind-Mapping-Methode stützt sich auf die gedächtnispsychologischen Erkenntnisse, wie sie in den Kapiteln 1 und 6 (3-Speicher-Modell, Verarbeitungstiefe) ausgeführt sind. Aus der Hirnhemisphärenforschung leitet das Mind-Mapping die Notwendigkeit ganzheitlichen Lernens und besonders der Visualisierung ab (s. auch Kap. 8). Die Annahme, daß im Langzeitgedächtnis die Informationen in Form von Netzwerken repräsentiert sind, findet ihre Entsprechung in der äußeren Form der Mind-Maps, in der die Verknüpfungen der einzelnen Ideen durch Striche oder Pfeile symbolisiert werden. Die Darstellung der Information in Form eines zentralen »Knotens« (in der Mitte des Blattes) und den davon ausgehenden zahlreichen Äste entspricht dem Modell des Langzeitgedächtnisses als komplexer Verzweigungsstruktur eher als eine lineare Ordnung, in der ein Gedanke immer nur linear auf den nächsten folgen kann (wie z.B. in herkömmlichen Textgliederungen oder ausformulierten Texten).

Funktion

Die Funktion der Mind-Maps liegt vorwiegend darin, eigene Ideen zu ordnen oder auch die zentralen Gedanken aus den Texten anderer zu strukturieren und damit Verständnis und Gedächtnisleistung zu verbessern. Darüber hinaus heben die Vertreter des Mind-Mapping auch darauf ab, daß Mind-Maps die Kreativität fördern können und sowohl für die Lösung privater wie auch beruflicher Probleme einsetzbar sind.

Anwendungen

Die Anwendungsbereiche der Selbstanalyse, Entscheidungsfindung und Problemlösung im persönlichen und familiären Bereich führen wir in unserer Zusammenfassung nicht aus. Hier wird eine Nähe zur Psychotherapie bzw. zur Selbstbehandlung postuliert. Ob Mind-Maps dazu geeignet sind, bezweifeln wir aus unseren Erfahrungen als Psychotherapeuten. Im Vorfeld von schwierigen Lebensentscheidungen, als Vorbereitung und Grundlage für Gespräche mit vertrauten, gutgesinnten Menschen können wir uns das Mind-Mapping als unterstützende und problemstrukturierende Strategie vorstellen.

Im Rahmen von »Bildung« und »Lernen« sehen wir die Arbeit mit Mind-Maps als nützliche Strategie bei der Erstellung von <u>Mitschriften in Vorlesungen</u> und Vorträgen sowie zum <u>sinnvollen Lernen aus schriftlichen Texten</u>. Die flexible Struktur von Mind-Maps ermöglicht es, das Wesentliche anschaulich zu notieren, ohne die Aufmerksamkeit durch übermäßiges Mitschreiben zu belasten. Am Ende eines Vortrags läßt sich in wenigen Minuten eine vorläufige Mind-Map aus den notierten Gliederungspunkten erstellen. Diese Mind-Map kann später als wichtiger Leitfaden beim Nacharbeiten von Vorlesungen und Vorträgen dienen, indem weitere Ideen und Differenzierung aus anderen Informationsquellen, wie z. B. Büchern, dem Internet oder aus Diskussionen mit anderen Studierenden einfach nachgetragen werden. Werden die Mind-Maps dann als Grundlage von Wiederholungen und Vertiefungen verwendet, sind sie gut geeignet, sich auf Prüfungen vorzubereiten. Gegenüber dem wiederholten Lesen liegt darin sowohl ein Zeit- als auch ein gedächtnispsychologischer Vorteil vor. Gleiches gilt, wenn Lernstoff aus Büchern und Zeitschriften anstatt in herkömmlichen Zusammenfassungen in Form von Mind-Maps komprimiert wird.

Auch beim Erstellen eigener Texte und Referate können die Mind-Maps helfen, große Stoffmengen zu reduzieren, überschaubar zu machen, zu gliedern und die Zusammenhänge zu verdeutlichen.

Inzwischen existieren Computerprogramme, mit denen Mind-Maps professionell erstellt werden können. Die Einarbeitung in die komplexen Programme (z. B. Master-Mind) ist jedoch relativ aufwendig und wird sich nur dann lohnen, wenn die erstellten Maps z. B. als didaktische Hilfsmittel von Dozenten zur Verdeutlichung ihres Gedankengangs für die Zuhörer groß und lesbar projiziert werden. Wir verweisen hier nur auf das Buch von Kommer u. Reinke (1999), das einen guten Überblick über verschiedene Kreativitätstechniken liefert und eine Einführung in das Mind-Mapping anhand des Programms Mindmanager 3.5 gibt. »Handgemachte« Mind-Maps können jedoch in der Regel viel schneller hergestellt werden und erfüllen, bis auf einige Feinheiten, im wesentlichen denselben Zweck.

▪ Gestaltung

Der Kern, der die Qualität von Mind-Maps bestimmt, liegt in den grundlegenden Ordnungsideen (GOI). Wie man zu diesen GOI kommt, haben wir oben bereits ausgeführt. In der Mind-Map sollen dann die Beziehungen dieser GOI zum Thema und untereinander abgebildet werden. Dazu bieten sich verschiedene Ordnungssysteme an, z. B. Hierarchien, numerische Ordnungen oder auch die Ordnung im Uhrzeigersinn. In unserer Beispiel-Map haben wir uns für eine Kombination von numerischer Ordnung und Ordnung im Uhrzeigersinn entschieden.

Techniken

- Techniken zur *Betonung* von Gedanken (Hervorhebung bzw. Unterscheidung nach Bedeutung):
  - Wichtig ist die Raumaufteilung. Um ausreichend Platz für die verschiedenen Ideen zu haben, beginnt man immer in der Mitte des quergelegten Blattes. Die Mittelposition symbolisiert damit auch gleich das Zentrum des gesamten Inhalts. Hier bietet sich besonders eine bildhafte, mehrfarbige und evtl. dreidimensionale Gestaltung an.
  - Durch unterschiedliche Größen und Dicken von Bildern, Schriften, Linien und Symbolen läßt sich die Bedeutung von bestimmten Gedanken hervorheben, z. B. sollten Zentrallinien dicker gezeichnet werden

- Techniken zur Darstellung von *Verbindungen* von Gedanken:
  - Verbindungen zwischen den einzelnen Verästelungen können durch Pfeile bzw. Doppelpfeile oder die Verwendung gleicher Farben symbolisiert werden. Zusammengehörige Verästelungskonturen können mit Linien »umkreist« und damit in ihrer Bedeutung hervorgehoben werden.

- Techniken um maximale *Deutlichkeit* und Übersichtlichkeit zur Erreichen:
  - Möglichst nur ein Schlüsselwort pro Linie, auf jeden Fall sehr knappe Formulierungen.
  - Wörter in Druckbuchstaben schreiben.
  - Die Schlüsselwörter auf die Linien schreiben.

- Die Länge der Linien entspricht der Länge der Schlüsselwörter.
- Die Wörter auf den Linien sollen möglichst waagerecht und damit gut lesbar stehen.
- Die Linien werden miteinander verbunden.

Auf dem Hintergrund dieser allgemeinen Vorschläge kann und sollte jeder Mind-Mapper seinen eigenen persönlichen Stil entwickeln. An der Beispiel-Map können Sie erkennen, daß der Stil der Autoren weniger orientiert ist an ästhetisch-künstlerischer Gestaltung als an dem Versuch, das Wesentliche zum Thema Mind-Maps inhaltlich zu strukturieren und zu ordnen.

Bewertung des Mind-Mapping

Wissenschaftliche Bewertung. In der wissenschaftlichen Literatur finden sich zahlreiche Studien, in denen das Mind-Mapping mit Erfolg, besonders im Rahmen von Problemlösungsaufgaben angewendet wurde. Da jedoch in der Regel Kontrollgruppen fehlen, weisen diese Studien nicht nach, daß das Mind-Mapping anderen Methoden überlegen ist. Studien, in denen das Mind-Mapping zur Verbesserung von Gedächtnisleistungen im Bildungsbereich eingesetzt wurde, sind selten. Die vorhandenen Studien lassen einen Vergleich mit anderen Vorgehensweisen und damit einen Nachweis der Überlegenheit des Mind-Mapping nicht zu. Untersuchungen, in denen die einzelnen Merkmale von Mind-Maps, wie z. B. Farbigkeit, Deutlichkeit, Anzahl der Wörter, Differenzierungsgrad, numerische Ordnung vs. Hierarchien usw. isoliert wurden, sind in den wissenschaftlichen Datenbanken nicht zu finden. Es überrascht auch, daß im umfangreichen Literaturverzeichnis des Standardwerks von

Buzan u. Buzan (1999) keine Studien angegeben sind, die die Überlegenheit ihrer Methode hinsichtlich der Menge und Qualität der Lernleistungen sowie des Zeitbedarfs wirklich nachweisen. Hier liegt noch Forschungsbedarf vor.

Praktische Bewertung. Dennoch halten wir das Mind-Mapping für eine empfehlenswerte Methode, fremde Texte aus schriftlichen Quellen oder Vorträgen zu lernen oder eigene Texte für sich selbst und für andere verständlicher zu machen. Die Vorgehensweise enthält in kreativer Zusammenführung sehr viele der in der Gedächtnispsychologie als effektiv nachgewiesene Elemente, wie z. B. die Reduktion des Stoffes auf das Wesentliche (GOI = grundlegende Ordnungsideen), die anschauliche Verknüpfung der Ideen untereinander und mit bereits vorhandenem Wissen, die Visualisierung und die emotionale Beteiligung durch die Möglichkeit der ästhetischen und kreativen Gestaltung. Besonders praktisch – und in dieser Hinsicht den anderen Methoden der Wissensorganisation überlegen – ist die hohe Flexibilität der Vorgehensweise. Festgelegt ist eigentlich nur das Thema in der Mitte des Blattes. Um dieses Zentrum herum lassen sich dann die grundlegenden Ordnungsideen nach wenigen allgemeinen Regeln sehr flexibel anordnen und durch weitere Verzweigungen ergänzen und differenzieren.

▪ Organisation und Verständlichkeit

Die Autoren Langer et al. (1974) entwickelten ein Konzept zur Gestaltung verständlicher und damit auch lernbarer Texte. Sie gingen von der Beobachtung aus, daß verschieden gestaltete Texte mit gleichem Sachverhalt unterschiedlich gut gelernt wurden und führten dies auf die

Darstellungsart der Information zurück. Die Textmerkmale, die diese Unterschiede bewirkten, faßten die Autoren in dem Konzept »Verständlichkeit« zusammen.

Verständlichkeit ließ sich in folgende vier weitgehend voneinander unabhängige Dimensionen aufschlüsseln.

1. Dimension: Einfachheit. Diese Dimension bezieht sich in erster Linie auf Satzbau und Wortwahl. Sie variiert zwischen den beiden Polen Einfachheit und Kompliziertheit. Einfachheit ist charakterisiert durch kurze einfache Sätze, geläufige Wörter, Konkretheit und Anschaulichkeit. Das Optimum für die Lernbarkeit eines Textes liegt bei maximaler Einfachheit. Vermutlich lassen einfache Texte leichter bildhafte Vorstellungen zu.

2. Dimension: Gliederung/Ordnung. Diese Dimension bezieht sich auf die Organisation des Textes. Die Verfasser unterscheiden 2 Aspekte dieser Dimension:

- Innere Gliederung/Ordnung: Die Sätze sind folgerichtig aufeinander bezogen und die Information sinnvoll geordnet. Eine solche sinnvolle Ordnung kann sich z. B. als hierarchischer Abrufplan darstellen lassen.
- Äußere Gliederung/Ordnung: Der Aufbau des Textes wird sichtbar gemacht, z. B. durch übersichtliches Gruppieren zusammengehöriger Teile, sichtbare Unterscheidung von Wesentlichem und Unwesentlichem, durch Hervorhebungen, Zusammenfassungen etc.

Verständliche Texte zeichnen sich durch Gliederung, Folgerichtigkeit, Übersichtlichkeit aus und lassen den »roten Faden« erkennen. Von der Struktur des Textes hängt wesentlich ab, welche Informationen behalten werden. Die zentralen Gedanken werden häufiger erinnert als die untergeordneten Informationen (Meyer 1977).

Wenn der Text nicht gut gegliedert ist, kann der im vorigen Abschnitt besprochene hierarchische Abrufplan oder ein Netzplan nachträglich am Text entwickelt werden und sowohl äußere als auch innere Gliederung herstellen.

3. Dimension: Kürze/Prägnanz. Texte können im Verhältnis zum Lehrziel knapp und gedrängt oder eher weitschweifig sein. Das Optimum für die Verständlichkeit liegt zwischen diesen Polen.

4. Dimension: Zusätzliche Stimulanz. Es gibt zahlreiche Möglichkeiten, Texte anregend, interessant, abwechslungsreich und persönlich zu gestalten, um den Leser zusätzlich zu motivieren. Zuviel oder zuwenig Stimulanz kann die Texte schwerer verständlich machen.

Optimal verständliche Texte sind möglichst einfach formuliert, gut gegliedert und weder zu gedrängt noch zu weitschweifig dargestellt. Solche Texte können durch ein mittleres Ausmaß an zusätzlicher Stimulanz weiter verbessert werden. Bei weniger gut gegliedertem Text gefährdet zusätzliche Stimulanz eher die Übersichtlichkeit und sollte deshalb nicht oder nur in sehr geringem Ausmaß vorkommen.

Nach diesen vier Dimensionen optimierte Texte werden von Lesern unterschiedlicher Schulbildung, unterschiedlicher Intelligenz und unterschiedlichen Alters besser gelernt. *Textoptimierung* stellt damit nicht nur eine Lernhilfe für unterdurchschnittlich Begabte dar, sondern auch Begabte lernen optimierte Texte besser.

Die Erstellung verständlicher Texte ist lernbar. Die Autoren Langer et al. (1974) haben zusammen mit ihren wissenschaftlichen Untersuchungen zum Verständlichkeitskonzept ein Selbsttrainingsprogramm zur Einübung des Verfassens verständlicher Texte veröffentlicht.

Die Erstellung lernbarer Texte ist wichtig für Lehrende. Wir empfehlen darüber hinaus dem Lernenden, Texte selbst nach den vier Dimensionen zu bearbeiten. Durch Umformulieren in einfachere Sätze und Wörter, Herstellen oder Veränderung der Ordnung/Gliederung, Ausführen gedrängter bzw. Präzisierung weitschweifiger Texte und Erfinden stimulierender Effekte kann die Lernleistung verbessert werden (s. Kap. 6).

Vorangestellte Organisationshilfe (advance organizer)

Die bisher dargestellten, auf der Organisation des Lernmaterials basierenden Lernhilfen wirken eher durch die <u>Bereitstellung geeigneter Abrufstrategien</u> als durch die Sicherung der richtigen Einspeicherung in das Langzeitgedächtnis.

Nach Ausubel wird gelernt, wenn neue Informationen in das bereits vorhandene, geordnete Wissen integriert werden können. Das organisierte Wissen von der Welt, die kognitive Struktur, wird ihrerseits durch Integration neuer Informationen modifiziert. Dieser Prozeß des Einfügens neuen Wissens durch Veränderung der bestehenden Wissensstruktur kann nur stattfinden, wenn eine für den Lernstoff geeignete kognitive Struktur vorhanden ist. Da dies nicht immer gewährleistet ist, schlägt Ausubel (1974) vor, durch einen »Vorspann« vor dem zu lernenden Text die spezifische kognitive Struktur herzustellen.

Beispiel

Der funktionale Wert einer einfachen vorangestellten Organisierungshilfe soll Ihnen an einer kleinen Aufgabe demonstriert werden. Lesen Sie dazu bitte den folgenden Text von Taylor (1977) durch:

»Es handelt sich weder um eine Kunst noch um eine Wissenschaft, sondern eher um eine erlernbare Fertigkeit. Viele werden abgeschreckt, weil sie es sich nicht zutrauen, und andere, die darüber nachlesen, bekommen den Eindruck, daß man eine Menge Kenntnisse, Geschicklichkeit und Schnelligkeit dafür benötigt. In Wirklichkeit ist die Sache sehr einfach. Man braucht nur die richtige Ausrüstung und etwas Übung. Ohne geeignetes Werkzeug ist es zu anstrengend und man könnte sich dabei verletzen. Andererseits ist es sehr einfach und sicher mit der geeigneten Ausrüstung. Es empfiehlt sich, die beste Ausrüstung zu wählen und diese in gutem Zustand zu halten. Wenn Sie beginnen, bedenken Sie, daß sehr feines Papier verwendet wird und daß der Winkel deshalb nicht größer als 15° sein sollte. Sie können den Winkel so prüfen: Der vordere Teil des Papiers liegt auf einer glatten Unterlage, der hintere auf Ihrem Daumen, der seinerseits ebenfalls die Unterlage berührt. Dann stimmt der Winkel. Wenn Sie das Gerät benutzen, so bewegen Sie es vorsichtig hin und her. Versuchen Sie niemals, es vor dieser Bewegung zu schließen, das Ergebnis würde katastrophal sein. Versuchen Sie immer, denselben Winkel einzuhalten, achten Sie auf gleichmäßigen Umfang. Mit ein wenig Übung werden Sie es bald beherrschen und Ihre Freunde und Bekannten damit beeindrucken können.«

1. Schätzen Sie das Gelesene nun bitte auf folgender Skala ein:
   (sehr unverständlich) 1 2 3 4 5 6 7 (sehr verständlich)

2. Notieren Sie bitte alle Gedanken, die Sie vom Text behalten haben.

Vielleicht ist es Ihnen wie vielen der Versuchspersonen von Taylor gegangen, die nicht herausfanden, worum es in dem Text eigentlich geht und ihn deshalb nur schlecht gelernt haben. Wenn den Lesern vorweg mitgeteilt wurde, daß es sich bei dem Text um eine Anweisung für das *Drehen einer Zigarette* handelt, erinnerten sie doppelt soviele Informationen. Die Vorinformation macht den Text eindeutiger und unterscheidbar von anderen Konzepten, erfüllt aber noch nicht alle Kriterien eines »advance organizers«.

Gute »advance organizer« sind relativ allgemeine Texte, welche die Grundgedanken des Lernstoffs verständlich zusammenfassen (aber auch noch andere Funktionen erfüllen). Diese Konzepte sollen dann dem Lernenden die Einordnung spezifischer Informationen in sein bereits vorhandenes Wissen erleichtern.

Studien zur Effektivität

Ob »advance organizer« Lernen tatsächlich erleichtert, bleibt umstritten. Barnes und Clawson (1975) fanden bei 32 veröffentlichten Studien 12 mit und 20 ohne positive Lerneffekte. Aus den analysierten Veröffentlichungen ließen sich außerdem keine spezifischen Bedingungen für die Wirksamkeit der »advance organizer« isolieren. Angesichts dieser Ergebnisse wundert es nicht, wenn die Verfasser resümieren, daß »advance organizer, so wie sie z. Zt. konstruiert sind, in der Regel das Lernen nicht erleichtern.« Konsequenterweise stellen sie es Textverfassern anheim zu überlegen, ob es sich lohnt, Zeit und Geld für die Formulierung solcher Einordnungshilfen aufzubringen.

Aus der Sackgasse der Argumentationen von Barnes und Clawson könnte die differenziertere Fragestellung von Mayer (1979) herausführen. Mayer fragt nicht mehr, ob mit »advance organizer« mehr gelernt wird als ohne, sondern untersucht, was und unter welchen Bedingungen gelernt wird, wenn »advance organizer« verwendet werden. Vorläufige Antworten können wie folgt zusammengefaßt werden:

»Advance organizer« bewirken positive Effekte,

- wenn der Lernerfolg mit Anwendungsaufgaben gemessen wird,
- wenn die Lernenden nicht bereits vorher über geeignete kognitive Konzepte verfügen (Ausubel und Fitzgerald 1961),
- <u>bei Texten von großer Faktendichte</u> (Ausubel 1963),
- wenn sie die logischen Beziehungen innerhalb des Lernstoffs generieren helfen,
- wenn sie helfen, bereits vorhandenes mit neuem Wissen zu verknüpfen.

In diese Richtung weisen auch die Untersuchungsergebnisse von Doyel (1986). Schüler aus einem Stützkurs im Fach Mathematik lernten untergeordnete Konzepte besser, wenn sie bereits über ein übergeordnetes Wissen verfügten. »Advance organizer« führen zum Erwerb allgemeinerer Konzepte, was sich dann in besseren Wissens- und Anwendungsleistungen niederschlägt.

Das Dilemma für die Verwendung von »advance organizers« besteht darin, daß sie spezifisch auf die kognitive Struktur des einzelnen Lernenden zugeschnitten sein sollen. Dazu müßte die individuelle kognitive Struktur, die ja in der Regel nicht bekannt ist, erst erforscht werden. Dies bedeutet, daß relativ hoher Aufwand für die Entwicklung geeigneter »advance organizer« verlangt wird, die dann nur für einzelne Lernende oder für sehr homogene Gruppen verwendbar sind. Es wird in den meisten Fällen sinnvoller sein, die Zeit für die Optimierung des Lernstoffs selbst (z. B. nach Langer/v. Thun/Tausch) zu verwenden.

6 Tiefe der Verarbeitung

 S. 169, 172, 174

In einem 1972 veröffentlichten Beitrag stellen Craik und Lockhart das Dreispeichermodell des Gedächtnisses in Frage und setzen anstelle der drei Speicherstufen ein Kontinuum, das Kontinuum der »Tiefe der Verarbeitung« (»depth of processing«, »processing« hier im Sinne von Informationsverarbeitung).

Was bedeutet tiefe Verarbeitung?

Je tiefer eine Information verarbeitet wird, um so leichter wird sie gelernt und um so länger wird sie behalten. Das Konzept der »Tiefe« ist von den Autoren eher bildhaft gemeint. Die Metapher bezieht sich auf einen Computer, der Information in äußeren und zentralen Schaltstellen verarbeiten kann. Gelangt die Information in zentrale Schaltstellen, so wird sie »gespeichert«.

Deutlicher wird das Konzept der Verarbeitungstiefe durch die Operationalisierungen in Experimenten. Dabei gibt es Lerninstruktionen, die entweder eine *syntaktische* (grammatische, weniger tiefe Verarbeitung) oder eine *semantische* (inhaltliche, tiefere Verarbeitung) Bearbeitung des Lernstoffs fordern. In einem anderen Experiment wird eine Beurteilung von Gesichtern bezüglich des Geschlechts (weniger tiefe Verarbeitung) oder bezüglich der empfundenen Sympathie (tiefe Verarbeitung) gefordert.

Stützende Experimente

Die Ergebnisse dieser ersten beiden Experimente sind von der Betrachtungsweise des »common sense« aus nicht überraschend. Muß man beurteilen, ob ein Wort z. B. groß oder klein geschrieben ist, so muß man es bedeutungsmäßig gar nicht zur Kenntnis nehmen und wird bei einem späteren Reproduktionsversuch nur wenige der vorher beurteilten Wörter wiedergeben können. Muß man dagegen beurteilen, ob ein Wort in einen gegebenen Satz paßt, so ist klar, daß man die Bedeutung des Wortes zur Kenntnis nehmen muß.

Einige Untersuchungen belegen, daß auch bei verschiedenen semantischen Aufgaben Unterschiede in den

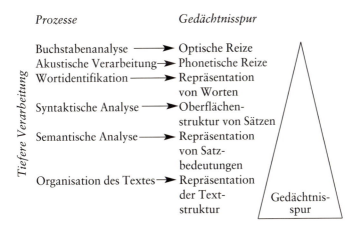

Abb. 21. Verarbeitungsstufen beim Lesen eines Texts. (Nach Kintsch 1977).

Ebenen der Informationsverarbeitung bestehen können (Abb. 21).

Benton u. a. (1983) zeigen, daß solche Textpassagen besser behalten wurden, über die die Leser – durch nachfolgende Fragen angeregt – mehr Entscheidungen treffen mußten. Gerade dieses Ergebnis läßt sich leicht in die pädagogische Praxis umsetzen.

Subjektive Bedeutsamkeit

Bei der Variation der Anweisungen, wie mit dem Lernmaterial umzugehen ist (Orientierungsaufgaben), erweist sich eine Instruktion als besonders wirkungsvoll: die Aufforderung, die subjektive Bedeutsamkeit des Lernmaterials zu erhöhen.

Rogers et al. (1977) fanden, daß es zu einer höheren Behaltensleistung führt, wenn die Versuchsperson beurteilen muß, ob ein bestimmtes Adjektiv auf sie selbst zutrifft, als wenn sie beurteilen muß, ob ein Adjektiv synonym zu einem anderen vorgegebenen Adjektiv ist. Die lernstützende Wirkung der »self-reference« (Selbstbezogenheit) ist mittlerweile gut bestätigt (Symons u. Johnson-blair 1997, Singh 1995). Auch bei Textpassagen, die sich auf das Selbst beziehen lassen, ergibt sie sich (Reeder et al. 1987). Sollte die Information dagegen auf Prinzessin Diana bezogen werden, war der Lernvorteil nicht so eindeutig. Möglicherweise ist die Wissensstruktur »Prinzessin Diana« nicht so umfangreich wie die Selbststruktur, möglicherweise sind es aber neben der tieferen Verarbeitung auch affektive Prozesse, die den Lernvorteil bewirken.

Überhaupt scheint die Erregung, d. h. allgemeiner die Beteiligung von Emotion, für das Lernen höchst relevant. Heuer und Reisberg (1990) zeigen ein Dia unter vier Instruktionen:

- Vater besucht eine Autowerkstatt. (Man sieht ihn auf dem Boden liegen.)
- Ein Chirurg führt eine Operation durch: das gleiche Bild zeigt nun den Operierten.
- Es soll angegeben werden, aus welchem Film die vorher gezeigten Dias stammen (es gibt aber keine Entsprechung).
- Man soll sich die Details der Dias einprägen.

Nach 14 Tagen folgt ein Merktest: Die höhere Erregung bei der »Chirurgie«-Instruktion führt zu einer besseren Erinnerung an die zentrale Idee und an Details im Vergleich zu allen anderen Gruppen (also auch Gruppen mit der Instruktion zu tieferer Verarbeitung). Möglicherweise gibt es bei Erregung einen »Now-Print«-Mechanismus (Brown u. Kulik 1977), der physiologisch bedingt ist (und der ja auch äußerst sinnvoll wäre).

Aus einer Lehrveranstaltung wurden besonders die Passagen behalten, die ironisch, persönlich waren (Keenan et al. 1977). <u>Versuchspersonen erinnerten aus Diskussionen, an denen sie teilnahmen, häufiger ihre eigenen als die Äußerungen anderer Diskussionsteilnehmer</u> (Wagner 1985). Dies kann sowohl mit der höheren gefühlsmäßigen Beteiligung bei eigenen Beiträgen als auch mit der Verfügbarkeit einer differenzierteren Wissensstruktur für diese erklärt werden.

Natürlich wäre es ein Zirkelschluß, Ereignisse mit affektiver Beteiligung prinzipiell auf der »höchsten« Verarbeitungsstufe anzusiedeln. Wenn aber Ereignisse für eine Person *bedeutungsvoll* und wichtig sind und dann nach allen möglichen Komponenten und in allen verfügbaren Informationsprozessoren verarbeitet werden, wird auch eine »*tiefere*« *Informationsanalyse* durchgeführt. Insofern widersprechen die Ergebnisse zur affektiven Beteiligung der These von der Verarbeitungstiefe nicht.

Wie das Interesse die Einprägung beflügelt, können wir oft erleben. Die Telefonnummer des Flirts, die Autonummer des Freundes, die verliehene Summe Geld sind Zahlen, die sich schnell und ohne Mühe merken lassen. Wenn man ein Hobby betreibt, gibt es erstaunlich viele Informationen, die man in dieser Sache sozusagen im Vorbeigehen aufnehmen kann. Allerdings treten bedeutungsvolle persönlich relevante Informationen meist auch nicht so geballt auf wie Lehrbuchinformationen. Wenn wir einmal das Dreispeichermodell des Gedächtnisses zugrunde legen, so ist klar, daß die Zuflußgeschwindigkeit zum Langzeitspeicher auf ein zeitlich gestaffeltes Eintreffen von bedeutungsvollen Informationen ausgelegt ist. <u>Alle halbe Stunde ist man sicher in der Lage, einen wichtigen Satz bei einmaliger Darbietung dauerhaft zu speichern. Kommen die Sätze aber alle 20–30 Sekunden,</u> so gehen Informationen verloren. Man müßte einmal ausprobieren, wie die Lernerfolge sich gestalten würden, wenn man einen auf wesentliche Sätze *reduzierten* Lernstoff sätzeweise alle halbe Stunde aufnimmt und jeweils (vgl. oben) die *persönliche Bedeutsamkeit* der Sätze herstellt.

Es ist noch verhältnismäßig unklar, wie die Verbindung von persönlicher Bedeutsamkeit des Lernstoffs und Gedächtnis funktioniert. Dabei ist sie so offensichtlich, daß sie sogar in nichtpsychologische »kybernetische« Modelle des Gedächtnisses Eingang fand (vgl. Steinbuch 1971). Bei hoher Erregung, wie bei Flugzeugabstürzen, wichtigen Lebensereignissen, unter hoher Angst, scheint das Gedächtnis für die Ereignisse erstaunlich lange und vital aufrechterhalten zu bleiben. Allerdings kann man in solchen Situationen nicht *irgendeinen* Stoff lernen, denn die Lernfähigkeit für nicht die Situation betreffendes Material ist gering. Der Kandidat hat die Antwort, die ihm kurz vor der Prüfung gesagt wurde, oft vergessen. Nie aber wird er vergessen, wie Prüfer und Prüfungsraum ausschauten.

Psychologiestoff kann bedeutungsvoll werden, indem man Therapievorschläge auf eigene Probleme bezieht. Könnte Biochemie relevant werden, wenn man mit den Medikamenten beginnt, die der Lernende einmal genommen hat, oder der Medizinstoff, wenn man ausgehend von eigenen Krankheiten ein Lerngebiet erschließen würde? Möglicherweise würden die systematische Anleitung und der Mut zu einem solchen Vorgehen manches Studium erleichtern. Leider stellen die meisten Lernangebote zu wenig Raum für die mögliche subjektive Bedeutung bereit.

Anwendungsmöglichkeiten

Für das eigene Lernen und für die Pädagogik stellt sich also die Frage: wie werden die »tiefen« Analysatoren des Gehirns aktiviert, wie kann man versuchen, Information bedeutungsvoll werden zu lassen?

Wir haben hier verschiedene Arten von Orientierungsaufgaben zu unterscheiden: solche, die nur eine oberflächliche Verarbeitung nahelegen, solche, die eine tiefe Verarbeitung ermöglichen, und solche, die das Einbeziehen der subjektiven Bedeutung erlauben.

a) Oberflächliche Verarbeitung:
– Durchlesen.
– Wiederholen.
– Anschauen.
– Lernen (je nachdem, ob der Lernende »Lernaktivitäten« einsetzt).

b) Tiefe Verarbeitung:
- Anwendungen finden.
- Fragen zum Text entwerfen: Welche Fragen könnten im Examen vorkommen?
- Rollenspiel eines Examens.
- Gibt es mißbräuchliche Anwendungen, Gefahren eines Wissensgebiets?
- Ist der Stoff irgendwo in der Alltagserfahrung, Naturheilkunde, im Wissen von alten Frauen vorhanden?
- Modell für einen Vorgang entwerfen (auf dem Papier).
- Analogien finden.
- Pressenotiz schreiben.
- Bei Büchern: Besprechung anfertigen.
- Zwei bis drei Fachlehrbücher vergleichen (Textähnlichkeiten? Gliederungsähnlichkeiten? Besonders mit zur Zeit des Erscheinens modernen amerikanischen Büchern).
- Könnte man es verfilmen?
- Beurteilen, welche Teile des Textes ein Praktiker der Medizin, Biologie, Architektur auswendig können sollte.
- In Gruppen die Zentralität der Aussagen bewerten, Bewertungen vergleichen.
- Feststellen und vergleichen, was man vorher zu dem Thema gedacht, gewußt hat.
- Jemandem berichten.
- Zusammenfassen.
- Bilden von Assoziationen.
- Unterstreichen.
- Exzerpte anfertigen.
- Überflüssige Sätze streichen.
- Was passiert bei Umkehrung?
- Organisation umbauen.

- Überschriften finden.
- Gegenargumente finden.
- Texte vergleichen.
- Beantwortung von Fragen nach dem Text (Rothkopf und Bisbicos 1971).

Auf jeden Fall sichern diese Orientierungsaufgaben, daß die Aufmerksamkeit auf das Lernmaterial gerichtet wird. Es ist einer der wesentlichen Gründe, warum es nicht zum Lernen kommt, wenn die Aufmerksamkeit mit anderen Dingen, Erinnerungen, Planungen usw. beschäftigt ist. Mit etwas Übung kann man feststellen, woran man gerade denkt, und wenn das nicht der zu lernende Stoff ist, sondern, z. B. was passiert, wenn man in der Prüfung durchfällt, dann sollte man eine der hier vorgeschlagenen Orientierungsaufgaben wählen. Man könnte geradezu sagen, daß es sich um Aufgaben handelt, welche die Verarbeitungskapazität, die beim Lesen eines Textes noch für andere Aufgaben bleibt, belegen, und zwar aufgabenrelevant belegen.

c) Subjektive Bedeutung:
- Herausschreiben, was die Freundin interessiert.
- In welcher Beziehung könnten die Aussagen zum Hobby stehen?
- Welche Fragen könnte man einem Studienkameraden stellen, die er wahrscheinlich nicht beantworten könnte?
- Wie könnte man für die eigene Lebensführung profitieren?
- Stichworte für einen kurzen Vortrag herausschreiben, der dann auch gehalten werden muß.
- Wie könnte man mit der Sache Geld verdienen?

Gegenargumente

Persönliche Bedeutung wird oft durch die Möglichkeit des Gegenarguments hergestellt. Mit ihm kann der Argumentierende seine Ebenbürtigkeit dem Lehrer, Dozent und Buchautor gegenüber beweisen.

Daher sollte ein Stoff auch nicht alle möglichen und vorgetragenen Gegenargumente vorwegnehmen, sondern dem Lernenden Gelegenheit geben, selbst Gegenargumente zu bilden und die Argumentationskette gegen den vorgetragenen Gedanken evtl. anhand von zusätzlichem Material weiterzuverfolgen.

Beispiel

In einem älteren, wenn auch insgesamt heute noch nützlichen Buch zu Lerntechniken (Zielke 1967) findet sich folgende Passage:

»Farbe in der Mnemotechnik
So wie wir uns beim Ordnen gern der Farben bedienen, indem wir farbige Karteikarten, Ordner, Mappen, Reiter, Zwischenpapier benutzen, so kann eine vorangestellte Farbe Ordnung im geistigen Raum bringen. Farbvorstellungen werden mitunter von Rednern eingesetzt. Bei der Ausarbeitung und Gliederung ihres Referates notieren sie die einzelnen Gedanken auf verschiedenfarbigen Blättern. Beim Vortragen selbst versetzen sie sich phantasiereich in farbige Räume, die sie nicht eher verlassen, bis der darin abgelegte Merkstoff aufgelesen wurde. So kann beispielsweise eine Abteilung der Rede sich mit vorweggenommenen Einwänden befassen, zu der die Notizen zuvor auf rotem Konzeptpapier festgehalten waren. Während des Vortrages stellt sich der Redner bildhaft einen roten Raum vor, in dem er die einzelnen Argumente aufsammelt.«

Dies könnte ein Text sein, der gelernt werden müßte. Nachdem Sie in Kap. 3 einige Kenntnisse über die Mnemotechniken gewonnen haben, die bildhafte Vorstellungen einsetzen, könnten Sie sich anhand des Textbeispiels überlegen, welche Argumente man sich gegen diese vorgeschlagene Mnemotechnik vorstellen könnte:

- Die Technik wird schwierig, wenn sehr viele Teile einer Rede zu unterscheiden sind, weil Argumente aus ähnlichen Farbräumen verwechselt werden können.
- Es gibt hier keine Möglichkeit festzustellen, ob wirklich alle Argumente, die in einer Farbe notiert waren, abgerufen werden können.
- Es ist nicht klar, warum der Redner sich Räume vorstellen soll. Soll er die Argumente wie in der Locitechnik in eine bildhafte Interaktion mit den Gegenständen bringen, die in einem Raum stehen?
- Farbe und Argument gehen in der geistigen Vorstellung keine Interaktion ein. Dies hatte sich aber in der empirischen Erforschung der bildhaften Vorstellung als wesentlich erwiesen.
- Es ist nicht klar, warum dieser Abschnitt nur auf Redner bezogen wird. Kann die Technik bei einem kleinen Vortrag in einer Prüfung keine Verwendung finden?
- Es ist nicht klar, was mit dem Wort »phantasiereich« gemeint ist. Handelt es sich um phantastisch ausgestaltete Räume oder wird es als besondere Tätigkeit der Phantasie eingeschätzt, sich einen farbigen Raum vorzustellen?
- Ist ganz klar, in welchem Zusammenhang der geistige Raum und der farbige Raum der Vorstellung stehen?

Nach diesen Gegenargumenten soll jedoch der Hinweis nicht fehlen, daß einige der Gedächtnisspezialisten, z. B. Lorayne und Lucas (1974) meinen, daß man z. B. eine Ortsreihe mehrfach benutzen kann, wenn man bei jeder Reihe von Begriffen, die an die gleichen Orte bildhaft gekoppelt werden, in der Vorstellung eine andere Grundfarbe verwendet.

Oft fehlt unmittelbar vor Prüfungen die Ruhe, die vorgeschlagenen Operationen durchzuführen. Techniken zur Herstellung subjektiver Bedeutung sollten vorwiegend während des Studiums erprobt werden.

Natürlich wird in der praktischen Pädagogik schon immer versucht, die Lernenden zu einer tieferen Verarbeitung anzuhalten und auch den Stoff so darzubieten, daß er eine hohe subjektive Relevanz besitzt. Insgesamt ist es wohl das, was man unter einem motivierenden Unterricht versteht. Insofern richtet sich dieses Kapitel weniger an den Lehrer, der die hier berichteten Vorschläge schon lange aus eigener Erfahrung verwirklicht, sondern eher an den einzelnen Lernenden, der vor der Anforderung steht, einen bestimmten Stoff zu lernen. Der Lernende kann sich beruhigt eine günstige Aufgabe stellen und sicher sein, daß er seine Zeit für Übungen verwendet, die ihn seinem Ziel, eben dem Lernen des Stoffs, näherbringen. Tatsächlich ist der Lernerfolg mit Hilfe der Orientierungsaufgaben, die eine tiefere Verarbeitung erfordern, mit dem Lernerfolg vergleichbar, der sich bei der Absicht zu lernen einstellte (Bower und Martin 1974, Mistler-Lachmann 1974). Tiefere Verarbeitung, Verstehen, Gliedern und Lernen können sogar aus der Sicht der verschiedensten theoretischen Ansätze das gleiche wie Lernen sein.

Zusammenfassen

Im Verlauf eines Studiums ist für den Studenten oft unklar, was er mit dem angebotenen Stoff tun kann. Soll er von Büchern Exzerpte machen, was viel Zeit kostet und von anderen Kommilitonen bereits vorher geleistet wurde? Die Zusammenfassung des Textes wäre ohne Mühe kopierbar. Im Licht der hier berichteten Forschungen ist klar, daß ein Studium, das von persönlichen Interessen geleitet wird und darin besteht, aktiv mit dem angebotenen Material umzugehen, auch automatisch zu hohen Lerneffekten führen kann. Es ist weniger wichtig, eine Zusammenfassung eines bestimmten Buchs zu besitzen (meist schaut man sie ohnehin nicht an), sondern es ist viel wichtiger, eine solche Zusammenfassung *selbst* gemacht zu haben.

Beispiel
Bei Zielke (1976, S. 102–103) findet sich auch der folgende nützliche Ratschlag:

»Es wird davon abgeraten, sich schon zu Beginn auf einen Wortlaut festzulegen. Beim gesprochenen Wort ist das Auswendiglernen zu verwerfen. Man wird erst eine Gliederung aufstellen und deren einzelnen Punkten Stichworte zuordnen.

Mit diesen Vorarbeiten kann nicht früh genug begonnen werden. Binnen kurzem lassen sich viele Gedanken sammeln, die erst unmittelbar vor dem Einsatz zusammengestellt werden.

Bei einer Rede kann auch diese letzte Zusammenstellung eine lockere Form erhalten. Es ist immer gut, eine Rede nach der Feststellung ihrer Gliederung in mehreren Formen mit unterschiedlichen Worten zu entwerfen. Das spätere Referat kann dann auf einen großen Gedankenvorrat zurückgreifen. Die Gefahr eines Steckenbleibens ist ebenso gebannt wie jene andere, im Kreis zu reden. Aufsätze – zu Hause geschrieben – orientieren sich ebenfalls an einer Sammlung von Stichwörtern, die zur vorher festgelegten Gliederung gesammelt werden. Die endgültige Formulierung läßt sich leicht vornehmen.«

Wir sagten, daß die Inhalte im Gedächtnis in einer <u>semantischen Ordnung</u> stehen (Kap. 5). Würde man einen Aufsatz oder Vortrag auswendiglernen, müßte man doppelten Lernaufwand treiben. Man müßte seine Inhalte bei dieser semantischen Ordnung des Gedächtnisses eingliedern, und man müßte zusätzlich den Wortlaut lernen. Dieser große Lernaufwand führt meistens dazu, daß die Wiedergabe einer auswendiggelernten Definition nur recht stockend gelingt.

Anhand des oben zitierten Textes soll ein weiterer Vorschlag, wie man aktiv mit der Information umgehen kann, ausprobiert werden. Versuchen Sie, die Information zu reduzieren, also in Stichworte zu fassen und gleichzeitig eine neue Reihenfolge der Argumente zu finden, die evtl. noch etwas schlüssiger sein kann als die Reihenfolge des Originaltextes!

- Neue Stichwortgliederung
- Nicht auswendiglernen, sondern nach Stichworten sprechen oder Aufsatz schreiben,
- Themen sammeln,
- Mehrere Gliederungsentwürfe,
- Themen erst kurz vor dem Aufsatz oder Vortrag zu einer Gliederung zusammenfassen,
- Eine Mind-Map anfertigen.

Das Mitschreiben in der Vorlesung gewinnt auf dem Hintergrund der berichteten Forschungen ebenfalls einen anderen Stellenwert. Oft wird von Dozenten angeregt, man möge nur zuhören und sich um das Verständnis bemühen. Die Inhalte könne man nachlesen.

Eine solche Instruktion ließe sich wiederum mit dem treffenden Hinweis kombinieren, daß man ohnehin selten in die Aufzeichnungen schaut. Allerdings ist gerade das Zusammenfassen, das Herausheben der wesentlichen Kernsätze des Vortrags das Verstehen. Das Mitschreiben gibt dem Lernenden eine Orientierungsaufgabe, die ihn zu einer tieferen Verarbeitung des Stoffs anhält, während das Zuhören leicht zu einer oberflächlichen Verarbeitung der Information werden kann. Beim Mitschreiben geht es also nicht darum, die Information zu dokumentieren, sondern darum, sie im Moment der Aufnahme auf semantisch höheren Stufen zu analysieren (vgl. Ergebnisse von Kulhavy et al. 1978 sowie Howe 1980).

Tiefe der Verarbeitung und Individualentwicklung

Während Altersdifferenzen im Vorschulalter eher aus Unterschieden in der Suchstrategie resultieren als aus der Strategie der Verarbeitung (Sophian u. Hagen 1978, Evans 1976), scheint im Schulalter die Wissensbasis ausreichend zu sein, um den Vorteil einer semantischen, »tieferen« Enkodierung zu ermöglichen (Ghatala et al. 1980, Owings und Baumeister 1979). Im hohen Lebensalter sinkt die Gedächtnisleistung zwar ab, aber auch 75jährige Versuchspersonen profitierten von einer semantischen Verarbeitung, bei deren Durchführung sie keinerlei Schwierigkeiten hatten (Rankin u. Kausler 1979).

Tiefe der Verarbeitung und Ängstlichkeit beim Lernen

Es scheint so zu sein, daß ängstliche Lerner in der Lernstrategie weniger flexibel sind und weniger solche Strategien wählen, die eine »tiefere« Informationsverarbeitung erfordern. Eine entsprechende These wird von Mueller (1979) vorgetragen. So wäre die Beziehung zwischen hoher Prüfungsangst und geringer Lernleistung zu erklären.

7 Lernen durch Analogiebildung

➤ S. 185

Das menschliche Weltverständnis vollzieht sich ganz grundlegend durch Analogiebildungen, d. h. durch den ständigen Bezug zu Ähnlichem, bereits Bekanntem. Viele Begriffe heben auf etwas Bekanntes ab, das in einen neuen Zusammenhang gesetzt wird: Ein Wasserfloh ist ein Lebewesen »wie ein Floh« auf dem Wasser. Der Begriff ist eine Analogiebildung. Insofern ist jedem Leser die Analogiebildung auch völlig vertraut. Will man einen Sachverhalt erklären, bedient man sich der Analogie.

Versuchen Sie sich vorzustellen, sie sollen in einer Quizsendung klarmachen, was man unter dem Wort »Yeti« versteht. Man würde sagen: »Es ist ein Mensch, der im Schnee lebt. Er ist aber größer und hat möglicherweise eine andere Fußform und ein weißes Fell«. Es wird also die Analogie »er ist wie ein Mensch« verwendet. Dann kann zur weiteren Erklärung das gesamte Gegenstandswissen vom Menschen verwendet werden, ja es können beim Hörer darüber hinaus auch weitere Schlüsse gezogen werden, z. B. ob er eine Schneekartoffel ißt. Sicher scheint, daß er etwas ißt und auch trinkt.

==Eine Analogie setzt einen Wissensbereich mit einem anderen Wissensbereich bezüglich seiner Funktion, seiner Struktur oder seiner Elemente in eine Ähnlichkeitsbe-==

ziehung. Der Begriff »Modell« wird manchmal synonym verwendet werden, meist ist das Modell aber eine verkleinerte oder irgendwie vereinfachte Abbildung, z.B. der *konkrete Fall* eines *allgemeinen Begriffes.*

Die Kinderzeichnung ist ein Bereich erster (visueller) Analogien. Schon mit drei Jahren erkennt das Kind in einem langen Strich mit einem Kreis einen Menschen. Es ist das Merkmal der Vertikalität, das die einfache Analogie trägt. Der Mensch ist also zunächst mal hoch und schmal. Die Schlange ist wie ein Strich und der Regenwurm ebenfalls.

Diese Analogien werden dann auch für Problemlösungen verwendet. Meili-Dworetzki (1957) beobachtet auf den Zeichnungen ihres Sohnes immer steil nach oben ragende Haare. Als sie ihn einmal (zu diesem Zeitpunkt hatte er keine Zeichnung angefertigt) fragte, wohin denn die Haare von Menschen wachsen, wenn man sie nicht schneidet, antwortet er: »nach oben an die Decke.« Er benutzt also seine Zeichnung, um diese Voraussage zu leisten, er verlängert nämlich dort einfach die Haarlinien, ohne die Schwerkraft zu berücksichtigen.

Führen Analogien in die Irre?

Hier müssen wir zunächst eine unerwünschte Begleiterscheinung beim Denken und Lernen mit Analogien besprechen. Sie können verwirren und Mißverständnisse hervorrufen. Es gibt den »ungeeigneten« Vergleich. Z. B. wenn man sich die Bedeutung der Worte horizontal und vertikal dadurch merken will, daß man beim Sprechen von vertikal den Mund schmal macht und beim Sprechen von horizontal den Mund breit öffnet, so wird man sich öfter irren. Tatsächlich sind die Lippenstellungen beim Sprechen von vertikal und horizontal gar nicht besonders unterschiedlich. Ein viel besserer Trick wäre, daran zu denken, daß horizontal und Horizont eben eine gleiche Bedeutung haben. Nun kann man die Bedeutungen nicht mehr verwechseln.

Verwirrung kann auch dadurch entstehen, daß die gewählte Analogie zu spezifisch ist und eine falsche Problemlösung erbringt. Wimmer und Perner (1979) geben hierzu folgendes Beispiel:

Wenn die Aussagen »Alle a sind b und einige b sind c« bildhaft analog folgendermaßen repräsentiert sind,
    aaaaaa
    bbbbbbbbbbbbb
    ccc
dann könnte der Schluß gezogen werden, immer seien einige a auch c. Dies muß aber nicht der Fall sein, wie die folgende Form der Analogiebildung zeigt:
    aaaaaaaaa
    bbbbbbbbbbbbbbbbbbbbb
                 cccc
Die erste Analogie ist nicht geeignet, ja falsch. Es wird also deutlich, daß an die verwendeten Analogien Forderungen zu stellen sind.

Wenn man sich den Stromfluß durch die Analogie »Wasserfluß« klarmacht, so sind einige Merkmale zuzuordnen, andere nicht:

Stromkreis	*Wasserkreislauf*
Widerstand durch Spulen	Verengungen der Rohre
	Länge der Rohre
Stromstärke	Fließstärke
Spannung	Wasserdruck
Generator	Pumpe
Schalter	Ventil

Abb. 22. Vergleicht man den Stromfluß mit dem Wasserfluß, so könnte der Irrtum aufkommen, der Strom fließt bei einer Leitungsunterbrechung aus der Leitung. Bei der Analogie eines Menschenflusses durch eine Röhre entsteht dieser Irrtum nicht.

Keine Korrespondenz gibt es in bezug auf elektromagnetische Felder, obwohl auch ein Wasserkreislauf in Schwingungen geraten kann, wie man es manchmal in alten Häusern erlebt.

Die Funktion des Kondensators läßt sich nicht abbilden. Das Wasserflußmodell führt den Lernenden in einigen Bereichen zu falschen Schlußfolgerungen: Zum Beispiel könnte man glauben, daß bei einer gewaltsamen Leitungsunterbrechung die Elektrizität wie das Wasser aus der Leitung herausfließt (Abb. 22). Auch die Leitfähigkeit des Materials, die beim Stromfluß neben Stromstärke und Spannung den Stromfluß bestimmt, findet im Wasserflußmodell keine direkte Entsprechung. Man könnte höchstens eine »Glätte« der Röhrenwände vorsehen.

Eine andere Analogie ist in dieser Hinsicht besser: Der Stromfluß könnte mit dem Fluß von Menschenmassen durch Gebäude verglichen werden:

Stromkreis	Wegesystem
Widerstand durch Spulen	Länge, Verengungen
Stromstärke	Anzahl der Menschen
Spannung	Geschwindigkeit der Menschen
Generator	keine Analogie möglich
Schalter	Sperren, Tore

Evtl. würde es die »Menschenflußanalogie« erlauben, das Prinzip von Ladungsanziehung und Abstoßung, z. B. durch männliche und weibliche »Ladungsträger« umzusetzen.

Wie Gentner und Gentner (1983) zeigten, kommen Versuchspersonen mit der Wasserfluß- bzw. der Menschenflußanalogie zu unterschiedlichen Reaktionen bei einer Aufgabe zur Elektrizität.

Will man beim Lernen der Elektrolehre ein Modell verwenden, so muß man spezifizieren, wo es geeignet ist und wo nicht. Dann allerdings erleichtert das Modell das Erlernen komplexer Sachverhalte wesentlich:

- Neues Wissen kann auf altes Wissen abgebildet werden, es kann also fast ohne Mühe erlernt werden.
- Das alte Wissen eines gut bekannten Sachverhaltes erlaubt, Hypothesen über das Verhalten des neuen Sachverhaltes aufzustellen. Die Analogie ermöglicht also mehr Kreativität.
- Die Analogie verbessert das Verständnis für den Wissensbereich, z. B. kann man die Folgen von Eingriffen in Systeme besser verstehen.

An dieser Stelle soll noch einmal auf den Lernbegriff eingegangen werden. Selbst in der Psychologie wird dieser Begriff in verschiedenen Bedeutungen gebraucht. Einmal geht es nur um das Speichern von Informationen (etwa um das Lernen von Wortlisten). An anderer Stelle ist mit Lernen das Verstehen und Anwenden gemeint. So etwa beim schulischen Lernen, z. B. wenn ein Buch mit dem Titel »Lernstörungen« erscheint: Im Inhalt finden sich dann Gründe für geringe »Schulleistungen«. Unter Lernen, z. B. schulischem Lernen, versteht man ganz offensichtlich mehr als nur das Speichern von Information. Bei Vorträgen zur Lernfähigkeit im hohen Lebensalter stoße ich manchmal auf eine weitere Auffassung des Lernbegriffes. Während der Psychologe wiederum über Informationsspeicherung berichtet, wartet das Publikum auf Beiträge über die Fähigkeit, im Alter noch einmal neue Meinungen zu akzeptieren, sich auf veränderte Bedingungen einzustellen sowie über die Bereitschaft, sich auch im hohen Alter wieder auf komplizierte Lernaufgaben einzulassen. Ganz in diesem erweiterten Sinne von »Lernen« soll der Begriff beim Lernen durch Analogien oder durch Modellbildung aufgefaßt werden.

Normalerweise verlangt das Finden einer geeigneten Analogie einige Geschicklichkeit und Kreativität. Entsprechend werden solche Modelle von den Lehrbüchern vorgegeben und formen (wie etwa Computermodelle versus Telefonvermittlungsmodelle des Gehirns) das Denken von ganzen Schülergenerationen.

Vielleicht weil unüberlegte Analogien auch in die Irre führen können, hat man es sich abgewöhnt, schnell selbst Analogien zu suchen. Andererseits erleichtern ganz einfache und triviale Modelle Lernaufgaben.

In meinen Lehrveranstaltungen lasse ich Studenten folgende *Aufgabe* lösen:

»Erika ist größer als Jutta und Jutta ist größer als Emma. Wer ist am größten?« (Um die Aufgabe zu erschweren, kann man die Anzahl der Vergleiche erhöhen.)

In schriftlicher Vorgabe ist die Aufgabe leicht. Mündlich vorgetragen, muß man sich die Relation Erika versus Jutta merken, um dann erst Emma einzuordnen. Dies ist nicht so leicht. Wenn man sich aber eine bildhafte Analogie schafft, also sich beim Diktat die Personen nebeneinander vorstellt, können mehr Studenten zu der richtigen Lösung kommen. Die Analogie dreier nebeneinanderstehender Längen (vielleicht auf einem Treppchen mit drei Plätzen) erlaubt die gleichzeitige Visualisierung der Relationen und erleichtert die Problemlösung: Erika ist am größten.

Hier soll darauf verwiesen werden, daß Arnheim (1969) die These führt, menschliches Denken sei ohnehin im wesentlichen visuell und nicht verbal. Es komme also immer darauf an, verbale Sachverhalte in visuelle Modelle umzusetzen. Tatsächlich berichten viele berühmte Wissenschaftler davon, daß sie sich komplizierte Sachverhalte immer in einfachen Modellen vorzustellen versuchten (z. B. Einstein). Johannes Kepler etwa verglich die Bewegung der Planeten mit einem Uhrwerk. Er bezeichnete die Analogien als seine Lehrer, die die Geheimnisse der Natur kennen (nach Polya 1973, S. 12).

Vielleicht sucht man aber manchmal allein deswegen keine Analogie, weil man nicht weiß, wie man dabei vorgehen soll. Hierzu soll der folgende Abschnitt Hinweise geben.

Wie gelangt man zu Analogien?

Hat man gar keine Vorstellung, wie man zu einer Analogie gelangen könnte, so kann man versuchen, den Zufall zu Hilfe zu nehmen. Dörner (1989) empfiehlt z. B., durch ein Warenhaus zu gehen und zu prüfen, ob die verschiedenen Dinge, die dort zu sehen sind, als Anregung dienen könnten. Man kann aber auch ein Lexikon nehmen, zufällige Begriffe aufschlagen und prüfen, ob der jeweilige Begriff zu einer brauchbaren Analogie führt.

Leichter ist eine Analogie sicher zu finden, wenn man gleich nach ähnlichen Sachverhalten sucht. So können die Überlegungen in einer von Dörners Simulationen über die Uhrenfabrik durch die Analogie des eigenen Zigarettendrehens stimuliert werden: Es wird Papier und Tabak benötigt. Es ist nützlich, einen gewissen Vorrat zu produzieren usf.

Aber auch das zufällige Durchstreifen des Warenhauses führt zu »ähnlichen« Realitätsbereichen, wenn die Suchfrage ständig bereitliegt. Bei einer möglichen Ähnlichkeit meldet sich dann das Bewußtsein, und die Beobachtung kann analysiert werden.

Gruppen können mit der Methode des *Brainstormings* (Osborne 1969) vorgehen. Dabei werden zunächst so viele Ideen wie möglich gesucht und aufgeschrieben. Jeder Beitragende kann die Ideen der anderen verwenden und darauf aufbauen. In einer zweiten Phase erst werden sie auf ihre Brauchbarkeit, also hier auf ihre Brauchbarkeit als Analogie, überprüft.

Beispiel

Als Aufgabe hatte ich mir gestellt, ein Modell zu finden, das erklärt, wie bei höherer Geschwindigkeit die Bremswege größer werden. Also habe ich den *Duden* genommen und – zufällig – geblättert. Nach ca. 10 – 20 nicht weiterführenden Begriffen kam ich zu »Ladestock, Lader«, was zu der Idee »Gewehr«, »Gewehrkugel« führt. Ein Modell für das Auto kann nämlich die Gewehrkugel sein: Geworfen (also langsam) würde sie geringen Schaden anrichten, nur durch die hohe Geschwindigkeit kann sie den Körper und auch massive Holzplatten durchdringen. Sie ist nun kaum noch zu bremsen.

Der exakte Zusammenhang zwischen Bremsweg und Geschwindigkeit ist aus diesem Modell nicht abzulesen. Andererseits wird die Gefahr, die durch die Geschwindigkeit entsteht, erlebnismäßig plausibel. Luftwiderstandswert des Autos und Form der Kugel lassen sich vergleichen, ebenso die Verformung des Autos beim Aufprall mit der Verformung der Kugel.

Noch besser kann das Modell auf Gegenstände, die beim Aufprall im Wagen herumfliegen, angewandt werden.

Glynn u. a. (1989) schlagen vor, Analogien über den Weg zum Oberbegriff für den relevanten Wissensbereich zu suchen:

Wird also eine Analogie für den elektrischen Stromkreislauf gesucht, so kann man den Oberbegriff »Kreislauf« verwenden, um andere Beispiele zu finden, also z. B. Blutkreislauf, Wasserkreislauf, Kreislauf von Menschen durch Verkehrswege, Wärmekreislauf, Verkehrsfluß, Güterkreislauf usf. Nachdem die Beispiele des Oberbegriffes gefunden sind, kann man prüfen, welche sich zur Illustration des Aspektes, den man lernen oder erforschen möchte, eignen. So kann z. B. über den Oberbegriff »Feld« das elektrische Feld zur Analogie für das Gravitationsfeld werden.

Modellvorstellungen und »emotionales« Verständnis

Gerade die Analogie »Auto – Gewehrkugel« macht deutlich, wie durch die Modellvorstellung eine emotionale Ankoppelung möglich wird. Ein Auto ist ein neutraler, oft eher erfreulicher Gegenstand, während man eine Gewehrkugel rein emotional als gefährlich empfindet.

Die für das Lernen eines Sachverhaltes so wichtige Emotion wird aufgerufen.

Um »tiefe« Überzeugungen zu vermitteln, verwenden z. B. Zeremonien die bildhafte Analogie oder lehren die Religionssysteme nicht im wissenschaftlichen Diskurs, sondern durch Geschichten. Das Modell, die Analogie, ermöglicht dabei eine tiefe Einsicht und spricht archaische Systeme der Verhaltenssteuerung an.

Beispiel

Eine Analogie, die z. B. bettnässenden Kindern hilft, ist Sammy, der Elefant. Von Sammy wird erzählt, daß er mit seinem Rüssel keinen Wassereimer tragen kann. Alle anderen Elefanten regen sich über Sammy auf (so wird emphatisch die Situation des bettnässenden Kindes dargestellt). Dann erinnert sich Sammy aber, was er schon alles gelernt hat und daß er noch viel lernen kann, z. B. wie er die Muskeln des Rüssels richtig anspannen muß. Und plötzlich kann er den Wassereimer genau zum richtigen Punkt tragen (Mills u. Crowley 1986).

Hier hilft die Analogie als bildhafte Darstellung, Schichten der Informationsverarbeitung zu erreichen, die eine Körpersteuerung leisten (Näheres dazu bei Schuster 1986).

Es sei daran erinnert, daß Despoten, wie z. B. auch Hitler, in ihren Reden eine Vielzahl von bildhaften Analogien verwenden – etwa wie der Feind dem eigenen Volk die Luft abschnürt usf. –, die ganz anders überzeugen als Erklärungen, die sich an das verbale Denken wenden.

Unterschiedliche Analogien können unterschiedliche Emotionen ins Spiel bringen. Der Pädagoge, der Analogien konstruiert, sollte gerade wegen der beteiligten Tiefenwirkung auf solche Nebenprozesse achten.

Wirkungen der Analogien

Die Wirkungen von Analogien sollen unter den verschiedenen Funktionen der Verbesserung
- des Lernens,
- des Verständnisses und
- der Kreativität

aufgeführt werden.

Lernen

Hayes u. Henk (1988) zeigen beim Erlernen eines Knotens (also auch einer Bewegungsfolge) die Überlegenheit einer Analogie beim langfristigen Behalten. Ich will hier ein Beispiel aus meiner eigenen Erfahrung darstellen:

Beim Rennradfahren muß man nicht nur auf das Pedal treten, nein, man zieht es gleichzeitig mit dem anderen Fuß hoch. Zu diesem Zweck haben die Pedale kleine Körbchen. Die Koordination von Treten und Ziehen ist aber gar nicht einfach. Entweder man denkt nur daran zu treten oder nur daran zu ziehen. Ein Modell hat mir sehr geholfen, die Bewegungen aufeinander abzustimmen. Ich habe an das Treppensteigen gedacht. Mit dem einen Fuß tritt man auf die neue Stufe, während man den anderen Fuß hochzieht. Das Modell hat auf Anhieb funktioniert. Eine Bewegungsfolge, die man einmal als Kind gelernt hat, kann nun die neue Anforderung bewältigen helfen. Ich fuhr sofort deutlich schneller und leichter.

Dieses Modell ist besser, als wie in manchen Fahrradbüchern vorgegeben, ein Kräfteparallelogramm (Abb. 23).

Vielleicht eignen sich Analogien ganz besonders zum Erlernen von komplizierten Bewegungsfolgen, die so

Abb. 23. Das Treppensteigen kann zur Analogie für die Bewegung beim Radfahren werden. Besonders das aktive Hochnehmen eines Beines gelingt nun besser.

schnell ablaufen müssen, daß eine »verbale« Instruktion und Steuerung durch inneres Sprechen nicht gelingt. Jeder, der das Skilaufen lernte, weiß, wie schwierig es ist, die Instruktionen: »Knie zum Berg, Schulter zum Hang, nach vorne Beugen«, sukzessive abzuarbeiten. Eine Analogie, wie ich sie einmal in einem Skibuch las, ist dagegen sehr hilfreich. Sie lautete: Bieg dich wie eine Banane (vgl. Abb. 24).

Wenn man sich an dieses innere Bild »hält«, macht man alles richtig. Die Vorstellung enthält gleichzeitig alle wichtigen Elemente, während eben in der kritischen Situation nicht genug Zeit ist, sich alle verbalen Instruktionen noch einmal ins Gedächtnis zu rufen, um die eigene Haltung zu korrigieren.

Abb. 24. Das Modell Banane vereinfacht die komplizierten Haltungsanweisungen beim Skilaufen durch *ein* Bild.

Simons (1984) untersucht Lerneffekte bei einer Instruktion durch (bildhafte) Analogien. Ein Beispiel aus seiner Instruktion zum Thema Atome und Moleküle sei hier wiedergegeben:

»Wenn man einen Kuchen zerteilt, entstehen Brösel. Jeder Brösel hat noch die gleichen Eigenschaften wie der Kuchen. Man kann sagen, der Brösel sei der kleinste Teil, der noch die Eigenschaften des Kuchens hat. Einen Brösel kann man nun auch wieder teilen. Dann findet man sehr kleine Teile von Butter, Zucker und Gewürzen. Diese kleineren Teile haben andere Eigenschaften als der Kuchen.«

Es ergaben sich geringfügig erhöhte Lesezeiten bei einer Verbesserung des Lernens.

Problemlösen, Verständnis von Situationen

In verschiedenen Studien haben Gick und Holyoak (z. B. 1980) gezeigt, daß die Fähigkeit, ein Problem zu lösen, unter Anwendung vorher dargebotener Information wesentlich verbessert wurde, wenn es einen Hinweis gab, die vorher gelernte Information als Analogie zu benutzen.

Es wurde das Dunkersche Problem gestellt, mit einem Röntgenstrahl einen Gewebepunkt zu bestrahlen, ohne aber das umliegende Gewebe zu verletzen. Nur 10% der Studenten produzierten die korrekte Lösung, das Gewebe aus verschiedenen Richtungen zu bestrahlen. Die erste vorgegebene Analogie bestand aus dem »Fort-Problem«:

Viele verminte Straßen führen in ein Fort, so daß immer nur wenige Soldaten auf einer Straße in das Fort gelangen können. Es müssen dann also Soldaten auf jeder Straße gleichzeitig eindringen.

Oder aus vielen Richtungen, aus verschiedenen Schläuchen kann das Wasser auf ein Feuer gelenkt werden.

Optimal ist, wenn Studenten viele Analogien erhalten und selbst das relevante Schema der »Konvergenz« erkennen.

Dörner (1989) gibt ein eindrucksvolles Beispiel für die Möglichkeit, sich durch Analogien in komplexen Problembereichen zu orientieren.

Die Versuchspersonen mußten eine Kühlhaustemperatur einregulieren. Die tatsächliche Temperatur des Kühlhauses folgte aber, wie in der Realität, der Regulierung an einer Stellschraube mit einer größeren Zeitverzögerung. Derartige Probleme sind schwierig, und viele Versuchspersonen können sie im Verlauf des Experiments gar nicht lösen. Eine Versuchsperson kam nach erfolglosen Versuchen auf die Idee, den Wert des Stellrades mit dem Schreiben von Rechnungen zu vergleichen. Jetzt konnte sie mit der Zeitverzögerung umgehen und den richtigen Wert einstellen.

Kreativität

Die Analogie erleichtert einen »Transfer« von Wissen auf neue Bereiche. Gould (1980) geht so weit zu behaupten, daß es der Hauptgrund für geniale Leistungen in der Wissenschaft sei, wenn man fruchtbare Analogien zwischen verschiedenen Bereichen bilden kann.

Von Gordon (1961) werden in einem Kreativitätstraining Analogien für den Sachverhalt eingesetzt. (Das Training ist unter dem Namen »Synectics« bekannt geworden.) Man muß sich z. B. vorstellen, daß man selbst der zu lösende Sachverhalt sei (z. B. ein Reißverschluß), um so auf die Form und Bewegung der zu suchenden Teile zu kommen.

Mit diesem Programm wurden entsprechende Erfolge erzielt, die allerdings nur qualitativ berichtet werden.

Bei der Analyse der Wirkung von Analogien müssen einige Dinge auseinandergehalten werden: Natürlich muß man zunächst eine geeignete Analogie finden, dann aber können Effekte der Bildhaftigkeit, Effekte der Informationsreduktion durch Zuordnung zu schon bekannten Wissensstrukturen auftreten, und es können Verständnisvorteile entstehen, weil Strukturen, die nur schwer im Kurzzeitspeicher behalten werden können, nun mit einer etablierten Langzeitspeicherstruktur zu bearbeiten sind. Andere Möglichkeiten sind offen. Es wäre also sicher falsch, undifferenziert von »den« Effekten der Analogie beim Lernen zu sprechen. Die verschiedenen Effekte müssen jeweils unabhängig voneinander untersucht werden.

8 Suggestopädie/ Superlearning

S. 210, 211

Ein Traum: Super-Lernleistungen ohne Mühe

Die Begriffe Suggestopädie, Superlearning und gelegentlich auch ganzheitliches Lernen, werden in der Regel gleichbedeutend verwendet.

Die *Suggestopädie* geht auf den bulgarischen Psychiater Lozanov zurück, der 1971 sein Hauptwerk »Suggestologia« in Sofia veröffentlichte. Nachdem er sich lange Jahre mit Suggestionen im psychotherapeutischen Bereich, insbesondere mit Hypnose, befaßt hatte, wandte er sich später der Verwendung von Suggestionen in der Pädagogik zu.

Superlearning wird die amerikanische Anpassung der Grundprinzipien des Unterrichtens und Lernens nach Lozanov benannt. Durch die Übersetzung und Veröffentlichung eines Buches von Ostrander u. Schroeder (1982), Autorinnen, die sich vorwiegend mit der Thematik der Nutzung übersinnlicher Kräfte befassen, wurde »Superlearning« in Deutschland der breiteren Öffentlichkeit bekannt. Das Buch, eine Mischung von eher plausiblen Argumenten, wissenschaftlichen Befunden und anschaulichen Einzelfallberichten, ist selbst eine geschickte Anwendung suggestiver Überzeugungstechniken. Lozanov unterstreicht die Bedeutung suggestiver Beeinflussung des Lernenden durch den Lehrer, um eine optimistische Lernhaltung zu erzeugen. So versprechen auch die Autorinnen bereits auf dem Cover ihres Buches, daß

> »Superlearning zeigt, wie man
> - sein ungenutztes, geistiges Potential aktiviert,
> - seine Lernkapazität um ein Mehrfaches steigert,
> - mit Musik spielend Sprachen lernt,
> - sein Selbstbewußtsein aufbaut,
> - Streß erfolgreich abbaut.«

Superlearning verspricht müheloses Lernen sowie eine Steigerung der Lernkapazität um das Zwanzigfache für *jeden* Stoff und für *jeden* Lernenden (Abb. 25). Darüber hinaus sei die Methode eine experimentell bewiesene Tatsache.

Erstaunlich und fast ein Beweis für die Wirksamkeit suggestiver Beeinflussung ist, daß ein Buch, das so offensichtlich überzogen argumentiert, in mehrfacher

Abb. 25. Superlearning: Gleichzeitige Darbietung von Musik und Lernstoff im Entspannungszustand.

Auflage ge- bzw. verkauft wird. Diese Tatsache weist wohl auf ein starkes Bedürfnis vieler Menschen hin, einfacher und effizienter zu lernen. Allerdings ist zu befürchten, daß viele Leser sich enttäuscht abwenden, wenn sich die hochgesteckten Erwartungen nicht erfüllen, und damit möglicherweise ihren bisherigen ungünstigen Lernerfahrungen einen weiteren Mißerfolg hinzufügen. Skeptiker werden den Ansatz dagegen vielleicht zu schnell verwerfen und damit die darin enthaltenen brauchbaren Vorschläge und Ideen nicht nutzen können. Es ist zu vermuten, daß die Darstellungsweise von Ostrander/ Schroeder der Sache eher geschadet als genutzt hat.

Intensivkurse, Lehrkassetten sowie *suggestopädischer Unterricht* werden auf dem Markt z. T. mit ähnlich überzogenen Versprechen angeboten. Die Angebote beziehen sich vor allem auf den Fremdsprachenerwerb und stellen in Aussicht, den Lernstoff in einem Drittel oder noch weniger Zeit zu erwerben als mit herkömmlichen Lernmethoden. Darüber hinaus werden noch positive Auswirkungen auf die körperlich-seelische Gesundheit des Lerners versprochen. Der Begriff »Superlearning« suggeriert bereits solche extremen Möglichkeiten des Lehrens und Lernens.

Begründet werden diese außergewöhnlichen Möglichkeiten damit, daß beim herkömmlichen Unterricht nur 4–20% der geistigen Kapazität ausgenutzt werden und mit Superlearning die restlichen 96–80% ausgeschöpft werden können. Diese Hypothese ist ebenso spekulativ wie spektakulär.

Es wäre wenig konstruktiv, alle diese Ideen und Aussagen einfach als Schwindel abzutun. Außenseitermethoden können, auch ohne exakte wissenschaftliche Theorienbildung und Überprüfungen, wichtige und nützliche Ideen enthalten, und es ist Aufgabe der Wissenschaften, die Spreu vom Weizen zu trennen.

Im folgenden soll, nach einer Darstellung der wesentlichen Elemente dieser Lern-/Lehrform sowie dem Versuch einer wissenschaftlichen Erklärung der Effekte, kritisch überprüft werden, was von diesen Versprechungen zu halten ist. Es erscheint durchaus sinnvoll, sich nicht nur auf die Aussagen von Werbebroschüren zu verlassen, wenn man für einen fünftägigen Intensivkurs einige tausend und für Lernkassetten mehrere hundert DM bezahlen soll.

Dann soll der Frage nachgegangen werden, welche Elemente des suggestopädischen Lernens/Lehrens lernunterstützend wirken und wie diese Elemente vom Lerner auch in sein alltägliches Lernverhalten integriert werden können.

▪ Methoden der Suggestopädie/ Superlearning

Lozanov bezieht seinen Ansatz auf den direkten Unterricht und legt besonderen Wert auf die Lehrer-Schüler-Beziehung. Der Lehrer führt den Unterricht im wesentlichen frontal. Gruppenarbeit wird von Lozanov wegen der geringeren Einflußmöglichkeiten des Lehrers auf die Schüler gering geschätzt. Beim Superlearning werden einige Elemente des suggestopädischen Unterrichts aufgegriffen und soweit möglich für den Selbstunterricht modifiziert. Die Rolle des Lehrers übernimmt hier z. T. ein Tonträger. Wenn solche Lernkassetten mit Berufung auf die Suggestopädie von Lozanov angeboten werden, ist dieser Bezug nicht korrekt, da hier ein wesentliches Element, die persönliche, Vertrauen und Optimismus fördernde Lehrer-Schüler-Beziehung, kaum realisiert werden kann.

Suggestopädischer Unterricht wird inzwischen in vielen Variationen durchgeführt. Bevorzugt wird die

Form des Intensivunterrichts mit in der Regel ca. vier (oft bis zu acht) Unterrichtsstunden pro Tag in einem Fach. Fast ausschließlich werden Fremdsprachen nach dieser Methode unterrichtet, obwohl der Ansatz auch für andere Fächer geeignet sein soll (s. Urban 1982 u. Edelmann 1988).

Typisch für einen täglichen Unterricht von vier Stunden ist z.B. folgende Sequenz (nach Edelmann 1988):

- Die *Vorbereitungsphase*, in der Informationen zum suggestopädischen Unterricht gegeben werden, die mit positiven Lernsuggestionen verknüpft sind. Es können körperliche und mentale Entspannungsübungen folgen sowie Vor- und Rückschau auf zu Lernendes und bereits Gelerntes angeboten werden.
- Die *kognitive Phase*, in der in möglichst lebendiger aktiver Form der Lernstoff so angeboten wird, daß keine Langeweile aufkommt.
- Die *rezeptive Phase*, die in zwei Abschnitte gegliedert ist:

  a) *Aktive Konzertphase:* Hier wird den Lernern, während sie Barockmusik hören, vom Lehrer der Lernstoff vorgelesen, wobei das Lesen dem Rhythmus der Musik angepaßt wird. Die Lernenden lesen dabei mit.

  b) *Passive Konzertphase:* Sie wird als die wichtigste Phase dieser Sequenz angesehen. Hier hören die Lerner langsame Barockmusik und der Lehrer liest zugleich den Lernstoff langsam vor (Abb. 26).

  Die rezeptive Phase, die das eigentlich ungewöhnliche Element und Neue dieser Lernform darstellt, umfaßt ca. $1/3$ bis $1/5$ der gesamten Lernzeit.
- Die *Aktivierungsphase*, in der das Gelernte geübt und angewendet wird.

Der Unterricht soll insgesamt abwechslungsreich, motivierend, ohne Druck durchgeführt werden und Erfolgszuversicht vermitteln. Mit Ausnahme der Konzertphasen wird hier eigentlich nur das gefordert, was jeden guten Unterricht ausmacht. Ausdrücklicher als vielleicht im herkömmlichen Unterricht wird neben dem kognitiven Aspekt der emotionale, nicht-rationale Aspekt des Lernens berücksichtigt (s. ganzheitliches Lernen).

Beim Selbstlernen mit Lernkassetten werden Anleitungen zur Entspannung, positive Lernsuggestionen und Musik vom Tonträger gegeben.

Theoretische Grundlagen

Es liegt keine einheitliche Theorie der Suggestopädie vor. Vielmehr unterstreichen Suggestopädie/Superlearning Aspekte des Lehrens/Lernens, die in herkömmlichen Lehr-/Lerntheorien weniger Beachtung finden. Dies sind vor allem *Ganzheitlichkeit* des Lernens und *Suggestion* (bzw. Autosuggestion).

Ganzheitlichkeit des Lernens

Ganzheitlichkeit ist zu einem Schlagwort geworden, das insbesondere mit dem sogenannten »neuen Denken« sowohl aus der Physik (Capra 1988) als auch der Hirnforschung in Zusammenhang gebracht wird (zusammenfassend s. Springer u. Deutsch 1989). Es wird argumentiert, daß die Betrachtung isolierter Gegenstände zu kurz greife, da alles mit allem vernetzt sei. Über diese Vernetzung führt jede Veränderung an einer Stelle zu weiteren Auswirkungen in anderen Bereichen, ohne daß dieser Prozeß in Form einfacher linearer Ursache-Wirkungs-Beziehungen erklärt werden könne.

Dörner (1989) zeigt, daß viele Versuchspersonen komplexe Systeme (wie z. B. die Verwaltung einer kleinen Gemeinde im Simulationsspiel) nur sehr unzureichend steuern können. Die von Menschen hervorgerufenen ökologischen Probleme und die Schwierigkeiten bei deren Bewältigung werden mit der Überbetonung des rationalen, linear-kausalen Denkmodus erklärt, und es wird ein »neues Denken« gefordert, das weniger rational-analysierend, sondern mehr intuitiv-synthetisierend sein soll.

Hier stützten sich dann einige Vertreter des Superlearning (Ostrander u. Schroeder 1982, Schuster et al. 1985) auf die Hirnforschung, die eine Spezialisierung der beiden Hirnhälften in eine abstrakt-analytische arbeitende und eine eher konkret-synthetisierende Hemisphäre nachweist (zusammenfassend: Springer u. Deutsch 1989).

Die Hemisphärenspezialisierung (vgl. Abb. 26) ist zwar bei gesunden Menschen zu beobachten (Kimura 1964), wirkt sich bei diesen jedoch nicht deutlich aus, da beide Hirnhälften über einen Nervenstrang, das Corpus Callosum, miteinander verbunden sind und in einem intensiven »Informationsaustausch« stehen. Erst bei Durchtrennung des Corpus callosum, z. B. bei schweren epileptischen Erkrankungen, zeigt sich deutlich, daß die Hirnhälften unterschiedlich funktionieren und daß buchstäblich die »Rechte nicht weiß, was die Linke tut« und umgekehrt. So reagiert z. B. eine Patientin amüsiert-verlegen auf die Projektion des Bildes einer nackten Frau in die rechte Hirnhälfte, kann aber nicht sagen, warum. Dazu hätte die Information der linken, verbalen, mit dem Bewußtsein verbundenen Hemisphäre zugänglich sein müssen, was hier durch die Operation nicht mehr möglich war (Eccles 1979).

Ausgehend von der (spekulativen) Annahme, in unserer westlichen Kultur sei die linke Seite dominant und

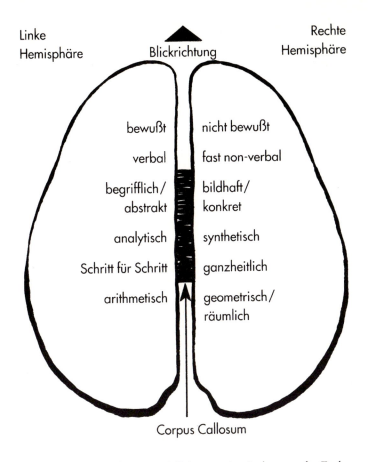

Abb. 26. Hemisphärenspezialisierung (verändert nach Eccles 1982).

die rechte nicht genügend genutzt (Ornstein 1974), wird im suggestopädischen Unterricht durch Betonung künstlerischer, ästhetischer Elemente wie Zeichnen, Theaterspielen und Musikeinsatz die »vernachlässigte« Hirnhälfte stärker angesprochen. Ganzheitlichkeit wird hier also verstanden als *horizontale Integration* und gleichberechtigte Nutzung der funktionell verschiedenen Hemisphären.

In der Regel werden beim Lernen ohnehin beide Hirnhälften beteiligt sein:

- Bei der Besprechung eines Gedichtes wird z. B. das Sprachverständnis der linken Seite ebenso benötigt wie das bildhafte Vorstellungsvermögen der rechten Seite.
- In einem Geometriekurs wird die räumliche Wahrnehmung (rechts) ebenso gefordert wie die Sprache (links).

Insofern kann die zusätzliche Stimulierung der rechten Hemisphäre zwar einen Lerngewinn zur Folge haben, aber es sind nicht die dramatischen Erfolge zu erwarten, die Lozanov und einige seiner Nachfolger versprechen.

Neben der *horizontalen Integration* des Gehirns wird vom Ganzheitsaspekt her auch eine *vertikale Integration* gefordert (Abb. 27).

Extrem vereinfacht läßt sich der Aufbau des Gehirns vertikal beschreiben:

Zerebraler Kortex (linke u. rechte Hemisphäre)
das Vorderhirn   (mit dem limbischen System)
der Hirnstamm
das Cerebellum.

Der *zerebrale Kortex* steuert die kognitiven Leistungen wie Wahrnehmung, Sprache und die bewußte Handlungskontrolle. Im *Vorderhirn*, besonders im limbischen System, sind grundlegende emotionale und motivationale Funktionen sowie Funktionen zum Aufbau von Gedächtnisspuren für Erfahrungen lokalisiert. Das *Cerebellum* koordiniert die Motorik, und vom *Hirnstamm* aus werden die lebenswichtigen Funktionen

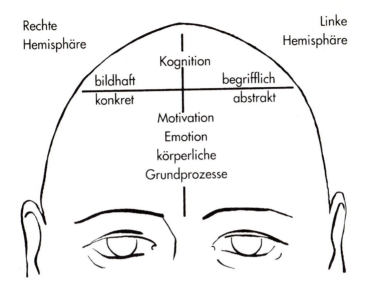

Abb. 27. Ganzheitliches Lernen durch horizontale und vertikale Integration des Gehirns. Horizontal: bildhafte (rechte Hirnhälfte) und abstrakt-begriffliche (linke Hirnhälfte) Informationsverarbeitung. Vertikal: Kognition, Motivation. Emotion und Steuerung lebenswichtiger körperlicher Grundprozesse.

wie Herzschlag, Atmung, Essen, Ausscheidung, Kontrolle der Körpertemperatur, Schlaf und Erregung kontrolliert.

Im ganzheitlichen, suggestopädischen Unterricht sollen neben dem kognitiven Bereich (Kortex) emotionale und motivationale Bereiche (limbisches System) sowie die Motorik und unwillkürliche Körperprozesse (Hirnstamm und Cerebellum) in den Lernprozeß einbezogen werden. Die von Lozanov vorgeschlagene langsame Barockmusik während der Darbietung des Lernstoffes entspricht im Rhythmus etwa der Herzfrequenz im Entspannungszustand. So soll die Musik einerseits Entspannung bewirken, andererseits aber auch die rechte Hirnhemisphäre aktivieren und damit eine Art »entspannter Wachheit« erzeugen, wie sie ähnlich bei Meditationstechniken oder im Yoga erlebt wird.

Ganzheitliches Lernen soll damit sowohl die *horizontale* als auch die *vertikale Integration* der verschiedenen Funktionsbereiche des Gehirns berücksichtigen.

Ob allerdings mit Musik wirklich besser gelernt wird, bleibt umstritten. Gut kontrollierte experimentelle Untersuchungen, in denen der Effekt der Musik isoliert wird, liegen kaum vor. Schiffler (1989) findet einen lernfördernden Effekt der Konzertphasen, der jedoch gering ausfällt. Möglicherweise würden andere Formen der Entspannung mit Darbietung des Lernstoffes vergleichbare Effekte erzielen. Nicht zu unterschätzen ist, daß viele Lerner die Musik als angenehm, lernfördernd und motivierend beschreiben.

Suggestion

Auf die Bedeutung von Suggestionen kam Lozanov einerseits durch seine Bemühungen und auch Erfolge, Psychiatriepatienten durch Hypnose zu behandeln, andererseits durch eine interessante Beobachtung, die er bei seinen Untersuchungen zum Lernen im Schlaf machte: Mittels einer komplizierten Apparatur wurde Versuchspersonen in Halbschlafphasen (kurz vor dem Einschlafen und vor dem Aufwachen) Lernstoff vorgespielt. Tatsächlich lernten einige Versuchspersonen mit diesem Apparat, andere jedoch nicht. Als Lozanov bei einer Versuchsgruppe während des Schlafes den Apparat abstellte, zeigte sich überraschenderweise der gleiche Lerneffekt wie bei der Gruppe, die den Lernstoff dargeboten bekommen hatte (Ostrander u. Schroeder 1982). Das heißt, die *Erwartung* des Effektes stellt diesen tatsächlich her.

Dieses Phänomen ist, als Sich-selbst-erfüllende-Prophezeiung, durch die psychologische Forschung vielfach belegt. So zeigten Rosenthal u. Jacobson (1971) in ihrer berühmt gewordenen Studie, daß allein die bei Lehrern geweckte Erwartung, bestimmte Schüler würden sich verbessern, tatsächlich zu besseren Noten führte.

Lozanov geht davon aus, daß Lernleistungen durch sogenannte *Lernbarrieren* massiv eingeschränkt werden. Aufgrund individueller Erfahrung oder auch kultureller Vorannahmen glauben die Menschen an die Begrenztheit ihres Gedächtnisses und erzeugen diese damit. Aufgabe des Lehrers ist dann, diese Barrieren abzubauen und durch positive Erwartungen zu ersetzen. In diesem Sinne soll auch die Musik helfen, die Überzeugung abzubauen, Lernen sei nur mit Anstrengung möglich, und das Vertrauen in natürliche unbewußte Lernprozesse, so wie das kleine Kind lernt, wieder herzustellen.

Tatsächlich erweisen sich suggestive Beeinflussungen, sei es im Wachzustand oder im hypnotischen Trancezustand, im Rahmen psychotherapeutischer Behandlungen häufig als außerordentlich wirksam bei der Überwindung einschränkender und behindernder Lebenseinstellungen und der (Wieder-)Nutzung vorhandener Kräfte und Fähigkeiten (Erickson u. Rossi 1981). Entscheidend dabei ist, daß der Therapeut oder im pädagogischen Kontext der Lehrer, *die Überzeugung vermittelt,* daß der Klient oder Schüler über die Ressourcen zur Bewältigung der entsprechenden Lebens- bzw. Lernaufgaben verfügt. Er kann dann diese Überzeugung direkt oder indirekt vermitteln. Direkte verbale und an die bewußte Wahrnehmung (linke Hemisphäre) gerichtete Beeinflussungen sind oft weniger wirksam, als solche Botschaften, die mehr indirekt, z. B. durch Mimik, Gestik, Haltung, Intonation und Rhythmisierung der Sprache, Bilder, Metaphern, Geschichten oder Analogien (s. Kap. 7), vermittelt werden.

Diese Wege der Beeinflussung haben eine lange Tradition, z. B. in den Märchen unserer Kultur oder auch den Lehrgeschichten orientalischer Weiser, z. B. der Sufis (Shah, 1983).

Nach Watzlawick et al. (1968 u. 1974) werden solche analogen (nicht-sprachlichen) Botschaften auf einer archaischen Ebene unmittelbar verstanden und wirken deshalb oft eher als digitale (sprachlich) vermittelte Informationen. Vielleicht auch deshalb, weil dazu keine bewußte Gegenargumentation aufgebaut werden kann.

Dieser Aspekt kommt in dem Begriff Suggestion zum Ausdruck: lat. *suggerere* meint, jemandem etwas unterzuschieben. So kann z. B. der Lehrer oder Therapeut einen Schüler mit Selbstzweifeln an seiner Leistungsfähigkeit bitten, sich an Situationen zu erinnern, in denen er ganz mühelos – im Vertrauen auf sein Unbewußtes – eine besondere Leistung vollbracht hat; z. B. wenn er aus aussichtsloser Position beim Tennis einen glänzenden Schlag ausgeführt hat, der den Punkt gebracht hat. Das Gefühl der Kompetenz aus dieser Situation kann dann auf andere Leistungssituationen *übertragen* werden (eine Instruktion für die Durchführung einer solchen »Kompetenzübertragung« finden Sie am Ende dieses Kapitels).

Noch indirekter: der Therapeut erzählt von einer anderen Person mit ähnlichen Problemen und läßt den Klienten bildhaft mitvollziehen, wie dieser andere sein Problem gelöst hat. Die Wirkungen solcher Suggestionen basieren auf der Erzeugung bestimmter Erwartungen, die sich dann als Sich-selbst-erfüllende-Prophezeiung einstellen, und/oder bildhaften Vorstellungen. Daß Bilder und bildhafte Vorstellungen sogar massiv sonst unwillkürlich ablaufende physiologische Prozesse steuern können, weiß jeder Jugendliche oder Erwachsene, der erotische Bilder betrachtet oder sich erotische Szenen vorgestellt hat. Die Mächtigkeit der emotionalen Wirkung bildhafter Vorstellungen kann der Leser sich leicht selbst verdeutlichen. Er braucht dazu nur die Augen zu schließen und sich möglichst bildhaft konkret an eine früher erlebte peinliche Situation zu erinnern. Wenn er sich danach an eine Szene erinnert, die für ihn schön und erfreulich war, wird er den emotionalen Kontrast deutlich erfahren.

Im suggestopädischen Unterricht ist der Lehrer also aufgefordert, bei den Lernern durch »Beweise« für die Wirksamkeit seiner Methode, anhand anschaulicher Schilderungen von Erfolgen und durch Einsetzen seiner fachlichen und menschlichen Autorität, die Erwartung außergewöhnlich guter Leistungen hervorzurufen. Im Idealfall fühlen sich die Lerner dann wie Kinder, die dem Lehrer glauben und sich daran erinnern, wie mühelos sie komplizierte Fertigkeiten, wie z. B. die Sprache, erlernt haben. In suggestopädischen Lerngruppen wird kindliches Verhalten gefördert und die Erwachsenen führen in den Aktivierungsphasen ohne Angst mit kindlicher Freude Rollenspiele durch, singen Lernstoff auf die Melodien von Kinderliedern oder sprechen im Chor dem Lehrer nach. So berichten Teilnehmer eines Superlearningkurses Latein, daß Sie das Partizip Präsens Aktiv verschiedener Verben auf die Melodie »Mein Hut der hat drei Ecken« singen lernten. In der universitären Prüfung sangen sie dann intern das Kinderlied und erinnerten auf diese Weise die richtigen Formen.

Prinzipiell wird jeder gute Lehrer versuchen, ein solches optimistisches Lernklima hervorzurufen. Insofern ist auch hier der suggestopädische Unterricht nicht neu, er ruft eher diesen wichtigen Aspekt des Lernens noch einmal ins Gedächtnis und liefert Vorschläge dazu.

Dies führt zu guten Lernergebnissen, vermutlich besonders bei Lernern, die in ihrer Lebensgeschichte starke »Lernbarrieren« aufgebaut haben und einen Teil ihrer Informationsverarbeitungskapazität mit negativen Erwartungen und Befürchtungen blockieren. Sorgfältige Untersuchungen (Schiffler 1989) können aber auch hier die von Lozanov und anderen behaupteten »Super«-Leistungen nicht bestätigen.

Gelegentlich werden ungewöhnliche Gedächtnisleistungen in der Hypnose berichtet. So wurden in Kanada Tatzeugen von Polizeipsychologen in Trance versetzt, um präzisere Erinnerungen zu reproduzieren. Tatsächlich erinnerten diese Zeugen mehr, aber auch mehr falsches Material (zusammenfassend Kihlstrom 1984).

Auch Freud, der zunächst die Kindheit seiner Patienten mit der Hypnose aufdecken wollte, erkannte bald, daß ein *beharrliches Befragen* zu gleichen oder gar besseren Erinnerungen führte.

Wenn Suggestionen in der Hypnose zu besseren Erinnerungsleistungen führen, handelt es sich in der Regel um biographisch bedeutsames Material. Dieser mögliche Effekt kann jedoch kaum zum Erwerb von z. B. Schul- oder Fachwissen beitragen.

Ein guter Lehrer, der anschaulich und begeisternd vorträgt, kann durchaus, wie ein Hypnotiseur oder ein Geschichtenerzähler, Tranceeffekte bei seinen Zuhörern erzeugen und deren Aufmerksamkeit auf die Informationen einengen. Damit werden störende Außenreize oder ablenkende Gedanken ferngehalten, und die gesamte Informationsverarbeitungskapazität richtet sich auf den Stoff. Dabei können viele »hypnotische« Phänomene wie z. B. veränderte Atemfrequenz, Pulsrate, Hauttemperatur, verändertes Zeiterleben, zeitweise raum-zeitliche Desorientierung und starke emotionale Beteiligung auftreten, die später den Abruf erleichtern können. Solche

»hypnotischen« Phänomene kennt jeder, der schon einmal einen spannenden Film gesehen hat: Herz und Atmung werden beschleunigt, man vergißt, wo man ist, die Zeit vergeht schnell. Außenreize und eigene Gedanken werden ignoriert oder gar nicht wahrgenommen, die ganze Aufmerksamkeit liegt auf dem filmischen Geschehen, und die Informationen werden gut behalten.

Konsequenzen für die Selbststeuerung von Lernprozessen

Suggestopädischer Unterricht kann, besonders in der Form des Intensivunterrichts, sehr effektiv sein. Diese Effektivität läßt sich mit den bekannten psychologischen und pädagogischen Lern- und Lehrgesetzmäßigkeiten erklären, ohne daß auf die z. T. spekulativen Theorien und Erklärungen von Lozanov und anderen zurückgegriffen werden muß. Andererseits erreichen suggestopädischer Unterricht und Superlernen nicht mehr als anderer, gut geführter Unterricht. Die extremen Angaben vieler Vertreter des Superlearning lassen sich empirisch nicht bestätigen.

Weniger empfehlenswert erscheinen Superlearning-Kassetten, weil hier gruppendynamische Effekte und die Persönlichkeit des Lehrers nicht bzw. nur sehr eingeschränkt wirksam werden können.

Durch welche Prinzipien können die z. T. guten Lernergebnisse von suggestopädischem Lehren/Lernen erklärt werden und wie können diese für selbständiges Lernen genutzt werden? Hier können die Erkenntnisse, die wir bereits aus dem Dreispeichermodell des Gedächtnisses, der Theorie der Verarbeitungstiefe und der Darstellung verschiedener Mnemotechniken und Lernstrategien gewonnen haben, wieder als Erklärung dienen.

- Der Lernstoff muß gut organisiert werden, damit er richtig und sinnvoll eingespeichert und später gut wiedergefunden werden kann (s. Kap. 5).
- Viel Wert wird auf die »multiple Kodierung« des Materials gelegt: der Stoff wird verbal und bildhaft kodiert (s. Kap. 3), z. T. auch motorisch verankert, indem z. B. bei Bewegungsverben das Wort gesprochen und die entsprechende Bewegung ausgeführt wird.
- Grammatische Regeln werden z. T. in Reime gefaßt, rhythmisch gesprochen, gesungen oder auch getanzt.
- Informationen, die mehrfach verankert sind (visuell, auditiv, motorisch), sind auch über verschiedene Wege wieder abrufbar und damit besser gegen Vergessen gesichert.
- Die Informationen werden in subjektiv bedeutsame Zusammenhänge gebracht und damit »tiefer« verarbeitet (s. Kap. 6 Tiefe der Verarbeitung) bzw. im Netz des Vorwissens mit möglichst vielen Bereichen verknüpft.
- Wann immer möglich, wird an bereits vorhandenes Wissen angeknüpft, auch in Form von Analogienbildung (s. Kap. 7).
- Durch Methodenwechsel werden Aufmerksamkeit und Konzentration über längere Zeit aufrechterhalten, dazu dient auch die Abwechslung zwischen Entspannungsphasen mit Musik und Aktivierungsphasen im Spiel.
- Der Wechsel von Anspannung (z. B. körperliche Bewegung, Yoga) und Entspannung (Musikhören, autogenes Training, Relaxationstraining nach Jacobson) unterstützt indirekt den Lernprozeß.
- Auch die Darbietung von Lernstoff während des Musikhörens, z. B. von einer (selbstbesprochenen) Kassette, kann nützlich sein. Cherry (1953) weist

nach, daß sprachliche Informationen in den Langzeitspeicher gelangten, obwohl die Aufmerksamkeit abgelenkt war und die Botschaft nicht bewußt verarbeitet wurde. In Einzelfällen sowie in einer experimentellen Studie wird berichtet, daß sogar tiefnarkotisierte Patienten Gespräche der Ärzte unbewußt gespeichert hatten (Levinson 1967).

- Ähnliches gilt auch für visuelle Information (Eagle et al. 1966). Deshalb ist es denkbar, daß Lernstoff, der auf Plakaten in der Lernumgebung aufgehängt ist, »nebenbei« ohne bewußte Anstrengung eingespeichert wird. Schiffler (1989) konnte dagegen keinen Einfluß der suggestopädisch gestalteten Lernumgebung auf die Lernleistungen feststellen.
- In der Entspannung kann der Lernende sich selbst positive Suggestionen geben (z. B. »Ich schaffe es«) und über bildhafte Vorstellungen günstige Lerneinstellungen und Erfolgserwartungen aufbauen. Dieser Prozeß kann durch angenehme Musik eingeleitet und begleitet werden.

Anleitung zur Nutzung positiver Ressourcen für Lern- und Prüfungssituationen

Wählen Sie Zeit und Ort für die folgende Übung so, daß Sie nicht gestört werden können. Machen Sie es sich so bequem wie möglich und entspannen Sie sich so gut Sie können. Sie können dazu eine Entspannungstechnik verwenden (autogenes Training, Jacobson–Training etc.) oder ihre eigenen Erfahrungen und Erinnerungen an eine Situation nutzen, in der sie sich gut entspannt gefühlt haben, indem Sie sich einfach daran zurückerinnern. Sie können die Augen geöffnet halten oder sie früher oder später schließen.

▪ Erinnern Sie sich dann an eine Situation, in der Sie sich wirklich kompetent und gut gefühlt haben. Das kann irgendein Erfolg sein, das kann eine Situation aus dem Sport, aus Ihrem Hobbybereich, aus einer sozialen Begegnung sein. Vielleicht spielen Sie Fußball oder Tennis und Sie erinnern sich an einen Schuß oder einen Ballwechsel, der Ihnen besonders gut gelungen ist (Abb. 28).

▪ Stellen Sie sich diese Situation bildlich vor: z. B. den Raum, in dem Sie sich befanden, Ihren Spielpartner, die Farbe des Balles usw. Wenn Sie das Bild möglichst detailliert vor Ihrem inneren Auge sehen, drücken Sie mit der rechten Hand leicht auf den Rücken Ihrer linken Hand. Führen Sie dann die rechte Hand wieder zurück.

▪ Achten Sie auf die Geräusche in dieser Szene, z. B. die Stimmen im Raum, das Aufschlaggeräusch des Balles usw. Drücken Sie dann wieder mit der rech-

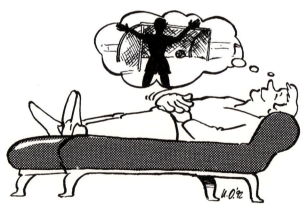

Abb. 28. Nutzen positiver Ressourcen in Belastungssituationen.

ten Hand leicht auf den Rücken der linken Hand. Führen Sie jetzt die Hand wieder zurück.
- Erinnern Sie sich an die Gefühle in diesem Moment. Achten Sie auf Veränderungen des Atems, der körperlichen Leichtigkeit usw. Drücken Sie wieder, wie vorher, mit der rechten Hand auf den Rücken Ihrer linken Hand.
- Stellen Sie sich die ganze Szene noch einmal mit Bildern, Geräuschen und Gefühlen vor und drücken Sie wieder mit der rechten Hand auf den linken Handrücken.
- Wiederholen Sie den Vorgang noch einmal. Überprüfen Sie, wie durch Drücken der Stelle auf Ihrem linken Handrücken die Szene komplett auftaucht.

Sie haben jetzt die Möglichkeit, immer wenn Sie es brauchen, sich durch Drücken der Stelle auf dem linken Handrücken in eine günstige innere Verfassung zu versetzen, in der das Kompetenzgefühl aus der vorgestellten Situation sich automatisch positiv in der schwierigen Situation auswirkt (z. B. beim Lernen oder vor allem in Belastungssituationen wie Vorträgen oder Prüfungen). Die Bewegung der rechten Hand zum linken Handrücken kann leicht ausgeführt werden, ohne daß z. B. die Prüfer dies bewußt bemerken.

9 Lernen, Angst und Kränkung

 S. 220, 222, 223, 224, 225, 226, 227, 232, 233, 235, 236, 242

Lernen kann mit Gefühlen von Glück und Zufriedenheit verbunden sein. Ja, es kann sich so etwas wie ein Gipfelerlebnis (flow) einstellen, das das Lernen sogar zu einer intensiven Glückserfahrung werden läßt (Csikszentmihalyi, 1985). Dies darf nicht vergessen werden, wenn Angst und Kränkungen im Zusammenhang mit dem Lernen behandelt werden. Nur im Fall von Angst und Frustration ergibt sich ein Handlungsbedarf, und daher stehen diese Gefühle im folgenden im Vordergrund.

Hier ist nicht nur das Individuum therapiebedürftig, sondern auch die Normen und Werte der Gesellschaft sind zu reflektieren. Nach kulturvergleichenden Untersuchungen von Zimbardo (1991) ist die Schüchternheit unter Japanern, Taiwanesen und Deutschen besonders ausgeprägt. Der Autor (Zimbardo 1991, S. 289) erklärt dies damit, daß in Kulturen, in denen Schüchternheit (und damit auch die Angst vor Versagen) verbreitet ist,

> »... man die Kinder spüren läßt, daß ihr Wert und die Liebe, die sie sich von den Erwachsenen wünschen, von ihrer eigenen Leistung abhängt. Sie müssen beweisen, daß sie diese Liebe verdient haben, denn sie leben in einer Welt, in der man so maßvoll ist, den Erfolg für selbstverständlich zu halten und mit Belohnungen höchst sparsam umzugehen, den

Mißerfolg dagegen als Schande anzuprangern und an die große Glocke zu hängen.«

Ängstlichkeit und ihre Auswirkungen auf Lern- und Prüfungssituationen

Ungünstige Lebenserfahrungen in Leistungssituationen, z.B. durch Überforderung oder auch durch Unterforderung (die Eltern trauen mir nicht zu, daß ich das kann), durch die Erfahrung, daß Anerkennung und Liebe der Eltern verloren gehen, wenn die erwarteten Leistungen ausbleiben sowie Beschämungen und Kränkungen bei Mißerfolgen in und außerhalb der Schule, können zu Ängstlichkeit führen.

Ängstliche Menschen interpretieren Leistungssituationen schneller als bedrohlich für ihr Selbstwertgefühl, entwickeln in solchen Situationen eher und intensiver Angst und sind für zukünftige Aufgaben weniger motiviert. Sie glauben nicht, daß sie über ausreichende Kenntnisse und Fähigkeiten verfügen oder daß sie durch zusätzliche Anstrengung mehr Erfolg haben können. Deshalb beginnen sie, Leistungsanforderungen aus dem Wege zu gehen und sich dadurch vor der Bedrohung ihres Selbstwertgefühls durch Mißerfolge zu schützen.

Unsicherheit über den eigenen Kenntnisstand

Ein typisches Beispiel dafür ist der Student, der sein Studium weitgehend abgeschlossen hat und es nicht wagt, sich für die Abschlußprüfung anzumelden.

Häufig entsteht dieses Problem auch dadurch, daß es in den Studiengängen an den Universitäten wenig

Rückmeldung zu dem eigenen Leistungsstand gibt. Bis zu der ersten Zwischenprüfung, frühestens nach dem 3. oder 4. Semester, in einigen Studiengängen sogar bis zum Abschlußexamen, gibt es überhaupt keine mündliche Prüfung und nur wenige schriftliche Prüfungen. Studierende, die sich unsicher hinsichtlich ihrer eigenen Tüchtigkeit fühlen, werden weiter dadurch verunsichert, daß sie kaum Möglichkeiten haben, ihren eigenen Leistungsstand realistisch einzuschätzen. Fehlende Informationen über die Prüfungsanforderungen und über den eigenen Leistungsstand begünstigen die Entwicklung von Angst. Besonders die ängstlicheren Studierenden neigen dazu, die Auswirkungen der ungünstigen Studierbedingungen als persönliche Defizite zu interpretieren und verlieren den Mut, sich zur Prüfung zu melden.

Hier kann das Einholen von Informationen über die Prüfungsanforderungen, Eigenheiten und Spezialgebiete der Prüfer sowie die regelmäßige Überprüfung des Wissens in der Zusammenarbeit mit anderen Prüflingen die Unsicherheit reduzieren helfen. Viele Prüfer bieten spezielle Kurse und Gespräche zur Vorbereitung auf das Examen an. Gerade ängstliche Studierende sollten diese Chance für sich nutzen.

Stellen sich die Ängstlichen den Leistungsanforderungen ohne spezielle Vorbereitung weil sie ihnen nicht ausweichen können, dann erleben sie in der Prüfung oft massive Angst, die dann wiederum zur Ursache für ein tatsächliches Versagen werden kann.

■ Denkmuster und Lernangst

Erfolgszuversichtliche und mißerfolgsängstliche Lerner unterscheiden sich darin, wie sie sich ihre eigenen Erfolge und Mißerfolge selbst erklären.

Wenn der zuversichtliche Lerner einen Erfolg hat, dann erklärt er sich diesen damit, daß er innerlich zu sich sagt: »Ich bin tüchtig und intelligent. Außerdem habe ich mich angestrengt. Deshalb hatte ich Erfolg.« Bei Mißerfolg sagt er sich: »Die Aufgabe war zu schwer und ich habe mich auch nicht genug angestrengt. Es war vielleicht auch ein bißchen Pech, daß ich gerade die Fragen bekommen hatte, auf die ich nicht so gut vorbereitet war.« Mit diesen Erklärungen stabilisiert er sein positives Selbstwertgefühl, schützt es vor der Bedrohung durch den Mißerfolg und kann sich optimistisch neuen Herausforderungen stellen.

Der mißerfolgsängstliche Lerner erklärt sich einen Mißerfolg (z. B. eine schlechte Note in der Mathematikarbeit) mit seiner Unfähigkeit. »Ich bin zu dumm, ich bin mathematisch unbegabt.« Schreibt er jedoch eine gute Arbeit, dann sagt er sich: »Die Aufgaben waren sehr leicht, ich hatte einfach Glück.« Auf diese Weise bestätigt er sich immer wieder in seiner ungünstigen Sicht von sich selbst.

Solche negativen Denkmuster führen dazu, daß Mißerfolgsängstliche viel Energie darauf verwenden, ihr bedrohtes Selbstwertgefühl zu schützen und dafür Strategien einsetzen, die zu weiteren Versagenserfahrungen mit den damit verbundenen negativen Gefühlen der Angst und Verzweiflung führen.

1. Mißerfolgsängstliche führen häufig entmutigende, abwertende und resignative »Selbstgespräche« (»Ich werde das nie schaffen, der Prüfer wird genau das fragen, was ich nicht gut kann, usw.«).
2. Mißerfolgsängstliche entwickeln häufig innere Bilder, in denen sie sich als Versager sehen, oder lassen Filme vor ihrem inneren Auge ablaufen, in de-

nen sie »sehen« wie die befürchtete Katastrophe »wirklich« eintritt.

3. Mißerfolgsängstliche setzen sich unrealistisch hohe oder viel zu niedrige Ziele: <u>Bei zu hoch angesetzten Zielen können sie sich einen Mißerfolg mit der Schwierigkeit der Aufgabe erklären.</u> Sehr niedrige Ziele können ohne Versagensrisiko bewältigt werden.

4. Mißerfolgsängstliche leiden unter Gefühlen der Unlust, Angst und Verzweiflung. Sie trödeln, verfallen in kindliche Verleugnung des Mißerfolgs zurück oder machen andere dafür verantwortlich (z. B. »die Gesellschaft«).

5. <u>Mißerfolgsängstliche verwenden seltener geeignete Lösungs- bzw. Lernstrategien, schweifen von der Aufgabenstellung ab und richten ihre Aufmerksamkeit auf aufgabenirrelevante Informationen.</u>

6. Mißerfolgsängstliche vermeiden die Überprüfung ihres Wissens durch Selbsttests oder durch Freunde, Bekannte, Kommilitonen, Kollegen usw. Sie »gehen aus dem Feld«, d. h. sie stellen sich den Anforderungen gar nicht mehr, melden sich nicht zu Prüfungen an, ziehen sich zurück und entwickeln u. U. sogar Krankheiten.

7. In Prüfungen sind Mißerfolgsängstliche dann aufgeregter, leichter blockiert, oft auch schlechter vorbereitet und erzielen schlechtere Noten als sie auf Grund ihrer Fähigkeiten und Möglichkeiten erreichen könnten.

Diese negativen Erfahrungen verstärken die negativen Erwartungen und leiten die nächste Runde in diesem Teufelskreis ein. Mißerfolgsängstliche glauben dann häufig nicht mehr daran, daß sie ihre Situation verändern und ihr Schicksal meistern können. Sie sind entmutigt

Abb. 29. Der Teufelskreis des Mißerfolgsängstlichen

und übertragen die unangenehmen Gefühle und die Angst dann auf die Lernsituationen. Das Lernen selbst, ja sogar manchmal der Schreibtisch oder die Lernumgebung werden zu automatischen Auslösern von Unlust und Angstgefühlen, die den Lernprozeß behindern oder zu neuen Ausweichmanövern führen.

Die verschiedenen ungünstigen Verhaltensweisen, Selbstgespräche, inneren Bilder und Gefühle bedingen sich gegenseitig und können sich zu dem in der Graphik noch einmal veranschaulichten Teufelskreis entwickeln (Abb. 29).

Selbstdiagnose und Selbsthilfe

Wenn mehrere dieser Merkmale (1–7) auf Sie zutreffen, könnten sie zu den mißerfolgsmotivierten, leistungsängstlichen Menschen gehören. Sie können einen weiteren Hinweis auf ihre Einstellung zu Leistungssituationen bekommen, wenn Sie folgenden Versuch machen:

➡ Schauen Sie sich Abbildung 30 sorgfältig an. Schreiben Sie dann eine kurze, möglichst realistische und spannende Geschichte zu diesem Bild. Halten Sie, möglichst in wörtlicher Rede, fest, was die Person denkt. Wie geht die Geschichte aus? Auf der Seite 237 f. finden Sie Kriterien, nach denen Sie diesen kleinen Selbstversuch auswerten können. Es handelt sich dabei allerdings nicht um einen sicheren Test, sondern das Resultat soll Ihnen lediglich einen kleinen Hinweis geben, dem sie weiter nachgehen können.

Abb. 30. Die Messung des Leistungsmotivs (aus: Zimbardo 1992).

Der berühmte Psychologe Ellis (1982, S. 84f) fand bei vielen seiner Patienten »die Vorstellung, daß die eigene Vergangenheit entscheidenden Einfluß auf unser gegenwärtiges Verhalten hat und daß etwas, das sich früher einmal auf unser Leben auswirkte, dies auch weiterhin tun müsse.« Er hält diese Überzeugung für einen fatalen Denkfehler, der korrigiert werden muß. Wir stimmen zu, daß frühere Erfahrungen unser Leben beeinflussen, allerdings sind Menschen sehr flexibel und können umlernen. Das bedeutet: Der in dem Teufelskreis beschriebene negative Prozeß läßt sich umkehren! Nach dem gleichen Prinzip wie negative Erfahrungen zu einer sich aufschaukelnden negativen Entwicklung führen können, können einzelne positive Veränderungen und Erfahrungen mit der Zeit zu Freude am Lernen und Erfolg in Prüfungen führen.

Wir möchten Sie ermutigen (vielleicht auch »verführen«), einige Schritte zur Veränderung einzuleiten. Dazu haben wir zu den einzelnen Punkten 1–7 aus dem Teufelskreis im folgenden einige bewährte und erprobte Vorschläge zu machen. Doch zuvor: ==Motivieren Sie sich selbst!==

Verzagten Prüflingen, die viele Mißerfolge hatten und nicht mehr glaubten, all die notwendigen Veränderungen bewältigen zu können, erzählen wir oft (mit Erfolg) folgende Begebenheit:

> Vor einigen Jahren ging ein sensationeller Bericht durch die Presse: In Kanada war ein neunjähriges Mädchen mit einem sehr alten Boot hinaus auf einen großen See gerudert. Dabei hatte es die Strömungs- und Windverhältnisse unterschätzt und war weit vom Ufer hinweggetrieben worden. Ganz weit draußen, außer Seh- und Hörweite vom Land, hatte sich das Boot voll Wasser gesogen und war gesunken. Das Mädchen hatte es, zur Verblüffung und zum Erstaunen aller Fachleute und Rettungskräfte, geschafft, bis zum Ufer zurückzuschwimmen. Dort wurde es, zwar entkräftet, aber gesund, gefunden. Niemand konnte sich erklären, wie es das Mäd-

chen geschafft hatte, aus eigener Kraft diese riesige Strecke zurückzuschwimmen. Psychologen befragten das Mädchen, wie es diese Leistung vollbringen konnte und erhielten eine verblüffende Antwort. Das Mädchen sagte: »Ich wußte die Richtung, und dann bin ich einfach losgeschwommen. Immer wenn ich müde wurde, habe ich gedacht: Jetzt noch einen Schwimmzug und dann wieder einen. Ich habe immer nur an den nächsten Schwimmzug gedacht und dann wieder an den nächsten Zug. Und auf einmal war ich an Land.« Die Fachleute waren sich einig darin, daß das Mädchen ertrunken wäre, wenn es sich mit den Gedanken an die weite Strecke, die es zurücklegen mußte, beschäftigt hätte. Aber es hatte ja immer nur gedacht: »Ich mache jetzt noch einen Zug, und dann mache ich wieder einen Zug« und so weiter und so weiter.

Jetzt können Sie mit den einzelnen Veränderungsschritten beginnen, indem Sie die folgenden Anregungen (zu den Punkten 1–7 aus dem Teufelskreis) umsetzen. Denken Sie daran, nach jeder erfolgreichen Woche mit einer vorher geplanten Belohnung (Verabredung mit dem Freund, Kinobesuch, Kauf einer Lieblings-CD usw.) die Motivation so lange zu unterstützen, bis das Lernen selbst Ihnen soviel Bestätigung gibt und Freude macht, daß Sie auf diese zusätzlichen Anreize verzichten können.

1. Veränderung der Selbstgespräche

Bei Kindern kann man oft beobachten, daß sie ihr Verhalten durch Selbstgespräche steuern. So spricht z. B. die vierjährige Ulrike, die damit beschäftigt ist, verschieden geformte Klötze in die richtigen Löcher einer Steckbox einzupassen, zu sich selbst: »Das paßt nicht« – Pause – »Das muß ich drehen« – Pause – »Das geht nicht« – Pause – »Das muß kleiner sein« – »Das paßt!«

Ähnliche Beobachtungen machte der Wissenschaftler Meichenbaum (1979) bei schizophrenen Patienten. Diesen gelang es, ihre störenden Gedanken bei der Ausführung von Aufgaben besser zu kontrollieren, indem sie die Anweisungen für die Aufgaben spontan vor sich hersprachen.

Impulsive Kinder, die viele Fehler bei ihren Schulaufgaben machten, lernten erfolgreich sorgfältiger zu arbeiten, indem sie schrittweise ihre inneren Selbstgespräche veränderten. Die gleiche Methode führte bei Erwachsenen, die unter starken Ängsten litten, zum Abbau dieser Belastung (Franks u. Wilson 1980).

Auch viele gesunde Erwachsene sprechen laut zu sich selbst, wenn sie sich unbeobachtet fühlen. Ganz unbemerkt begleitet auch bei Erwachsenen ein inneres Sprechen die Aufgabenbearbeitungen. Ihre Aufgabe ist es nun, sich des inneren Dialoges bewußt zu werden und diesen evtl. zu verändern.

Fertigen Sie nun eine Tabelle mit zwei Spalten an. In der erste Spalte notieren Sie Ihre negativen Selbstgespräche, die sie im Zusammenhang mit Lernen und Prüfungen führen. Sie können diese negativen Aussagen finden, indem Sie sich Ihre Formulierungen zu dem Bild auf S. 220 noch einmal ansehen. Sie können sich auch in Leistungssituationen selbst beobachten oder sich an Leistungssituationen erinnern.

Zu jeder negativen Formulierung entwickeln sie eine Alternative, die konstruktiv, hilfreich, ermutigend und positiv ist. Sie üben dann, nach und nach Ihre negativen Selbstgespräche durch die gefundenen positiven zu ersetzen.

Beispiel:

negative Selbstverbalisation	positive Alternative
Diese Aufgabe war leicht, die nächste wird viel schwerer.	Ich habe diese Aufgabe geschafft, dann schaffe ich auch die nächste.

In Mathematik bin ich unbegabt.	Schritt für Schritt werde ich Mathematik verstehen.
Die Prüfung werde ich nie schaffen.	Mit guter Vorbereitung werde ich Erfolg haben.
Ich habe überhaupt keine Lust zum Lernen.	<u>Ich fange jetzt an und werde befriedigt genießen, daß ich die Aufgabe erledigt habe.</u>
Ich kann mich nicht konzentrieren.	Meine Gedanken bleiben bei der Aufgabe. Der nächste Schritt ist...
Beim Vortrag werde ich keinen Ton herausbringen.	Ich werde tief durchatmen und ruhig sprechen. Denkpausen sind erlaubt.

2. Veränderung der inneren Bilder

Im Kapitel Suggestopädie/Superlearning haben wir schon auf die mächtige Wirkung von inneren Bildern auf Gefühle und Verhalten hingewiesen.

Entwerfen Sie, wann immer sie gerade einige Minuten Zeit haben (in der Straßenbahn, beim Warten in der Schlange vor der Kasse im Supermarkt, in den Pausen zwischen den Unterrichtsstunden, wenn Sie einfach nur mal herumsitzen und dösen), ==ein inneres Bild, in dem Sie sich sehen, wie Sie Ihr Problem mit Erfolg bewältigen.==

Wenn eine Ihrer Schwierigkeiten darin besteht, daß Sie häufig sehr lange brauchen, bis Sie überhaupt mit der Arbeit beginnen (manche Menschen kreisen tagelang um den Schreibtisch herum, ohne sich hinzusetzen und mit der Arbeit zu beginnen), dann stellen Sie sich detailliert vor, wie Sie sich Ihrem Arbeitsplatz (oder eben einem anderen Platz, der nun Arbeitsplatz wird) nähern, die notwendigen Unterlagen dort plazieren, einen ersten Satz hinschreiben, dann den zweiten Satz, den dritten Satz usw. So bringen Sie Schritt für Schritt die Aufgabe zu einem erfolgreichen Ende. Wichtig für diese Vorstellung ist, daß sie immer zu einem guten Erfolg führt. Sie können sich dazu noch vorstellen, wie Sie dann in diesem Bild zu sich selbst sagen: »<u>Das habe ich wirklich gut gemacht, ich kann mit mir zufrieden sein.</u>«

Auch wenn Ihnen solche Maßnahmen zunächst etwas fremd, vielleicht auch lächerlich vorkommen mögen, nach einigen Wiederholungen werden Sie spüren, daß sich Ihre Einstellung ändert und daß Sie erfolgszuversichtlicher und leichter an die Arbeit gehen. Die Vorstellungen werden zum Modell für wirkliches Verhalten. Die Visualisierung ist eine der mächtigsten Möglichkeiten der Selbstbeeinflussung. Viele Menschen leiden an ungünstigen inneren Bildern, die man durch Übung in positive Bilder verändern kann.

➡ Sollten Sie sich häufiger von negativen Bildern, die sie nicht kontrollieren können, gestört fühlen, dann hilft ein kleiner Trick: Streifen Sie ein etwas kräftigeres Gummiband (ein Gummiring, wie man ihn in Büros verwendet, geht auch) um ihr Handgelenk. Wenn die störenden Bilder auftauchen, rufen Sie laut (wenn sie nicht allein sind, leise): Stop!, ziehen den Gummiring an und lassen ihn gegen das Handgelenk schnellen. Durch diese »Selbstbestrafung« können Sie die negativen Bilder beseitigen. Sobald das Bild verschwindet, ersetzen Sie es durch ein positives, z.B. die Erinnerung an einen wunderschönen Urlaubstag am Strand, wo die Sonne Sie angenehm wärmte, Sie den Wind auf Ihrer Haut fühlten, dem beruhigenden Rauschen des Meeres lauschten, die geschickten Flugmanöver der Möwen beobachteten und Sie nun den typischen Geruch nach Salz und Tang wieder in Ihrer Nase haben.

3. Realistische Ziele setzen

Bevor Sie auf eine Prüfung, ein Referat, einen Vortrag, eine Klassenarbeit oder eine andere wichtige Anforderungssituation hinarbeiten, setzen Sie sich ein konkretes Ziel. Dieses Ziel sollte weder zu hoch noch zu niedrig gesteckt sein. Der wichtigste Maßstab für die Zielsetzung sind die vergangenen Leistungen in dem entsprechenden Bereich. Es ist völlig unrealistisch und führt in ungünstige Arbeitshaltungen, wenn das Ziel zu hoch gesteckt wird. Ein Schüler, dessen Noten im Durchschnitt des letzten Jahres immer bei 4,0 lagen, kann sich für die nächste Arbeit eine 4 + oder eine 3 - als Ziel setzen. Nach einer nicht bestandenen Prüfung ist das realistische Ziel für die Wiederholungsprüfung die Note, die gerade noch zum Bestehen ausreicht (in der Regel ist dies die Note »ausreichend«).

Die Autoren haben mit Erfolg viele Studierende betreut, die bei anderen Prüfern einmal oder gar mehrfach »durchgefallen« waren. Die von den Autoren in diesen Fällen geforderte Bedingung für eine Betreuung war die Bereitschaft der Kandidaten, nur auf die Note hinzuarbeiten, die gerade noch zum Bestehen der Prüfung reicht. Beharrte ein Kandidat (was sehr selten der Fall war) auf der Orientierung zu einer besseren Note, wurde die Betreuung abgelehnt. Erfreulicherweise — und für die Autoren nicht überraschend — erreichten die Kandidaten dann oft bessere Bewertungen als das angezielte »ausreichend«.

Die Abschätzung einer realistischen »Zielhöhe« kann schwierig sein, wenn noch keine Vorleistungen erbracht wurden. In diesem Fall kann man sein Wissen mit anderen Lernenden oder solchen, die die Prüfung bereits absolviert haben, austauschen und sich mit diesen vergleichen. Häufig ist es möglich, den eigenen Wissensstand zu überprüfen, indem Testbögen aus früheren Prüfungen oder Klausuren bearbeitet werden. Dies ist z. B. eine sehr wichtige Strategie der Vorbereitung auf die Führerscheinprüfung.

So, wie zu hohe Ziele anzustreben, ist es auch ungünstig, seine Ziele zu niedrig anzusetzen. Zu niedrige Ziele zu setzen wirkt ebenfalls ungünstig, weil der Erfolgsanreiz dann zu gering ist oder gar Resignation einsetzt. Bei Unsicherheit über die Zielhöhe sollte diese jedoch eher zu niedrig als zu hoch gewählt werden, um auf jeden Fall die entmutigende Erfahrung eines weiteren Mißerfolgs auszuschließen.

4. Lernangst und Unlust abbauen

Durch Mißerfolge kann das Lernen selbst zu einer Tätigkeit werden, die von Unlust und innerer Anspannung begleitet ist. Auf dem Wege unbewußt ablaufender Lernprozesse kann dann die übliche Lernumgebung, z.B. der eigene Schreibtisch, zu einem Signal für Lernangst und Unlust werden. So wie bei dem Hungrigen durch den Geruch oder den Anblick eines guten Essens automatisch Speichel produziert wird (mir läuft das Wasser im Mund zusammen), so kann der Anblick des Schreibtisches reflexhaft negative Gedanken, Unlustgefühle und Anspannung auslösen.

Intuitiv hat der Abiturient Wolfram dies festgestellt, indem er berichtet, daß er an anderen Plätzen als an seinem Schreibtisch lieber und besser lernt. Obwohl die Umgebung objektiv ungünstiger zum Lernen ist, sitzt er mit seinen Büchern nach Möglichkeit am Küchen- oder am Wohnzimmertisch und arbeitet dort konzentrierter und entspannter.

Es kann also durchaus hilfreich sein, sich verschiedene Arbeitsorte zu suchen und diese auszuprobieren. So wird der Wissensstoff auch an vielfältigere Umwelten gekoppelt und ist leichter abrufbar.

Als gesichert kann die bereits von Darwin (1872) formulierte Theorie gelten, daß Mimik und das Erleben bestimmter Gefühle genetisch fest miteinander verkoppelt sind. Trauer, Wut, Freude, Ekel, Überraschung und Angst werden von Angehörigen unterschiedlichster Kulturen auf gleiche Weise mimisch ausgedrückt. Für uns bedeutet das: Ein Gefühl erzeugt den Ausdruck (Mimik), es läßt sich aber auch umkehren. D.h. ein bestimmter Ausdruck führt zu dem dazugehörigen Gefühl. Ekman et al. (1983) gingen dieser Annahme nach und zeigten in ihren Untersuchungen, daß tatsächlich der bloße Ausdruck eines Gefühls dieses Gefühl auch erzeugt. Wenn die Versuchspersonen ihre Gesichtsmuskeln so bewegen, wie sie es tun, wenn sie sich freuen, dann stellt sich das Gefühl der Freude auch ein.

Zusammengepreßte Lippen treten eher bei unangenehmen Gefühlen wie Ärger oder Angst auf, leicht geöffnete Lippen mit nach hinten gezogenen Mundwinkeln entsprechen dem Lächeln und der Freude. Wenn Sie bei einem Selbstversuch einen Bleistift nur mit den zusammengepreßten Lippen festhalten, dann können Sie be-

Abb. 31 a, b.

merken, daß Ihre Stimmung eher negativ wird (Abb. 31a). Wenn Sie dann den Bleistift nur mit Ihren Zähnen halten, so daß er die Lippen nicht berührt, erzeugen Sie die Mimik von Freude und bemerken auch bald den Wechsel des Gefühls. Ein Bleistift »zwischen den Zähnen«, während Sie am Schreibtisch sitzen, kann also helfen, das Lernen mit positiven Gefühlen zu verbinden (Abb. 31b).

Der geniale Psychotherapeut Milton Erickson nutzte diese Erkenntnis zur Behandlung depressiver und ängstlicher Patienten. Er motivierte sie, nur so zu tun, als ob sie fröhlich oder glücklich seien. Durch die veränderte Mimik veränderte sich auch das Gefühl der Patienten. Unterstützend wirkte in diesen Fällen, daß die Mitmenschen auf die fröhliche Mimik positiv reagierten. Sie gingen spontan freundlicher und netter auf die Patienten ein. Damit wurden ein Prozeß der Neubewertung der Lebenssituation eingeleitet und Wege aus der Depression möglich.

5. Die Konzentration verbessern und effektiver lernen

Viele unserer Studierenden, die in Prüfungen versagt hatten, berichteten auf unsere Fragen nach ihrer Vorbereitung, daß sie »gelesen« und »immer wieder gelesen« hätten. Bei der Überprüfung ihres Wissens haben sie dann oft festgestellt, daß »wenig hängengeblieben« war. Es ist verständlich, daß Studierende den Mut verlieren und immer weniger Lust am Lernen und immer mehr Angst vor Prüfungen entwickeln, wenn sie feststellen müssen, daß sie trotz ständiger Wiederholungen des Stoffes und des damit verbundenen hohen Zeitaufwandes kaum etwas gelernt haben.

Gelegentlich empfehlen wir diesen Studierenden die Lektüre des zweiseitigen Artikels *Professor Sanford's Morning Prayer* (Sanford 1917, 1982).

Der Psychologieprofessor Sanford berichtet, daß er in einem Zeitraum von 25 Jahren fast täglich seiner Familie ein bestimmtes Morgengebet vorgelesen habe. Seiner vorsichtigen Schätzung nach kam es zu 5000 Wiederholungen. Dennoch mußte Professor Sanford feststellen, daß er das Gebet noch immer nicht auswendig vortragen konnte und ins Stottern geriet, wenn er beim Lesen in der Zeile verrutschte oder die Bibelseite verschlagen hatte.

Wir wollen mit dem Hinweis auf diese Lektüre deutlich machen, daß Lesen eine sehr schlechte Lernstrategie ist. Gleichzeitig wollen wir Sie ermutigen, effektivere Lernstrategien, wie wir sie im Rahmen des Buches beschrieben haben, anzuwenden.

Gerade ängstliche Lerner verwenden weniger effektive Lernstrategien und schweifen mit ihren Gedanken häufig von den zentralen Aspekten der Aufgaben ab (Edmunson u. Nelson 1976; Dusek 1980). Hochängstliche Kinder blicken bei Leistungstests häufiger auf den Lehrer oder andere Bewertungspersonen und verfügen damit über weniger Verarbeitungskapazität für die Aufgaben (Wine 1980). Das Anfertigen von Zusammenfassungen, Gliederungen, hierarchischen Abrufplänen oder die Verwendung von Orientierungsaufgaben oder Mnemotechniken zentriert die Aufmerksamkeit auf die Aufgabe und verhindert damit zugleich das Auftreten störender Gedanken. Bereits durch das einfache Benennen der zu lernenden Begriffe erzielten hochängstliche Kinder die gleichen Gedächtnisleistungen wie niedrigängstliche Kinder (Dusek 1980).

6. Das Vermeiden vermeiden

Wenn sich Unlust zum Lernen und Angst vor Prüfungen bereits eingestellt haben, dann ist die einfachste – zugleich jedoch auch die schlechteste – Form der Bewältigung dieser unangenehmen Gefühle die Vermeidung. Alle

Verhaltensweisen, die zur Verringerung von Unlust und Angst führen, tendieren dazu, immer häufiger aufzutreten. Werden die unangenehmen Gefühle durch lösungsorientierte Maßnahmen beendet (angemessene Ziele setzen, planvolles Lernen, Einsatz effektiver Lernstrategien), dann entwickelt sich im Laufe der Zeit eine konstruktive Eigendynamik, und der Erfolg stellt sich ein. Umgekehrt: Führt die Unlust und Angst dazu, die Arbeit zu beenden, wenn es gerade einmal schwierig wird, zu trödeln, sich ins Kino zu flüchten, statt zu lernen und die Anmeldung zur Prüfung immer weiter vor sich herzuschieben, dann wird die Angst immer stärker, und das ungünstige Verhalten nimmt immer mehr zu.

Wichtigster Ansatzpunkt, um aus einer solchen Entwicklung herauszukommen, ist die Erstellung und Einhaltung eines Arbeitsplanes (s. Kapitel 2). Dazu gehört auch die regelmäßige Überprüfung des Lernfortschritts durch Selbstüberprüfung (z.B. in Form von Bearbeitung von Übungsaufgaben aus Lehrbüchern) und, wenn möglich, durch Rückmeldung von anderen Prüfungskandidaten, Lehrkräften oder auch Freunden und Bekannten.

Ängstlichen Menschen fällt es auch dann oft noch schwer, sich endgültig zur Anmeldung zur Prüfung zu entscheiden. Sie glauben, sie müßten alles wissen oder können. Hier können auch interne Visualisierungen helfen, in denen sich der Prüfling vorstellt, wie er erfolgreich die Prüfung besteht, obwohl er die eine oder andere Wissenslücke offenbaren mußte. Auch die Selbstsuggestion: »Ich habe gut gelernt und werde Erfolg haben« ermutigt, sich der Prüfung zu stellen.

> Eine geplante und sorgfältige Vorbereitung ist die wichtigste Maßnahme, um Prüfungsangst abzubauen. Wer unvorbereitet in Prüfungen geht, rea-

giert völlig situationsangemessen, wenn er dann Angst hat.

7. Motiviert und konzentriert Prüfungen bestehen

Eines der Hauptprobleme vor Prüfungen ist *die Angst vor der Angst*. Da das Lernen häufig im Kontext von Prüfungen oder anderen Leistungssituationen steht, kann sich die Angst vor der Angst auch auf das Lernen selbst ungünstig auswirken.

Bei Befragungen, die wir vor Prüfungen durchführten, wurde die Angst vor einem *totalen black-out*, dem Steckenbleiben oder dem Fadenriß am häufigsten genannt. Diese Ängste sind insofern unrealistisch, als daß kaum ein Prüfling schon einmal eine solche Situation erlebt hat. Tatsächlich kommt sie in Prüfungen auch so gut wie nie vor. Die Autoren haben, zusammen mit anderen Kolleginnen und Kollegen, im Verlauf von 20 Jahren ca. 5000 Prüfungen durchgeführt und in Seminaren unzählige Vorträge und Referate gehört. Nur ein einziges Mal kam es zu dem so viel gefürchteten totalen black-out, und dieser hatte auch einen sehr speziellen Hintergrund. Natürlich ist es sehr häufig, daß man in einer Prüfung oder während eines Vortrags einmal den Faden verliert, aber dann ging es nach einer kurzen Phase der Irritation immer wieder weiter.

Diese rationale Argumentation reicht jedoch oft nicht aus, um die Angst zu reduzieren. In Rollenspielen und in Übungen in der Vorstellung kann man lernen, daß der Prüfling selbst in dieser schwierigen Situation nicht völlig hilflos ist. So kann z. B. ein Freund die Rolle des Prüfers übernehmen und ein anderer die Rolle des Prüflings. Der »echte« Prüfling kann dann beobachten und damit auch lernen, wie man eine solche Situation (die wahrscheinlich nie eintreten wird), bewältigt. So kann man den Prüfern seine Verwirrung eingestehen und um etwas Zeit oder um eine Hilfe bitten. Eine andere Technik ist die des »qualifizierten Ratens«, mit der der Rollenspielprüfling eingesteht, daß er jetzt nicht ganz sicher ist, ob seine Überlegungen passend sind, aber es einfach einmal probieren möchte. Auch körperliche Bewegung (z.B. das Hin- und Herrutschen auf dem Stuhl kann aus der geistigen Erstarrung führen.

Die »Rollenspielprüfer« sollten grundsätzlich kooperativ sein und den Prüfling stützen und ihm auf angemessene Weise aus seinem Dilemma helfen.

Danach kann der »echte« Prüfling diese Übung mit einem wohlwollenden Rollenspielpartner selbst durchführen und solange üben, bis er verschiedene schwierige Situationen im Spiel meistern kann. Durch die Erfahrung, etwas tun zu können wird die Vorstellung, den Prüfern hilflos ausgeliefert zu sein, abgebaut, und zugleich werden realistische Möglichkeiten der Bewältigung schwieriger Situationen eingeübt.

Wenn keine Rollenspielpartner zur Verfügung stehen, kann der Prüfling sich möglichst entspannt hinlegen (eine Entspannungstechnik ist hier hilfreich) und in seiner Vorstellung diese Schwierigkeiten meistern.

Verhalten in der mündlichen Prüfung

Wenn Sie wählen dürfen, mit welchem Bereich/Gebiet/Thema die Prüfung beginnen soll: Fangen Sie mit dem an, was Sie am besten können. Bieten Sie dies aktiv (Vortrag) an. Die Prüfer sind dankbar, wenn sie Ihnen nicht alles einzeln aus der Nase ziehen müssen. Drängen Sie aber auch den Prüfern nichts auf, sondern gehen Sie auf ihre Fragen ein.

Es ist realistisch zu erwarten, daß Sie einmal eine Frage nicht beantworten können. Damit fällt niemand durch! Fragen Sie nach, wie der Prüfer die

Frage gemeint hat, bitten Sie evtl. um Hilfen, das ist legitim. <u>Wenn Sie zu dem Thema überhaupt nichts sagen können, gestehen Sie die Lücke ein, beißen Sie sich nicht fest.</u> Die Prüfung ist kurz, und Sie müssen dafür sorgen, Ihr Wissen loszuwerden.

Wenn Sie etwas nicht genau wissen, wagen Sie ruhig, Ihre Vermutung auszusprechen. Oft wird von Ihren Gedanken etwas richtig sein, woran der Prüfer anknüpfen kann (Kugemann 1966).

Denken Sie aber auch laut: Sie zeigen dem Prüfer damit, wie Sie zu Ihren Überlegungen kommen. Das interessiert ihn und gibt ihm die Chance, Ihnen zu helfen. Sie brauchen nicht »druckreif« zu reden. Eine gepflegte äußere Erscheinung kann Ihre eigene Sicherheit stützen und einen positiven Eindruck beim Prüfer hervorrufen.

Eine bewährte Therapie gegen Angst

Eine besonders wirksame und erprobte Maßnahme für Prüfungsängstliche ist die Durchführung einer *systematischen Desensibilisierung*. In der Regel wird diese Technik von Psychotherapeuten angewandt.

Wenn Sie sich an die vorgegebenen Instruktionen halten, können Sie eine solche Desensibilisierung auch selbst durchführen (zur Selbstdurchführung finden Sie im folgenden einige Anregungen). Zunächst schildern wir einmal, wie man in der Therapie vorgeht). Professor Wolpe (1974), der diese Technik entwickelt hat, charakterisiert sie durch drei getrennte Operationen:

1. Erlernen einer Entspannungstechnik
2. Erstellung von Angsthierarchien
3. Im entspannten Zustand Konfrontation mit den angsterzeugenden Reizen aus der Hierarchie.

Dies kann in der Realität, aber auch fast ebenso wirksam in der Vorstellung geschehen.

Wolpe empfiehlt als Entspannungstechnik die Progressive Muskelentspannung nach Jacobson (Bernstein u. Borkovec 1975). Sie können jedoch auch jede andere Form der Entspannung (z. B. autogenes Training, Meditation) nutzen.

Die einfachste Möglichkeit, sich zu entspannen, ist die Erinnerung an eine sehr angenehme, entspannende Situation aus Ihrem Leben. Erinnern Sie sich vielleicht an einen schönen Sommertag am Strand, fühlen Sie den Wind auf Ihrer Haut, atmen Sie tief und gleichmäßig, stellen Sie sich das weite Meer vor, erinnern Sie sich an das angenehme, beruhigende Rauschen des Meeres usw. Bei dieser Erinnerung wird sich die Entspannung dann ganz von selbst einstellen.

Stellen Sie sich dann ein Element der Angsthierarchie vor. Ein Beispiel für die Vorgehensweise entnehmen wir Wolpe (1974). Behandelt wurde die 24jährige Kunststudentin »Miß C.«, die wegen starker Angst in Prüfungen mehrmals versagt hatte. Neben dieser Prüfungsangst zeigten sich in der Untersuchung noch andere Ängste, die alle mit Menschen zu tun hatten. Es wurden deshalb mehrere Angsthierarchien aufgestellt und mit der Klientin durchgearbeitet. In sieben Therapiesitzungen wurde erreicht, daß die junge Frau auch die schwierigsten Situationen aus den Hierarchien angstfrei bewältigen konnte. Vier Monate später bestand sie ihr Examen ohne Angst.

Ein Beispiel für eine Angsthierarchie in bezug auf eine Prüfung gibt Wolpe (1974, S. 127):

1. Auf dem Weg zur Universität an einem Prüfungstag
2. Während der Beantwortung eines Prüfungsfragebogens

3. Vor den noch nicht geöffneten Türen des Prüfungsraumes
4. In Erwartung der Austeilung der Prüfungsbogen
5. Der Prüfungsbogen liegt mit dem Text nach unten vor ihr
6. Die Nacht vor einer Prüfung
7. Am Tage vor einer Prüfung
8. Zwei Tage vor einer Prüfung
9. Drei Tage vor einer Prüfung
10. Vier Tage vor einer Prüfung
11. Fünf Tage vor einer Prüfung
12. Eine Woche vor einer Prüfung
13. Zwei Wochen vor einer Prüfung
14. Ein Monat vor einer Prüfung.

➡ Ihre eigene Angsthierarchie wird nun ganz anders und individuell sein. Suchen sie einfach einige Situationen, die Ihnen nur wenig Angst bereiten, einige Situationen, die mittlere Angst bereiten und einige Situationen, die viel Angst bereiten. Diese schreiben sie nach der Stärke der Angst geordnet auf. Daher kommt die Bezeichnung Angsthierarchie.

Entspannen Sie sich und stellen Sie sich in dem Zustand der Entspannung das leichteste (am wenigsten angsterzeugende) Item Ihrer Hierarchie vor. Halten Sie dieses Bild 20–30 Sekunden. Danach wechseln Sie zu Ihrer Entspannungserinnerung zurück. Führen Sie das gleiche noch einmal durch. Wenn Sie diese Hierarchiestufe ohne Angst auf diese Weise durchgearbeitet haben, gehen Sie zur nächsten Stufe über. Am nächsten Tag können Sie sich die nächsten zwei Punkte der Liste vornehmen.

Sie sollten – wenn möglich – täglich einmal üben. Ein Übungsdurchgang sollte nicht länger als 15 Minuten dauern.

In der Psychotherapie wird in der Entspannung unter Anleitung des Therapeuten solange auf der Liste der Situationen vorangeschritten, wie sich keine Angst zeigt. Im Selbstversuch scheint aber der Ablauf Entspannung – Vorstellung – Entspannung – Vorstellung zu hohe Anforderungen an die steuernde Kontrolle der Situation zu stellen, daß sich auf Dauer dann keine echte Entspannung halten läßt. Daher haben wir die Technik für die Selbstanwendung etwas vereinfacht.

Sollten Sie starke Ängste während dieser Übung verspüren oder sich nicht entspannen können, wenden Sie sich am besten an einen Verhaltenstherapeuten, der Ihnen helfen kann, Entspannung zu lernen und eine optimale Angsthierarchie aufzustellen.

Auswertung des Selbstversuchs (von S. 220)

Wenn die Person in Ihrer Geschichte denkt, daß sie es schaffen wird, *optimistisch*, zuversichtlich und voll Selbstvertrauen in ihre Fähigkeit ist und die Geschichte insgesamt gut ausgeht, sind Sie selbst auch eher erfolgszuversichtlich.

Wenn das Denken der Person in Ihrer Geschichte *pessimistisch*, verzweifelt, unrealistisch ist und die Geschichte mit einem Mißerfolg endet, dann kann dies ein Hinweis sein, daß Sie möglicherweise zu den Mißerfolgsängstlichen gehören.

▮ Beschämungsfreies Lernen

Ein wichtiges Problem beim Lernen ist gar nicht so sehr die geistige Kapazität, sondern vielmehr die Fähigkeit, die vielen Kränkungen, die den Lernprozeß begleiten, zu überstehen. Man blamiert sich, wenn man etwas falsch macht, wenn man z.B. eine Vokabel nicht weiß, obwohl sie schon so oft vorgekommen ist. Man denkt negativ über sich selbst, wenn man einen Text nicht versteht oder eine Aufgabe wieder nicht lösen kann.

Solche Kränkungen lassen sich kaum vermeiden. Jeder Lernende sollte lernen, sie nicht nur zu ertragen, sondern konstruktiv mit ihnen umzugehen.

Wahrscheinlich sind schon kleine Kinder sehr empfindlich für die Kränkung durch die Korrektur, durch das Besserwissen des Lehrers.

> Die 2jährige Lara z.B. wurde dabei beobachtet, wie sie allein für sich Wörter übte, die sie einmal falsch ausgesprochen hatte. Sie benutzte diese Worte im Umgang mit anderen solange nicht, bis sie mit dem Ergebnis ihrer Übungen rundum zufrieden war. Dann aber, wenn sie nun das einmal korrigierte Wort wieder aussprach, stimmte es auch.

> Auch der 10jährige Hendrik fürchtet nichts mehr als die Blamage. Wenn ein neuer Lehrer in die Klasse kommt, gibt er keine Antworten mehr. Eine Prüfung im Judo-Klub verweigerte er wegen der möglichen Blamage, obwohl er einer der besten Schüler war. Es fehlt ihm an dem Selbstbewußtsein, einen Fehler zu überstehen, ohne an sich zu zweifeln.

Gerade das kam auch in Dörners Untersuchungen zu Problemlösungen (1993) in komplexen Situationen heraus, daß nämlich das Selbstbewußtsein der jeweiligen Versuchsperson für den Erfolg in der Aufgabe besonders wichtig war. Denn selbstbewußte Personen konnten sich mit den Ursachen ihrer Fehler, die sie zu Beginn genauso machten wie weniger selbstbewußte Personen, auseinandersetzen und ihre Fehler später vermeiden. Weniger selbstbewußte Personen wollten sich mit den Ursachen ihrer Fehler nicht auseinandersetzen und konnten ihre Leistung deshalb auch nicht verbessern.

Wie wenig sich ganze Generationen von Pädagogen um die tiefen Beleidigungen gekümmert haben, die sie ihren Zöglingen zumuteten, mag die noch heute angewandte Praxis belegen, wenn es darum geht, Sportmannschaften zusammenzustellen. Zwei Mannschaftsführer wählen abwechselnd aus der Gruppe ihrer Mitschüler. Das geht solange, bis am Ende jeder sieht, wen keiner will, wer für die Mannschaft offensichtlich völlig entbehrlich ist. Natürlich sind das immer wieder dieselben Schüler. Genauso wenig kümmert sich die Schule um die vielen Kränkungen, die entstehen, wenn Schüler nach Noten gesetzt werden, wenn flapsige Bemerkungen den Heftrand zieren oder Strafarbeiten die Würde des Kindes kränken. Schüler werden z.B. nach vorne ans Pult beordert und dürfen sich wieder setzen, wenn sie eine Kopfrechenaufgabe als erste richtig gelöst haben. Man kann sich den Stress und auch die Scham der Schüler vorstellen, die dort immer durch langsames Rechnen auffallen.

Wenn Schüler nach dem Abitur ihre Hefte und Bücher verbrennen, dann doch auch als Rache und Beendigungsritual für die vielen erlittenen Kränkungen.

Manche Lernerfahrung wird dadurch verletzend, daß lange Zeit für richtig gehaltene Verhaltensweisen auf einmal falsch sein sollen.

»Kleinkinder soll man schreien lassen«, sagt der Volksmund und viele Eltern haben sich nach dieser Maxime verhalten. Nun, neu informiert, besteht natürlich ein Widerstand gegen ein einfaches Umlernen, weil man ja einen wichtigen Fehler in der Erziehung zugestehen müßte. Dies mag vor allem im zunehmenden Lebensalter ein Grund sein, sich von Lernerfahrungen fernzuhalten.

Jedermann wird natürlich – durch lange und schmerzhafte Erziehungserlebnisse – Erfahrung mit eigenen Fehlern haben. Aber gerade Kinder sind solcher Erziehung noch nicht so lange ausgesetzt und haben mitunter einen Stolz, der jede Korrektur zur schweren seelischen Verletzung werden läßt. Auch Angehörige von Kulturen mit weniger langen Erziehungszeiten entwickeln oft einen (übermäßigen) Stolz, der weiteres Lernen erschwert.

Erwachsene, die lange keine Lernerfahrungen und die damit verbundenen Kränkungen erlebt haben, können auch wieder zu stolz sein, um sich erfolgreich einem Unterricht oder einer selbstgesteuerten Lernerfahrung aussetzen zu können. Was kann man aber machen, um die Kränkungen, die sich aus dem anfänglichen Nichtkönnen im Laufe des Lernens automatisch ergeben, zu vermindern?

Methoden zur Verminderung von Kränkungen in der Schule

In einer Schulklasse macht ein Klassenkamerad einen Fehler. Er wird korrigiert. Nun kann man selbst den Fehler vermeiden und wird glücklicherweise nicht zurechtgewiesen. Im Klassenverband passiert das häufig. Vielleicht ist das einer der großen Vorteile von Lerngruppen, wenn man nicht gerade selbst zu denen gehört, die besonders häufig zurechtgewiesen werden. In der Lerngruppe werden die Kränkungen verteilt, und das erleichtert das Schicksal des einzelnen.

Eine andere Möglichkeit bietet die Unterweisung durch Geschichten. Statt einer Person einen Rat zu geben (was sie kränkt, weil ein anderer ja damit behauptet, es besser zu wissen), wird ganz allgemein von einer vergleichbaren Situation erzählt, in der ein Protagonist in einer Weise handelt, die vom Schüler nun freiwillig und ohne dem Gefühl des Gekränktseins übernommen werden kann. Der Schüler hat aber auch die Möglichkeit, gar nicht auf die erzählte Geschichte zu reagieren.

Der Erfolg der biblischen Geschichten basiert auf diesem Prinzip. Auch der religiöse Lehrer Baghwan reagierte sehr häufig mit Geschichten auf die Fragen, die an ihn gerichtet wurden. In Lernsituationen sollte eine Geschichte vorangestellt werden, die zur Situation des Lernenden paßt und ihm vermittelt, daß Kränkungen auf ihn zukommen werden und wie er mit diesen Kränkungen umgehen kann.

Der Einsatz von Computern vermindert die Kränkungen beim Lernen ebenfalls. Gegenüber dem Computer kann derselbe Fehler immer wieder gemacht werden, ohne daß es von Lehrern oder Mitschülern »genervte« Kommentare gibt. Der Lernende fragt sich nicht einmal, was der Computer von ihm, seinem Benutzer, denkt. Gerade Schüler mit emotionalen Schwierigkeiten beim Lernen profitieren am meisten von der computergestützten Unterweisung. Die emotionale Entlastung im Kontakt mit der »Maschine« kann man auch daran erkennen, daß Patienten gegenüber dem Computer mehr Beschwerden angeben als gegenüber einem Arzt (Robinson u. West 1992).

Vielleicht kann ein Lerningenieur, ein Spezialist, der anderen Menschen das Lernen erleichtern möchte, spezielle beleidigungsfreie Lernerlebnisse schaffen. Weitere Verfeinerungen sind denkbar:

- Der Stoff wird so aufbereitet, daß die Schüler kaum Fehler machen. Dies ist das Prinzip der programmierten Unterweisung.
- Die Hauptfehler werden vorher von einem fiktiven Schüler auf einem Videoband gemacht. Dieser wird korrigiert. In der Unterweisung von Tieren wurde diese *beleidigungsfreie Methode* übrigens schon bewußt eingesetzt: Dem Papagei wird sein eigener Sprechfehler von einer Assistentin vorgespielt, die dann korrigiert wird. Der Papagei mußte die

»Schande« der Korrektur also nicht ertragen und bleibt offen für weitere Erfahrungen.

- Fehler werden nicht bei einem Schüler korrigiert, der sie macht, sondern prinzipiell nachgespielt und dann »stellvertretend« korrigiert. Hier fällt assoziativ die Methode des Psychodramas ein, die daraus auch womöglich einen Teil ihrer Wirksamkeit bezieht.
- Der Lehrer entschuldigt sich für Korrekturen und wird vom Schüler für die Korrektur symbolisch mit einem Stockhieb bestraft. So etwas würde sich vielleicht als einmaliges Ritual am Anfang oder Ende des Schuljahres eignen.
- Nach einer Hausarbeit werden Fehler nicht am einzelnen Schüler festgemacht, sondern es erfolgt eine anonyme Fehlerauswertung.
- Jeder kriegt die Arbeit eines anderen (anonym) zugewürfelt und liefert eine Korrektur dieser fremden Arbeit ab. Gerade die Korrektur von eigenen Arbeiten habe ich immer als besonders unangenehm und beschämend erlebt.

Methoden zur Verminderung von Kränkungen beim Alleinlernen

Das selbstbezogene Denken nach Mißerfolgen kann beeinflußt werden. Wer wenig selbstbewußt ist, könnte nach jedem Fehler an seiner Begabung zweifeln. Er sagt sich z.B. innerlich: »Ich bin zu dumm, um es zu lernen.«

Statt dessen könnten positivere Selbstgespräche geübt werden, z.B.:

- »Ich habe schon viel gelernt und dabei anfangs Fehler gemacht. Mein Lernen wird wieder Erfolg haben.«

- »Weil ich einen Fehler machte, kann ein anderer auf seine Leistung stolz sein, der es schon kann. Ich schenke ihm dieses schöne Gefühl durch meinen Fehler.«
- »Jeder Fehler ist ein Schritt zum Erfolg.«

»Kritik ist nötig, mein Wert bleibt unverändert.«

Texte sind oft schwierig und unverständlich. Mir hat es immer geholfen, in diesem Fall den Textautor für unfähig zu erklären, sich verständlich auszudrücken. So war ich durch mein »Nichtverstehen« nicht so gekränkt. Es kann für den eigenen Stolz auch hilfreich sein, einen schwierigen und verwuselten oder schlecht gegliederten Text umzuschreiben oder neu zu gliedern, um es dem Autor sozusagen »zu zeigen«.

Oft täuscht man sich über den wirklichen Zeitbedarf, mit schwierigen Texten umzugehen. Günstige Selbstinstruktionen sind:

- »Verstehen braucht viel Arbeitszeit.« Man kann sich dabei erfolgreiche – aber eben auch langwierige – Lernerfahrungen ins Gedächtnis rufen, z.B. Lesen, Laufen, Fahrradfahren lernen.
- »Ich habe die Kraft, es nach einem Fehler wieder neu zu versuchen. Es ist wie beim Laufenlernen, da bin ich auch hingefallen und wieder aufgestanden.«
- »Ich kann viel, ich mache aber auch Fehler.«

Die Notwendigkeit, sich einer anderen Person, einem Lehrer, einem Prüfer, zu unterwerfen, kann ebenfalls als temporäre optimale Anpassung gemildert werden:

- »Ich unterwerfe mich dem Lehrer nur deshalb, weil ich lernen will.«
- »Ich mache, was der Lehrer sagt; weil ich es selbst will.«

- »Die Strafe für den Lehrer ist, daß er mich unterrichten muß.«
- »Meinen Wert bestimme ich, nicht der Lehrer.«

Selbstbezogene Gespräche können auch das Problem des Umdenkens ansprechen:

- »Ich bin flexibel genug, umzudenken.«
- »Ich bin frei für neue Wahrheiten.«
- »Ich kann offen und unvoreingenommen lernen wie ein Kind.«

Wenn man immer wieder bei eigenen Fehlern und Enttäuschungserlebnissen, bei unangenehmer Unterwerfung, aber auch beim kränkenden Umlernen so mit sich spricht, werden solche – günstigen – Selbstgespräche zur Routine.

Die narzißtische Lernstörung

In der antiken Sage verliebte sich der schöne Jüngling Narziß in sein eigenes Spiegelbild. So steht das Wort Narzißmus heute für eine übermäßige Selbstverliebtheit. Natürlich, wer sich selbst zu hoch einschätzt, muß Angst vor den Ergebnissen einer Anstrengung haben, weil er unter Umständen eine verminderte, realistische Selbsteinschätzung hinzunehmen hätte. Der Selbstverliebte muß also das Ergebnis der Prüfung fürchten, weil es seine – zu hohe – Selbsteinschätzung mindern könnte.

Dann kann es zu einem typischen Muster von Lernvermeidungsverhalten und im extremen Fall auch zur Prüfungsvermeidung kommen. Eine normale Vorbereitung würde ja zu Prüfungsergebnissen führen, die der Lernende als Rückmeldung akzeptieren müßte. Also lernt der narzißtisch Gestörte zu wenig. Nun kann er die

Illusion aufrechterhalten, daß er sehr gut abgeschnitten hätte, wenn er nur ausreichend gelernt hätte. Das kann so weit gehen, daß Menschen zwanghaft nur in der letzten Nacht vor der Prüfung etwas lernen können, ja sogar jede Prüfung vermeiden.

Auch die Vortäuschung gegenüber Kameraden und Freunden, man habe ganz wenig oder gar nichts gelernt, gehört in dieses Störungsmuster. Wenn es zu einem schlechten Ergebnis kommt, können die anderen dies nicht als realistische Rückmeldung in Hinsicht auf die eigene Leistungsfähigkeit werten. Für den gutgläubigen Mitmenschen sind solche Beteuerungen gefährlich. Er glaubt daran, lernt selbst tatsächlich wenig – und ist hinterher schlecht beraten, weil er zu seiner Überraschung selbst am schlechtesten abschneidet.

Was ist gegen eine narzißtische Lernstörung zu tun? Es gibt Maßnahmen, die der Betroffene besser mit einem Therapeuten zusammen erarbeitet. Es ist nämlich nicht allzu wahrscheinlich, daß eine narzißtisch gestörte Person bei sich selbst eine solche Lernstörung diagnostiziert, weil solche Menschen ja gerade eine übertrieben hohe Selbsteinschätzung haben und bei sich selbst generell keine »Störungen« erwarten.

Als therapeutische Hilfsperson kann man einen Fächer von Maßnahmen einsetzen. Es ist günstig, die Lernaktivität in kleinste Schritte einzuteilen, so daß Erfolge erlebt werden und eine überstarke Mißerfolgsangst nicht aufkommen kann. Es wäre im Gespräch zu erreichen, daß Selbstliebe und Selbstwertempfinden anders und breiter als nur auf Prüfungserfolg fußen. Die liebenswerte Persönlichkeit, der Freund der Freunde, der neugierige Entdecker sein, all dies kann eine positive Selbstbewertung ausmachen.

Es kann beispielsweise auch eine gute und schätzenswerte Eigenschaft sein, sich selbst »tolerant« zu behandeln und auch mittlere Erfolge gutzuheißen. Der Protagonist kann »großzügig« darauf verzichten, immer nur exzellent abzuschneiden, und auch darauf ein bißchen stolz sein, weil dieser Verzicht ja wirklich ein Stück persönliches Wachstum darstellt.

Mit der Prüfung verbundene ungünstige Erwartungen

Sicher ist ein Prüfungserfolg zunächst einmal erfreulich. Dann können aber – im zweiten Gedanken – auch unangenehme Dinge in den Blick kommen. Nach Prüfung und Studium können Finanzierungs- und Berufsaussichten wenig erfreulich sein. Diese Befürchtung liegt noch in der Schicht bewußten rationalen Denkens. Es können aber auch tiefere und irrationale Befürchtungen aufgerufen werden, z.B. sich zu weit von den Wurzeln der Familie zu entfernen und die Liebe und Zuneigung der nächsten Verwandten zu verlieren. Oder: durch die Prüfung mit Geschwistern zu konkurrieren, die Geschwister vielleicht sogar zu übertreffen, die nach dem (geheimen) Erziehungsplan der Familie die »Besseren« sein sollten oder zumindest immer die Geliebteren waren. Ein zu gutes Ergebnis würde also – in der irrationalen Befürchtung – dazu führen, die Liebe und Zustimmung der Familie zu verlieren.

In Therapien habe ich erlebt, daß Leistungswünsche und Leistungsstolz durch ein geringfügig behindertes Geschwister erheblich beeinträchtigt wurden. Man möchte als nette Schwester oder netter Bruder dem Behinderten nicht zu offen dessen Minderleistung demonstrieren. Die Folge: man kann keinen ungehemmten Prüfungserfolg mehr haben.

Meist hilft dem Prüfling schon das Bewußtmachen

solcher – irrationaler – Befürchtungen, um sie vernünftig bearbeiten zu können. Die Technik des zirkulären Fragens kann beim Bewußtmachen helfen: Was bedeutet ein Prüfungserfolg, ein Prüfungsversagen für die Eltern und Geschwister, für die nächsten Beziehungspersonen?

Bei derartigen Fragen könnte auch herauskommen, daß Eltern, anders als von ihnen automatisch erwartet, nicht immer einen Erfolg der Kinder wünschen. Sie können auf die Konkurrenz durch Kinder auch eifersüchtig sein, eine geheime Freude am Mißerfolg erleben. Und der brave Prüfling folgt insgeheim solchen – nicht bewußt gemachten – negativen Erwartungen der Eltern…

Andersherum kann der Prüfling durch lange und negative Erziehungserfahrungen so wütend auf seine Eltern sein, daß er ihnen die Freude am Prüfungserfolg ihres Sprosses nicht gönnt.

In allen diesen Fällen wäre eine bewußte Besinnung auf die eigene Unabhängigkeit, auf die ureigensten Ziele und Wünsche nützlich. Allein ein Bewußtmachen solcher irrationaler Denk-Tendenzen und Erwartungen löst sie schon ein wenig auf.

10 Lernen aus Büchern, lernen im Leben

Täglich werden ohne jede Lernabsicht viele Informationen gespeichert. Im Vergleich dazu wirken die Menge und die Genauigkeit der aus Lehrbüchern wiedergegebenen Information bescheiden. Auf welche Unterschiede zwischen der *natürlichen* Information und der *Lehrbuch*information ist dies zurückzuführen?

Natürlich erfolgt die Speicherung von Lebensereignissen fast immer auch bildhaft. Die optische Wahrnehmung ist auch bei Ereignissen, die überwiegend akustischer Natur sind, beteiligt.

Zudem ist die Abfolge der Ereignisse keineswegs willkürlich: Die Tagesereignisse folgen i. allg. einem Ablaufschema, das als »retrieval cue« (vgl. Kap. 5) dient, zudem ist die Abfolge der Ereignisse auf die eine oder andere Art »sinnvoll«, so daß folgende Ereignisse anhand der vergangenen Ereignisse rekonstruiert werden können. Bei der Erinnerung an lang zurückliegende Ereignisse, z. B. bei dem Versuch erwachsener Versuchspersonen, sich an die Namen der Schulkameraden zu erinnern, gewinnen die beiden bisher genannten Punkte Bedeutung. Die Versuchspersonen müssen *die Folge der damaligen Ereignisse rekonstruieren*. Dabei wird auch zunächst irrelevant erscheinende Information abgerufen.

Diese hilft aber in der Rekonstruktion der Ereignisse weiterzuschreiten, bis eine gesuchte Information gefunden wird. Die Erinnerung dabei wird sehr häufig als bildhaft, szenenhaft erlebt.

Zudem haben Lebensereignisse eine Vielzahl von Merkmalen, die von den verschiedenen Sinnessystemen kodiert werden, etwa Farbe, Geruch, Helligkeiten usw. Lehrbuchtexte bieten neben der Bedeutung nur eine sehr gleichförmige Folge von Schwarz-weiß-Mustern. Auf jeden Fall ist die Enkodierung der Tagesereignisse multipler und verschiedenartiger verbunden.

Schließlich ist die *emotionale Beteiligung* am Tagesereignis, das immer irgendwie gelingen oder mißlingen kann, hoch; am Lehrbuchtext dagegen, von dem meist für die eigene Situation keine wesentlichen Informationen erwartet werden, ist sie niedrig. Ergebnisse von Keenan et al. (1977) belegen aber beimLernen ohne Lernabsicht, daß emotionale Beteiligung den Lerneffekt vergrößert.

Im Tagesereignis ist das Individuum der Handelnde, der aktiv mit der Umwelt interagiert und die Folgen der *Aktivität* erlebt. Das Lehrbuch versetzt den Leser in eine gewisse *Passivität*. Es stellt Fragen, die der Leser nicht gestellt hätte, und es gibt Antworten, die ihn z. T. nicht interessieren. Auch hier können wir auf eine empirische Absicherung verweisen. Fragen, die Schüler selbst stellten, gewähren für die Antwort einen höheren Lerneffekt als Fragen, die von anderen Schülern gestellt wurden (Ross u. Killey 1977).

Mit unserem Buch wollten wir erreichen, die Schwierigkeiten beim Lernen zu verringern. Zum großen Teil wurden dabei die Hilfsmittel eingesetzt, die auch das Lernen täglicher Ereignisse mühelos werden lassen.

In den vorangegangenen Kapiteln wurden Lernhilfen, die *visuelle Prozesse* verwenden, dargestellt und meist an Beispielen erklärt. Diese Techniken unterscheiden sich grundlegend von bisher oft empfohlenen Lerntechniken (etwa: Wiederholung, Belohnung) und erfordern »Umwege«, Anreicherungen des Lernmaterials, die auf den ersten Blick als Erhöhung des Lernaufwands erscheinen mögen. Probiert man die dargestellten Lernmethoden jedoch aus, so zeigt sich, daß über diese »Umwege« eine bessere Anpassung des Lernmaterials an die menschlichen Bedürfnisse erreicht wird.

Literatur

Albert D, Stapf KH (Hrsg) (1992) Gedächtnis. Hogrefe, Göttingen
Alman B, Lambrou P (1995) Selbsthypnose. Auer, Heidelberg
Anderson JR, Bower GH (1973) Human associative memory. Winston, Washington
Anderson RC, Pichert JW (1978) Recall of previously unrecallable information following a shift in perspective. J Verb Learn Verb Behav 17 : 1 – 12
Anglin GJ, Levie WH (1985) Role of visual richness in picture recognition memory. Percept Mot Skills 61 : 1303 – 1306
Angermeier WF (1976) Praktische Lerntips für Studierende aller Fachrichtungen. Springer, Berlin Heidelberg New York
Anschutz L, Camp CJ, Markley RP, Kramer JJ (1987) Remembering mnemonics: A three-year follow-up on the effectiveness of mnemonics training in the elderly. Educ Ag Res 13 : 3
Arabie P, Kosslyn SM (1975) A multidimensional scaling study of visual memory of 5-year olds and adults. J Exp Child Psychol 19 : 327 – 345
Arnheim R (1969) Visual thinking. University of California
Atkinson RC (1975) Mnemotechnics in second-language learning. Am Psychol 30 : 821 – 828
Atkinson RC, Raugh MR (1975) An application of the mnemonic keyword method to the aquisition of a russian vocabulary. J Exp Psychol Hum Learn Mem 1 : 126 – 133
Atkinson RC, Shiffrin RM (1971) The control of short term memory. Sci Am 225 : 82 – 90
Aubley PM, Franks JJ (1978) The effects of effort toward comprehension on recall. Mem Cognit 6 : 20 – 25
Ausubel DP (1963) The psychology of meaningful verbal learning; an introduction to school learning. Grune & Stratton, New York
Ausubel DP (1974) Psychologie des Unterrichts. Beltz, Weinheim

Ausubel DP (1978) In defense of advance organizers: a reply to the critics. Rev Educ Res 48 : 251 – 257

Ausubel DP, Fitzgerald D (1961) The role of discriminability in meaningful verbal learning and retention. J Educ Psychol 52 : 266 – 274

Baddeley AD (1979) Die Psychologie des Gedächtnisses. Klett, Stuttgart

Bahrik HP, Bahrik PO, Wittlinger RP (1975) Fifty years of memory for names and faces: A cross-sectional approach. J Exp Psychol Gen 104 : 54 – 75

Bandler R, Grinder J (1982) Metasprache und Psychotherapie. Junfermann, Paderborn

Barnes BR, Clawson EW (1975) Do advance organizers facilitate learning? Recommendations for further research based on an analysis of 32 studies. Rev Educ Res 45 : 637 – 659

Bartlett FC (1932) Remembering. Cambridge University Press, Cambridge

Belezza FS, Reddy BG (1978) Mnemonic devices and natural memory. Bull Psychonomic Soc 11 : 277 – 280

Belezza FS, Richards DL, Geiselman RE (1976) Semantic processing and organization in free recall. Mem Cognit 4 : 415 – 421

Benton JL, Glover JA, Bruning RA (1983) Levels of processing: effect of number of decisions on prove recall. J Educ Psychol 75 : 382 – 390

Bernstein DA, Borkovec TD (1975) Entspannungstraining. Handbuch der progressiven Muskelentspannung. Pfeiffer, München

Bevan W, Feuer JN (1977) The role of context in episodic memory. Bull Psychonomic Soc 10 : 76 – 78

Beyer G (1974) Gedächtnis und Konzentrationstraining. Econ, Düsseldorf

Blair R, Perlmutter M, Myers NA (1978) The effects of unlabeled and labeled picture cues on very young children's memory for location. Bull Psychonomic Soc 11 : 46 – 48

Bousfield WA (1953) The occurence of clustering in recall of randomly arranged associates. J Gen Psychol 49 : 229 – 240

Bower GH (1970a) Organisational factors in memory. Cognit Psychol 1 : 18 – 46

Bower GH (1970b) Imagery as a relational organizer in assoziative learning. J Verb Lear Verb Behav 9 : 529 – 539

Bower GH (1973) How to ... uh ... remember! Psychology Today 7/5 : 63 – 70

Bower GH, Clark MC (1969) Narrative stories as mediators for serial learning. Psychon Sci 14 : 181 – 182

Bower GH, Martin KB (1974) Depth of processing pictures of faces and recognition memory. J Exp Psychol 103 : 751 – 757

Bower GH, Lesgold AL, Tieman D (1969) Grouping operations in free recall. J Verb Learn Verb Behav 8 : 481 – 493

Brautman E (1973) Comparison of learning and retention for all digit telephone numbers to prefixed and mnemonic coded numbers. Percept Mot Skills

Brigham FJ, Brigham MM (1998). Using mnemonic keyword in gerneral music classes: Music history meets cognitive Psychology. J Res Dev Educ 31: 205 – 213

Brooks LR (1968) Spatial and verbal components of the act of recall. Can J Psychol 22 : 349 – 368

Brown AL, Barclay CR (1976) The effects of training specific mnemonics on the metamnemonic efficiency of retarded children. Child Dev 47 : 71 – 80

Brown AL, Day JD (1983) Macrorules for summarizing texts: The development of expertise. J Verb Learn Verb Behav 22 : 1 – 14

Brown G, Sproson RN (1987) The involvement of memory and metamemory in the schoolwork of secondary school pupils. Educational Studies 13 : 213 – 221

Brown R, Kulick J (1977) Flashbulb memories. Cognition 5 : 73 – 99

Bruce D, Clemons DM (1982) A test of the effectiveness of the phonetic (number-consonant) mnemonic system. Hum Learn 1 : 83 – 93

Bruner JS (1964) The course of cognitive growth. Am Psychol 19 : 1 – 15

Bugelski BR (1974) The image as mediator in one-trial paired-associate learning III. Sequential function in serial lists. J Exp Psychol 103 : 298 – 303

Bugelski BR, Kidd E, Segman J (1968) The image as a mediator in one-trial paired-associate learning. J Exp Psychol 76 : 69 – 73

Buzan T, Buzan B (1999) Das Mind-Map-Buch, 4. Aufl. mgv, Landsberg

Campione JC, Brown AL (1977) Memory and metamemory development in educable retarded children. In: Kail RV, Hagen JW (eds) Perspectives on the development of memory and cognition. Erlbaum, Hillsdale New York, pp 367 – 406

Campos A, Lopez A, Perez, MJ (1999). Non compliance with instruction in the study of the use of imagery as a memory aid. Imagination Cognition Personality 18: 241 – 249

Capra F (1988) Wendezeit. Knaur, München

Carmichael L, Hogan HP, Walter AA (1932) An experimental study of the effect of language on the reproduction of visually perceived form. J Exp Psychol 15 : 73 – 86

Carney, RN, Levin, JR (1998). Coming to terms with the keyword method in introductory psychology: A "neuromnemonic" example. Teaching Psychol 25: 132 – 134

Carney RN, Levin JR, Stackhouse TL (1997). The fece-name mnemonic strategy from a different perspective. Contemp Educ Psychol 22: 399 – 412

Chernoff H (1971) The use of faces to represent points in n-dimensional space graphically. Techn Report No 71. Stanford University, Stanford

Cherry EC (1953) Some experiments in the recognition of speech with one and two ears. J Acoust Soc Am 25 : 975 – 979

Cherry EC, Taylor WK (1954) Some further experiments on the recognition of speech with one and two ears. J Acoust Soc Am 26 : 554 – 559

Cofer CN (1967) Does conceptual organization influence the amount retained in immediate free recall? In: Kleinmuntz B (ed) Concepts and the structure of memory. Wiley & Sons, New York, pp 181 – 214

Collins AM, Quillian MR (1972) Experiments on semantic memory and language comprehension. In: Gregg LW (ed) Cognition in learning and memory. Wiley & Sons, New York, pp 117 – 138

Courtois M, Mueller JH (1979) Processing multiple physical features in facial recognition. Bull Psychonom Soc 14 : 74 – 76

Craik FIM (1979) Human memory. Ann Rev Psychol 30 : 63 – 102

Craik FIM, Lockhart RS (1972) Levels of processing: A framework for memory research. J Verb Learn Verb Behav 11 : 671 – 684

Craik FIM, Tulving E (1975) Depth of processing and the retention of words in episodic memory. J Exp Psychol Gen 104 : 268 – 294

Cronbach LJ (1975) Beyond the two disciplines of scientific psychology. Am Psychol 30 : 116 – 127

Cronbach LJ, Snow RE (1977) Aptitudes and instructional methods. A Handbook of Research on Instructions. Irvington, New York

Crovitz HF (1969) Memory loci in artificial memory. Psychon Sci 16 : 82 – 83

Csikszentmihalyi M (1985) Das flow-Erlebnis. Stuttgart: Klett-Cotta

Cube F v (1970) Informationstheoretische Untersuchungen zum Problem des Auswendiglernens. In: Weinert F (Hrsg) Pädagogische Psychologie, 6. Aufl. Kiepenheuer & Witsch, Köln, S 191– 200

D'Agostino PR, O'Neill BJ, Paivio A (1977) Memory for pictures and words as a function of level of processing: depth or dual coding? Mem Cognit 5 : 252 – 256

Dansereau DF, McDonald BA, Collins KW, Garland J, Holley CD, Diekhoff GM, Evans SH (1979) Evaluation of a learning strategy system. In: O'Neill HF, Spielberger CD (eds) Cognitive and affective learning strategies. Academic Press, New York, pp 3 – 43

Darwin C (1872; Nachdruck 1965) The expression of emotions in man and animals. University of Chicago Press, Chicago

De Beni R, Cornoldi C (1988) Does the repeated use of loci create interference? Percept Mot Skills 67 : 415 – 418

DeBeni R, Mo A, Cornoldi C, (1997) Learning from text or lectures: Loci mnemonics can interfere with reading but not with listening. Eur J Cogn Psychol 9: 401 – 415

Deese J (1969) On the structure of associative meaning. Psychol Rev 69 : 161 – 175

Delin PS (1969) The effects of mnemonic instruction and list length on serial learning and retention. Psychon Sci 17 : 111 – 113

Delprato DJ, Baker EJ (1974) Concreteness of pegwords in two mnemonic systems. J. Exp Psychol 102/3:520–522

Deutsche Gesellschaft für Verhaltenstherapie (Hrsg.) (1986) Verhaltenstherapie – Theorien und Methoden. DGVT, Tübingen

De Villiers PA (1974) Imagery and theme recall of connected discourse. J Exp Psychol 103 : 263 – 268

Dillon R, Snowman J (1980) Recognition memory in hearing-impaired children: A levels-of-processing approach. J Exp Child Psychol 29 : 502 – 506

Dirks I, Neisser U (1977) Memory for objects in real scenes: the development of recognition and recall. J Exp Child Psychol 23 : 315 – 328

Divesta FJ, Sunshine PM (1974) The retrieval of abstract and concrete materials as functions of imagery, mediation, and mnemonic aids. Mem Cognit 2 : 340 – 344

Dörner D (1982) Lernen des Wissens und Kompetenzerwerb. In: Treiber B, Weinert FE (Hrsg) Lehr–Lern–Forschung. Urban & Schwarzenberg, München, S 134 – 148

Dörner D (1989) Die Logik des Mißlingens. Rowohlt, Reinbek

Doyel WH (1986) Using an advance organizer to establish a subsuming function concept for facilitating achievement in remedial college mathematics. Am Educ Res J 23/3 : 507 – 516

Dretzke BJ, Levin JR (1990) Building factual knowledge about the U.S. Presidents via pictorial mnemonic strategies. Contemp Educ Psychol 15/2 : 152 – 169

Dumke D, Schäfer G (1986) Verbesserung des Lernens durch trainiertes Unterstreichen. Psychol Erz Unterr 33 : 210 – 219

Düker H, Tausch R (1970) Über die Wirkung der Veranschaulichung von Unterrichtsstoffen auf das Behalten. In: Weinert F (Hrsg) Pädagogische Psychologie. Kiepenheuer & Witsch, Köln, S 201 – 215

Dusek JB (1980) The development of test anxiety in children. In: Sarason IG (Hrsg.) Test anxiety: Theory, research, and application. Erlbaum, Hillsdale,

Eagle M, Wolitzky DL, Klein GS (1986) Imagery: effect of a concealed figure in a stimulus. Science 151 : 837 – 839

Ebbinghaus H (1885) Über das Gedächtnis. Duncker, Leipzig

Eccles JC (1979) Das Gehirn des Menschen. Piper, München

Edelmann W (1988) Suggestopädie/Superlearning. Asanger, Heidelberg

Edmunson ED, Nelson DG (1976) Anxiety, imagery, and sensory interference. Bull Psychon Soc 8 : 319 – 322

Einstein GO, Morris J, Smith S (1985) Individual Differences, and Memory for Lecture Information. J Educ Psychol 77, 5 : 522–532

Ekman P; Levenson RW; Friesen WV (1983) Autonomic nervous system activity distinguishes among emotions. Science 221: 1208–1210

Ellinwood EH (1969) Perception of faces. Psychiatr Q (NY) 43 : 622 – 646

Ellis A (1982) Die rational emotive Therapie. Pfeiffer, München

Erdelyi MH (1976) Coding modality as input modality in hypermnesia. Cognition 4 : 311 – 319

Erdelyi MH, Becker J (1974) Hypermnesia for pictures. Cogn Psychol 6 : 159 – 171

Ericsson KA, Chase WG, Faloon St (1980) Aquisition of a memory skill. Science 208 : 1181 – 1182

Erickson MH, Rossi EL (1981) Hypnotherapie: Aufbau – Beispiele – Forschungen. Pfeiffer, München

Ernest CH (1977) Imagery ability and cognition: a critical review. J Ment Imagery 2 : 181– 216

Evans RC (1976) Levels of processing in childrens memory. Phil Dissertation, University of New Mexiko

Flammer A (1975) Individuelle Unterschiede im Lernen. Beltz, Weinheim

Flammer A (1985) Perspektivisches Erinnern. In: Albert D (Hrsg) Bericht über den 34. Kongr. d. Dtsch. Ges. f. Psychologie in Wien 1984. Bd 1. Hogrefe, Göttingen, S 238 – 239

Flavell JH (1970) Developmental studies of mediated memory. Adv Child Dev Behav Vol : 5

Flavell JH (1971) First discussants comment. What is memory development the development of. Hum Dev 14 : 272–278

Florin I; Rosenstiel L (1976) Leistungsstörung und Prüfungsangst. Wilhelm Goldmann, München

Forrester WE, King DJ (1971) Effects of semantic and acoustic relatedness on free recall and clustering. J Exp Psychol 88 : 16 – 19

Foth DL (1973) Mnemonic technique effectiveness as a function of word abstractness and mediation instruction. J Verb Learn Verb Behav 12: 239– 245

Franks CM; Wilson GT (1980) Annual Review of Behavior Therapy, theory and practice, 1979. (Deutsch: Jahresüberblick der Verhaltenstherapie 1979: Entwicklungen in Theorie, Forschung und Praxis, Sonderheft 3, 1980. Deutsche Gesellschaft für Verhaltenstherapie, Tübingen

Franks JJ, Bransford JD (1974) Memory for syntactic form as a function of semantic context. J Exp Psychol 103 : 1037 – 1039

Frederiksen CH (1969) Abilities, transfer, and information retrieval in verbal learning. Multivar Behav Res Mon 2 : 69 – 72

Freedman JL, Landauer TK (1966) Retrieval of long-term Memory: »Tip-of-the-tongue« phenomen. Psychon Sci 5 :325 – 337

Gärtner-Harnack V (1973) Angst und Leistung. Weinheim: Urban & Schwarzenberg;

Gärtner-Harnack V (1976) Angst und Leistung. Beltz, Weinheim

Gentner D (1978) Der experimentelle Nachweis der psychologischen Realität semantischer Komponenten: die Verben des Besitzes. In: Norman D, Rumelhart DE (eds) Struktur des Wissens. Klett, Stuttgart S 213 – 247

Gentner D, Gentner DR (1983) Flowing waters or teeming crowds: mental models of electricity. In: Gentner D, Stevens AL (eds) Mental models. Erlbaum, Hillsdale NY, pp 99 – 129

Ghatala E, Carbonari JP, Bobele LZ (1980) Developmental changes in incidental memory as a function of processing level, congruity, and repetition. J Exp Child Psychol 29 : 74 – 87

Gick ML, Holyoak KJ (1983) Schema induction and analogical transfer. Cogn Psychol 12 : 306 – 355

Glanzer M, Koppenaal L (1977) The effect of encoding tasks on free recall: stages and levels. J Verb Learn Verb Behav 16 : 21 – 28

Glynn SM, Andre T, Britton BK (1986) The design of instructional text: introduction to the special issue. Educ Psychologist 21 : 245 – 251

Goldman SR, Pellegrino JW (1977) Processing domain, encoding elaboration and memory trace strength. J Verb Learn Verb Behav 16 : 29 – 43

Gould SJ (1980) The panda's thumb. Norton, New York

Gordon WJJ (1961) Synectics: the development of creative capacity. Harper, NY

Griffith D (1976) The attentional demands of mnemonic control processes. Mem Cogn 4 : 103 – 108

Grinder J, Bandler R (1982) Kommunikation und Veränderung. Junfermann, Paderborn

Groeben N (1982) Leserpsychologie: Textverständnis – Textverständlichkeit. Aschendorff, Münster

Grof St (1978) Topographie des Unbewußten. Klett, Stuttgart

Groninger LD (1971) Mnemonic imagery and forgetting. Psychon Sci 23 : 161 – 163

Günther M, Heinze R, Schott F (1977) Konzentriert arbeiten – gezielt studieren. Urban & Schwarzenberg, München

Haber RN (1969) Eidetic imagery. Sci Am 220 : 36 – 44

Haber RN (1970) How we remember what we see. Sci Am 222 : 104 – 115

Hadamard J (1945) The psychology of invention in the mathematical field. Dover, New York

Hall VC, Talkuder ABMN, Esposito M (1989) Individual differences in the ability to learn and recall with or without imagery mnemonics. J Mental Imagery 13 : 43 – 54

Harris LJ, Blaiser MJ (1997). Effects of a mnemonic peg system on the recall of daily tasks. Percept Mot Skills 84: 721 – 722

Hartig M (1973) Selbstkontrolle. Urban & Schwarzenberg, München

Hastings MW (1982) Effectiveness of face-name learning strategies. Percep Mot Sh 54 : 167–170

Hauck PD, Walsh CC, Kroll NA (1976) Visual imagery mnemonics: common vs bizarre mental images. Bull Psychon Sci 7 : 160 – 162

Hayes DA, Henk WA (1986) Understanding and remembering complex prose augmented by analogic and pictorial illustration. Journal of Reading Behavior, I, 63–78

Heckhausen H (1989) Motivation und Handeln. 2. Aufl., Springer, Berlin Heidelberg New York

Helmke A (1983) Schulische Leistungsangst: Erscheinungsformen und Entstehungsbedingungen. Peter Lang, Frankfurt/M.

Heuer F, Reisberg D (1990) Vivid memories of emotional events: the accuracy of remembered minutiae. Memory Cognition 18 : 496 – 506

Heyde JE (1966) Technik des wissenschaftlichen Arbeitens, 9. Aufl. Kiepert, Berlin

Higbee KL (1976) Can young children use mnemonics. Psychol Rep 38 : 18

Higbee KL (1977) Your memory how it works and how to improve it. Prentice-Hall, Englewood Cliffs, NJ

Higbee KL (1979) Recent research on visual mnemonics: Historical roots and educational fruits. Rev Educ Res 49/4 : 611–629

Higbee KL (1997) Novices, apprentices, and mnemonists: Aquiring expertise with the phonetic mnemonic. Applied Cogn Psychol 11: 147 – 161

Hilgard ER, Atkinson RL, Atkinson RC (1979) Introduction to Psychology, 7th edn. Harcourt Brace Jovanovich, New York

Höntsch U (1990) Wege zum Supergedächtnis. Wegverlag, Rösrath

Holoyak K, Hogeterp H, Yuille JC (1972) A developmental comparison of verbal and pictorial mnemonics in paired associate learning. J Exp Child Psychol 14 : 63 – 65

Howe JA (1977) Learning and the acquisition of knowledge by students: some experimental investigations. In: Howe JA (ed) Adult learning. Wiley & Sons, New York, pp 145 – 160

Howe MJA (1980) The psychology of human learning. Harper & Row, New York

Hulicka JM, Grossmann JL (1967) Age-group comparisons for the use of mediators in paired-associate learning. J Gerontol 22 : 46 – 51

Hunter I (1964) Memory. Penguin Books, Middlesex

Hunter IML (1977) Imagery, comprehension, and mnemonics. J Ment Imagery 1 : 65 – 72

Hwang Y, Renandya WA, Levin JR, Levin ME, Glasmann LD, Carney RN (1999) A pictorial mnemonic numeric system for improving students' factual memory. J Ment Imagery 23: 45 – 69

Ironsmith M, Lutz J (1996) The effects of bizarreness and self generation on mnemonic imagery. J Mental Imagery 20 113 – 126

Jaensch ER (1932) Die Eidetik und die typologische Forschung. Leipzig

Jusczyk PW, Kemler DG, Elliott AB (1975) A developmental comparison of two types of visual mnemonics. J Exp Child Psychol 20 : 327 – 340

Jüttner C (1979) Gedächtnis. Reinhardt, München

Kail RV (1992) Gedächtnisentwicklung bei Kindern. Heidelberg: Spektrum

Kay H (1955) Learning and retaining verbal material. Br J Psychol 42 : 34 – 41

Kee DW, White BR (1977) Children's noun-pair learning: Analysis of pictorial elaboration and memory instruction effects. Child Dev 48 : 674 – 677

Keenan JM, Mac Whinney B, Mayhew D (1977) Pragmatics in memory: a study of natural conversation. J Verb Learn Verb Behav 16 : 549 – 560

Kihlstrom JF (1985) Hypnosis. Annual Rev Psychol 36 : 385 – 418

Kintsch W (1974) The reperesentation of meaning in memory. Hillsdale, New York

Kintsch W (1977) Memory and cognition. Wiley & Sons, New York

Kirtley DD (1975) The psychology of blindness. Nelson Hall, Chicago

Kliege R, Smith J, Baltes PB (1989) Testing the limits and the study of adult age differences in cognitive plasticity of a mnemonic shill. Dev Psychol 25 : 247–256

Kluwe RH (1982) Kontrolle eigenen Denkens und Unterricht. In: Treiber B, Weinert FG (Hrsg) Lehr–Lern–Forschung. Urban & Schwarzenberg, München, 113 – 131

Koffka K (1921) Die Grundlagen der psychischen Entwicklung. Osterwieck

Köhler W (1933) Psychologische Probleme. Berlin

Kommer I, Reinke H (1999) Mind Mapping am PC für Präsentationen, Vorträge, Selbstmanagement. Hanser, München

Kosslyn SM (1973) Scanning visual images: some structural implications. Percept Psychophys 14 : 90 – 94

Kosslyn SM (1975) Information representation in visual images. Cogn Psychol 7 : 341 – 370

Kraft H (1982) Autogenes Training. Hippokrates, Stuttgart

Kreutzer Ma, Leonard C, Flavell J (1975) An interview study of childrens knowledge about memory. Child Dev Monogr 40

Krinsky R, Krinsky S. (1996) Pegword mnemonic instruction: Retrieval times and long term memory performance among fifth-grade children. Contemp Educ Psychol 21: 193 – 207

Kugemann F (1997) Lerntechniken für Erwachsene. Rowohlt, Reinbek

Kugemann WF (1966) Kopfarbeit mit Köpfchen. Pfeiffer, München

Kulhavy RW, Heinen JRK (1974) Mnemonic transformations and verbal coding processes. J Exp Psychol 102 : 173 – 175

Kulhavy RW, Swenson I (1975) Imagery instructions and the comprehension of text. Br J Educ Psychol 45 : 47 – 51

Kulhavy RW, Sherman JL, Schmid RF (1978) Contextual cues and depth of processing in short prose passages. Cont Educ Psychol 3 : 62 – 68

Langer I, Schulz von Thun F, Tausch R (1974) Verständlichkeit in Schule, Verwaltung, Politik und Wissenschaft. Reinhardt, München

Lawrence DM, Cobb NJ, Beard JI (1978) Influence of active encoding on tactile recognition memory for common objects. Percept Mot Skills 47 : 596 – 598

Lawson MJ, Hogben D (1998). Learning and recall of foreign-language vocabulary: Effects of a keyword strategy for immediate and delayed recall. Learning Instruction 8: 179 – 194

Lea G (1975) Chronometric analysis of the method of loci. J Exp Psychol 104/2 : 95 – 104

Lebrato MT, Ellis NR (1974) Imagery mediation in paired associate learning by retarded and non retarded subjects. Am J Ment Def 78 : 704 – 713

Lehr U (1984) Psychologie des Alterns. Quelle & Meyer, Heidelberg

Lesgold AM, Goldman RG (1973) Encoding uniqueness and the imagery mnemonic in associative learning. J Verb Learn Verb Behav 12 : 193 – 202

Levin JR, Shriberg LK, Berry JK (1983) A concrete strategy for remembering abstract prose. Am Educ Res J 20/2 : 277 – 290

Levin JR, et al (1984) A comparison of semantic – and mnemonic-based vocabulary-learning strategies. Reading Psychology 5 : 1 – 15

Levin JR, et al (1986) Mnemonic facilitation of text-embedded science facts. Am Educ Res J 23/3 : 489 – 506

Levinson BB (1967) States of awareness during general anaesthesie. In: Lassner (ed) Hypnosis and psychosomatic medicine. Springer, New York

Lindsay PH, Norman DA (1981) Einführung in die Psychologie. Informationsaufnahme und -verarbeitung beim Menschen. Springer, Berlin Heidelberg New York

Löwe H (1975) Einführung in die Lernpsychologie des Erwachsenenalters. Deutscher Verlag der Wissenschaften, Berlin

Lorayne H, Lucas J (1974) The memory book. Stein & Day, New York

Lozanov G (1978) Suggestology and outlines of suggestopedy. London (Übersetzung von Suggestologia, Sofia 1971)

Lu MY, Webb JM, Krus DJ, Fox LS (1999) Using order analytic hierarchies of mnemonic to facilitate learning Chinese and Japanese Kanji characters. J Exp Educ 67: 293 – 311

Luria A (1968) The mind of a mnemonist. Basic Books, New York

Luria AR (1973) The working brain. An introduction to neuropsychology. Penguin Books, New York

Maltzmann I (1968) Theoretical conceptions of semantic conditioning and generalisation. In: Dixon TR, Horton DL (eds) Verbal behavior and general behavior theory. Prentice-Hall, Englewood Cliffs, pp 291 – 339

Mandler G (1967) Organization and memory. In: Spence KW, Spence JT (eds) The psychology of learning and motivation. 1. Academic Press, New York, pp 327 – 372

Mandler G, Dean PJ (1969) Seriation: development of serial order in free recall. J Exp Psychol 81 : 207 – 215

Manning BA, Bruning RH (1975) Interactive effects of mnemonic techniques and word-list characteristics. Psychol Rep 36 : 727 – 736

Markmann E (1977) Realizing that you don't understand: a preliminary investigation. Child Dev 48 : 986 – 992

Markmann E (1979) Realizing that you don't understand: elementary school children's awareness of inconsistencies. Child Dev 50 : 643 – 655

Marsh G, Desberg P (1978) Mnemonics for phonics. Cont Educ Psychol 3 : 57 – 61

Martin E (1972) Stimulus encoding in learning and transfer. In: Melton AW, Martin E (eds) Coding processes in human memory. Winston, Washington

Mayer R E(1979) Can advance organizers influence meaningful learning? Rev Educ Res 49 : 371 – 383

McGeoch JA, Irion AL (1952) The psychology of human learning. Longmans and Green, New York

Meichenbaum DW (1979) Kognitive Verhaltensmodifikation. Urban & Schwarzenberg, München

Meili-Dworetzki G (1957) Das Bild des Menschen in der Vorstellung und Darstellung des Kleinkindes. Huber, Bern

Melton AW (1970) The situation with respect to the spacing of repetitions in memory. J Verb Learn Verb Behav 9 : 546 – 606

Metzger W (1953) Gesetze des Sehens. Kramer, Frankfurt

Meyer BJF (1977) The structure of prose: effects on learning and memory and implications for educational practice. In: Anderson RC, Spiro RJ, Montague WE (eds) Schooling and the acquisition of knowledge. Lawrence Erlbaum, Hillsdale, pp 179 – 200

Micko C, Thüring M (1985) Kleine Ursachen – Große Wirkungen. Die Bedeutung von Konjunktionen für das Behalten von Sätzen. In: Albert D (Hrsg) Bericht über den 34. Kongreß d. Dtsch. Ges. f. Psychologie in Wien. Bd 1. Hogrefe, Göttingen, S 237 – 238

Mills JC, Crowley RJ (1986) Therapeutic metaphors for children and the child within. Bruner & Mazel, NY

Mietzel G (1975) Pädagogische Psychologie, 2. Aufl. Hogrefe, Göttingen

Miller GA (1956) The magical number seven, plus minus two: Some limits on our capacity for processing information. Psychol Rev 63 : 81 – 97

Miller GA, Galanter E, Pribram KH (1960) Plans and the structure of behavior. Holt, Rinehard & Winston, New York (deutsch: Strategien des Handelns. Klett-Cotta, Stuttgart 1973)

Mistler-Lachman JL (1974) Depth of comprehension and sentence memory. J Verb Learn Verb Behav 13 : 98 – 106

Moeser SD (1975) Memory for meaning and wording in concrete and abstract sentences. J Verb Learn Verb Behav 13 : 682 – 697

Müller GE, Pilzecker A (1990) Experimentelle Beiträge zur Lehre vom Gedächtnis. Leipzig

Müller JH (1979) Anxiety and encoding processes in memory. Pers Soc Psychol Bull 5 : 288 – 294

Mueller JH, Jablonski EM (1970) Instructions, noun imagery and priority in free recall. Psychol Rep 27 : 559 – 566

Murdock BB (1962) The serial effect of free recall. J Exp Psychol 64 : 482 – 488

Murphy MD, Schmitt FA (1987) Metamemory in older adults: The role of monitoring in serial recall. Psychology and Aging 2 : 331 – 339

Murray FS (1974) Effects of narrative stories on recall. Bull Psychon Soc 4 : 577 – 579

Neber H (1982) Selbstgesteuertes Lernen. In: Treiber B, Weinert FE (Hrsg) Lehr-Lern-Forschung. Urban und Schwarzenberg, München, S 89 – 112

Neimark E, Slotnick S, Ulrich T (1971) Development of memorization strategies. Dev Psychol 5 : 427 – 432

Neisser U (1974) Kognitive Psychologie. Klett, Stuttgart

Neisser U (1979) Kognition und Wirklichkeit. Klett, Stuttgart

Neisser U, Kerr N (1973) Spatial and mnemonic properties of visual images. Cogn Psychol 5 : 138 – 150

Nelson DL, Reed VS, McEvoy C (1974) Role of details in the long term recognition of pictures and verbal descriptions. J Exp Psychol 102 : 184 – 186

Nelson ThO, Vining SK (1978) Effect of semantic versus structural processing on long-term retention. J Exp Psychol: Hum Learn Mem 4 : 198 – 209

Nickerson, RS, Adams MJ (1979), Long-term memory for a common object. Cognit. Psychol. 11 : 287 – 307

Norman DA (1973) Aufmerksamkeit und Gedächtnis. Beltz, Weinheim

Norman D, Rumelhart DE (Hrsg) (1978) Strukturen des Wissens. Klett, Stuttgart

Oerter R, Schuster M (1987) Gedächtnis und Wissen. In: Montada L (Hrsg) Entwicklungspsychologie. PVU, Weinheim

O'Connell DN, Shor RE, Orne T (1970) Hypnotic age regression: an empirical and methodological analysis. J Abnormal Psychol 76 : 1 – 32

O'Neill HF, Spielberger CD (1979) Cognitive and affective learning strategies. Academic Press, New York

Olbrich E, Schuster M (1976) Lernen im Erwachsenenalter – ein theoretischer Beitrag. Z Gerontol 9 : 3 – 17

Ordy JM, Brizzee KR (eds) (1975) Neurobiology of aging. Plenum Press, New York

Ornstein RE (1974) Die Psychologie des Bewußtseins. Kiepenheuer u. Witsch, Köln

Ornstein PA, Naus MJ, Liberty Ch (1975) Rehearsal and organizational processes in children's memory. Child Dev 46 : 818 - 830

Osborn AF (1953) Applied imagination: principles and procedures of creative thinking. Scribner, NY

Ostrander ShN, Schroeder L (1982) Leichter lernen ohne Streß. 4. Aufl, Scherz, Bern u. München

Owings RA, Baumeister A (1979) Levels of processing, encoding strategies, and memory development. J Exp Child Psychol 28 : 100 – 118

Paivio A (1969) On the functional significance of imagery. Psychol Bull 73 : 385 – 392

Paivio A (1971) Imagery and verbal process. Rinehart and Winston, New York

Paris SG (1975) Integration and inference in children's comprehension and memory. In: Restle F (ed) Cognitive theory, vol 1. Erlbaum, Hillsdale

Patton GWR (1986) The effect of the phonetic mnemonic system. Hum Learning 3 : 137 – 142

Patton GWR, Lantzy PD (1987) Testing the limits of the phonetic mnemonic system. Appl Cognit Psychol 1 : 263 – 271

Perlmutter M, Myers NA (1975) Young childrens coding and storage of visual and verbal material. Child Dev 46 : 215 – 219

Persensky JJ, Senter RJ (1970a) The effects of subjects conforming to mnemonic instructions. J Psychol 74 : 15 – 20

Polya G (1973) Mathematics and plausible reasoning. Princeton Univ Press, NY

Potter MC, Faulconer BA (1975) Time to understand pictures and words. Nature 253 : 437 – 438

Prawat RS (1989) Promoting access to knowledge strategy, and disposition in students: a research synthesis. Rev Educ Res 59 : 1 – 41

Pressley M (1977) Imagery and children's learning: putting the picture in developmental perspective. Rev Educ Res 47/4 : 585 – 622

Puff CR (1970) Role of clustering in free recall. J Exp Psychol 86 : 384 – 386

Rankin JL, Kausler DH (1979) Adult age differences in false recognitions. J Gerontol 34 : 58 – 65

Raugh MR, Atkinson RC (1975) A mnemonic method for learning a second-language vocabulary. J Educ Psychol 67 : 1 – 16

Raugh MR, Schupbach RD, Atkinson RC (1977) Teaching a large russion language vocabulary by the mnemonic keyword method. Instr Sci 6 : 199 – 221

Reeder GD, Esselmann ED, Cormik Ch (1987) Self-referent processing and recall of prose. J Educ Psychol 79 : 243 – 248

Richardson A (1977) Verbalizer-visualizer: a cognitive style dimension. J Ment Imag 1/1 : 109 – 126

Riefer DM, Rouder JN (1992) A multinomal modelling analysis of the mnemonic benefits of bizarre imagery. Mem Cognit 20: 601 – 611

Robertson-Tschabo A, Hausmann CP, Ahrenberg D (1976) A classic mnemonic for older learners: a trip that works! Educ Gerontol 1 : 215 – 226

Robinson R; West R (1992) A comparison of computer and questionnaire methods of history-taking in a genito-urinary clinic. Psycology and Health 6: 77–84

Rock I (1957) The role of repetition in associative learning. Am J Psychol 70 : 186 – 193

Rock I, Halper F, Clayton T (1972) The perception and recognition of complex figures. Cognit Psychol 3 : 655 – 673

Rogers TB, Kuiper NA, Kirker WS (1977) Self-reference and the encoding of personal information. J Pers Soc Psychol 35 : 677 – 688

Rohwer WD (1973) Images and pictures in children's paired-associate learning. In: Reese HW (ed) Advances in child development and behavior. Academic Press, New York

Ross HS, Killey JC (1977) The effect of questioning on rentention. Child dev 48 : 312 – 314

Ross J, Lawrence KA (1968) Some observations on memory artifice. Psychon Sci 13 : 107 – 108

Rosenthal R, Jacobson L (1971) Pygmalion im Unterricht. Beltz, Weinheim

Rothkopf EZ (1966) Learning from written instructive materials: an exploration of the control of inspection behavior by test-like events. Am Educ Res J 3 : 241 – 249

Rothkopf EZ, Bisbicos EE (1971) Selective facilitative effects of interspersed questions on learning from written material. J Educ Psychol 58 : 56 – 61

Rubin DC, Olson MJ (1980) Recall of semantic domains. Mem Cogn 8 (4):354 – 366

Rückriem G, Stary J, Franck N (1977) Die Technik wissenschaftlichen Arbeitens. Schöningh, Paderborn

Sadalla EK, Loftness St (1972) Emotional images as mediators in one-trial learning. J Exp Psychol 95 : 295 – 298

Salatas H, Flavell JH (1976) Behavioral and metamnemonic indicators of strategic behaviors under remember instructions in first grade. Child Dev 47 : 81 – 90

Sander E (1981) Lernstörungen. Kohlhammer, Stuttgart

Sanford EC (1982) Professor Sanford's Morning Prayer. In: Neisser, U.: Memory Observed. W.H. Freeman, San Francisco

Santa JL, Ruskin AB, Yio AJH (1973) Mnemonic systems in free recall. Psychol Rep 32 : 1163 – 1170

Schaaf MC (1988) Motorische Aktivität und verbale Lernleistung - Leistungssteigerung durch Simultanität? Exp Angew Psychol 35 : 298 – 302

Schiffler L (1989) Suggestopädie und Superlearning - empirisch geprüft. Diesterweg, Frankfurt/M

Schneider W (1985) Developmental trends in the metamemory – memory behavior relationship: An integrative review. In: Forest – Pressley DL, MacKinnon GE, Waller TG (eds) Cognition, metacognition and human performance. Academic Press, New York

Schultz JH (1961) Übungsheft für das autogene Training, 11. Aufl. Thieme, Stuttgart

Schultz JH (1964) Das autogene Training, 11. Aufl. Thieme, Stuttgart

Schuster DH, Gritton CE (1985) SALT – Suggestive Accelerative Learning Techniques – Theory and Applications. Carlisle

Schuster M (1986) Kunsttherapie. Dumont, Köln

Schuster M, Barkowski D (1980) Intelligenz oder relevantes Wissen als Voraussetzung für Strategien der Umweltbewältigung im höheren Lebensalter. Z Gerontol 13 : 385 – 400

Schuster M, Beisl H (1978) Kunstpsychologie. Dumont, Köln

Schuster M, Bensch R (1977) Verständlichkeit sachlicher und anthropomorphisierender Tierkundetexte. Z Empirische Päd 4 : 12 – 25

Schuster M, Dumpert HD (1977) Lernen von bedeutungsvollem Material. Psychologie heute 1 : 39ff

Schuster M, Woschek, BP (1989) (Hrsg.) Nonverbale Kommunikation durch Bilder. Göttingen, Hoarete

Schwarzer R (1993) Streß, Angst und Handlungsregulation. 3. Aufl., Kohlhammer,Stuttgart:

Scruggs TE, Mastropieri MA (1988) Acquisition and transfer of learning strategies by gifted and nongifted students. J Special Education 22 : 153 – 166

Scruggs TE, Mastropieri MA (1984) Learning characteristics of gifted youths: precocious strategy use. Paper presented at the Western Exchange Conference on Gifted/Talented. Salt Lake City

Scruggs TE, Mastropieri MA, Monson J, Jorgensen C (1985) Maximizing what gifted students can learn: recent findings of learning strategy research. Gifted Child Q 29 : 181 – 185

Scruggs, TE, Mastropieri MA, Jorgensen C, Monson J (1986) Effective Mnemonic Strategies for gifted learners. Educ gifted 9 : 105 – 121

Seamon JG, Virstek S (1978) Memory performance and subject defined depth of processing. Mem Cognit 6 : 283 – 287

Senter RJ, Hauser GK (1968) An experimental study of a mnemonic system. Psychon Sci 10 : 289 – 290

Senter RJ, Hoffman RR (1976) Bizarrness as a non essential variable in mnemonic imagery: a confirmation. Bull Psychon Soc 7 : 163 – 164

Shah I (1983) Die Weisheit der Narren. Herder, Freiburg/Brsg.

Shepard RN, Metzler J (1971) Mental rotation of three-dimensional objects. Science 171 : 701 – 703

Shrager L, Mayer RE (1989) Note-taking fosters generative learning strategies in novices. J Educ Psychol 81/2 : 263 – 264

Simons PR (1984) Instructing with analogies. J Educ Psychol 76 : 513 – 527

Singh B (1995). The effects of self versus others reference on retention. Psychol Develop Societies 7: 237 – 258

Skinner BF (1953) Science and human behavior. Macmillan, New York

Sophian C, Hagen JW (1978) Involuntary memory and the development of retrieval skills in young children. J Exp Child Psychol 26 : 458 – 471

Spence D (1973) Analog und digital descriptions of behavior. Am Psychol 28 : 479 – 488

Sperling G (1960) The information available in brief visual presentations. Psychol Monogr (Gen Appl) 74(11)

Sperry RW (1985) Consciousness, personal identity, and the divided brain. In: Benson DF, Zaidel E (eds) The dual brain. The Guilford press, New York

Springer SP, Deutsch G (1989) Left brain, right brain, 3rd edn. Freeman, New York

Standing L (1973) Learning 10 000 pictures. Q J Exp Psychol 25 : 207 – 222

Steinbuch K (1971) Automat und Mensch, 4. Aufl. Springer, Berlin Heidelberg New York

Stevenson HW (1977) Influence of schooling on children's cognitive functioning. Vortrag gehalten im Rahmen des Internationalen Forschungsseminars für Entwicklungspsychologie in Herl bei Trier

Stromnes FJ (1974) No universality of cognitive structures? Two experiments with almost perfect one-trial learning of translatable operators in a Ural Altic and Indogerman language. Scand J Psychol 15 : 300 – 309

Stevenson HW, Paricer T, Wilkinson A, Bonnevaux B, Gonzalez M (1978) Schooling environment, and cognitive development: a cross-cultural study. Monogr Soc Res Child Dev 43, 175

Symons CS, Johnson-Blair T (z) The self reference effect in memory: A meta analysis. Psychol Bull 121: 371 – 394

Ulich E (1970) Periodische Einflüsse auf die Arbeit. In: Mayer A, Herwig B (Hrsg) Handbuch der Psychologie, Bd 9. Hogrefe, Göttingen, S 278 – 301

Taylor F (1977) Aquiring knowledge from prose and continuous discourse. In: Howe MJA (ed) Adult learning. Wiley, pp 107 – 123

Tess DE, Hutchinson RL, Treloar JH, Jenkins CHM (1999). Bizarre imagery and distinctiveness: Implications for the classroom. J Mental Imagery 23: 153 – 170

Thomson CP, Hamlin VJ, Roenker DL (1972) A comment on the role of clustering in free recall. J Exp Psychol 94 : 109 – 109

Thorndyke PW, Stasz (1980) Individual differences in procedures for knowledge acquisition from maps. Cogn Psychol 12 : 137 – 175

Tornquist K, Wimmer H (1977) Meta-Gedächtnis als Bedingung der Gedächtnisentwicklung. Z Entwicklungspsychol Päd Psychol IX (4) : 252 – 264

Treat NJ, Reese HW (1976) Age, pacing and imagery in paired-associate learning. Dev Psychol 12 : 119 – 124

Treisman A, Tuxworth J (1974) Immediate and delayed recall of sentences after perceptual processing at different levels. J Verb Learn Verb Behav 13 : 38 – 44

Tulving E, Osler S (1968) Effectiveness of retrievel cues in memory for words. J Exp Psychol 77 : 593 – 601

Tulving E, Pearlstone Z (1966) Availability versus accessibility of information in memory for words. J Verb Learn Verb Behav 5 : 381 – 391

Tulving E, Thompson PM (1973) Encoding specific and retrieval process. Psychol Rev 80 : 352 – 373

Turnure J, Buium N, Thurlow M (1976) The effectiveness of interrogatives for promoting verbal elaboration productivity in young children. Child Dev 74 : 851 – 855

Urban A (1982) Zur Anwendung der Suggestopädie auf dem Gebiet der Naturwissenschaften. In: Wissenschaftliche Berichte 2: Karl-Marx-Universität Leipzig, Forschungsstelle für Mnemologie

Vantharp VK (1972) Mnemonic techniques, visual imagery and brain function. Biol Psychol Bull 1 : 10 – 20

Vester F (1975) Denken, Lernen, Vergessen. Deutsche Verlagsanstalt, Stuttgart

Viebahn P (1990) Psychologie des studentischen Lernens. Deutscher Studienverlag, Weinheim

Wagner W (1985) Gedächtnis für Gespräche. In: Albert D (Hrsg) Bericht über den 34. Kongreß der Deutschen Gesellschaft für Psychologie in Wien 1984, Bd. 1. Hogrefe, Göttingen, S 241 – 242

Walter H (1973) Lehrstrategie und Lehrereffektivität. Reinhardt, München

Wang AY, Thomas MH (1995) Effects of keyword on long-term retention: Help or hindrance? J Educ Psychol 87: 468 – 475

Watzlawick P, Beavin JH, Jackson DD (1968) Menschliche Kommunikation. Formen, Störungen, Paradoxien. Huber, Stuttgart

Watzlawick P, Weakland JH, Fisch R (1974) Lösungen. Zur Theorie und Praxis menschlichen Wandels. Huber, Stuttgart, Deutscher Studien Verlag, Weinheim

Webber ShM, Marshall PhH (1978) Bizarrenes effects in imagery as a function of processing level and delay. J Ment Imagery 2 : 291 – 300

Weiner B (1976) Theorien der Motivation. Klett, Stuttgart

Wellmann HM (1977) Tip of the tongue and feeling of knowing experiences: A developmental study of memory monitoring. Child Dev 48 : 13 – 21

Wessells MG (1984) Kognitive Psychologie. Harper & Row, New York, UTB

Wimmer H, Perner J (1979) Kognitionspsychologie. Kohlhammer, Stuttgart

Williams MD (1976) Retrieval from very long-term memory. Phil Diss, University of California

Wimmer H (1976) Aspekte der Gedächtnisentwicklung. Z Entw Päd Psychol 8 : 62 – 78

Wimmer H, Wachter J, Hampl E (1978) Zur Entwicklung des Verstehens von Diskursen: das Bemerken von Inkonsistenzen. Z Entw Päd Psychol 10 : 49 – 51

Wine JD (1980) Cognitive-attentional theory of test anxiety. In: Sarason IG (Hrsg.) Test anxiety: Theory, research, and applications. Erlbaum, Hillsdale NJ

Wippich W (1984) Lehrbuch der angewandten Gedächtnispsychologie. (Bd. 1) Kohlhammer, Stuttgart

Wolpe J (1974) Praxis der Verhaltenstherapie. Huber, Stuttgart, Bern

Wood LE, Pratt JD (1988) Pegword mnemonic as an aid to memory in the elderly: a comparison of four age groups. Educ Geront 13 : 325 – 339

Yarmey AD (1970) The effect of mnemonic instructions on paired-associate recognition for faces or names. Can J Behav Sci 2 : 181 – 190

Yates FA (1966) The art of memory. University of Chicago Press, Chicago, deutsch Wien: diequere, 1984

Yerkes RM, Dodson JD (1908) The relation of strengths of stimulus to rapidity of habitformation. J Comp Neurol Psychol 18 : 459 – 482

Zielke W (1967) Leichter Lernen – mehr behalten. Moderne Industrie, München

Zimbardo PG, Gerrig RJ (1999) Psychologie 7. Aufl., Springer, Berlin Heidelberg New York

Sachverzeichnis

A

Abkürzung 107
– bedeutungshaltige 107
Ablesung, falsche 74
Abrufplan / -strategie 4, 128, 134, 135
– hierarchischer Abrufplan 134–137
Abrufreiz 32, 53
Ähnlichkeit, akustische 93
Aktivierungsphase 198
Aktivität 249
– elektrische Aktivität des Gehirns 21
– Folgen 249
– Lernaktivität 25, 42–55
Alphabet 102
Alter 21
– hohes Lebensalter 101
Altersgrenze 100
Amnesie, retrograde 58
Analogie 126, 170, 185
– bildhafte 188
– Wirkungen 189
– zwischen Bibliothek und Langzeitgedächtnis 126
Analogiebildung 179–193, 210
Anekdote 70
Angst 231
– vor der Angst 232
– Lernangst 227–229
– Lernen, Angst und Kränkung 214–247
– Schulangst 28
Angstgefühl 219
Angsthierarchie 234–236
ängstliche Individuen, Personen 60, 103
Ängstlichkeit 103, 178, 215
anonyme Fehlerauswertung 242
Anpassung 24
Anreicherung 250
Anschauungsmaterial 68
Anspannung 210
Anstrengung 30
Arbeitsort 31, 32, 227
Arbeitsperiode 36
Arbeitsplan 41, 42, 44–47, 231
– Checkliste 41, 42
Arbeitsplatz 32, 33
Arbeitsstörung 56, 57
Arbeitszeit 33–42
Argument, Gegenargument 171, 172
Assoziation, visuelle 82
Assoziationskette 82
ästhetische Elemente 201
Aufmerksamkeit 14, 15
Aussage, Zentralität 170
Autonummer 120

B
Barockmusik 198, 203
Bedeutung / Bedeutsamkeit
– ähnliche 130
– persönliche 168
– subjektive 166, 169, 171
Bedeutungsspektrum 106
Bedienungsschritt 80
Beeinflussung, suggestive 195
Befürchtung, irrationale 246
Begabung, spezielle 15
Begriff, abstrakter 74, 85, 96
Belastungssituation, Nutzen positiver Ressourcen 212
Belohnung 39, 222
Bereich
– emotionaler 203
– motivationaler 203
beschämungsfreies Lernen 237–240
Bestellnummer 120
Beteiligung, emotionale 249
Bewußtmachen 246, 247
Bibliothek 22, 126
– Analogie, Bibliothek und Langzeitgedächtnis 126
biblische Geschichten 241
Bilder
– innere 217, 224
– interagierende 97
– schematische 69
– vorgegebene 98
bildhafte
– Analogie 188, 191
– Speicherung von Lebensereignis 248
– Vorstellung 59, 62–104, 116, 207
– – emotional aufgeladene 75
– – emotionale Wirkung 207
Bizarrheit / bizarr 75, 98
„black-out" 232

Blockade / blockieren 218
„brainstorming" 186
Bücher, Lernen aus 248–250
Buchstabenlernen 105, 109
Buchstaben-Phonem-Kombination 113
Buchstabenzahl 130

C
Checkliste
– Arbeitsplan 41, 42
– unvorhersehbare Situationen 92
„chunk" 17, 18, 125
Codewort 115
Computer 241
Computerprogramm 153

D
Demonstration 124
Denken 104
– neues 200
Denkfehler 221
Denkmuster 217
Desensibilisierung, systematische 234
Details 68
Deutlichkeit 154
Differenzen, individuelle 58, 59
Doppelbelastung 64
Dreispeichermodell 9–25, 125, 164, 209
– Tiefe der Verarbeitung 164
Durchdringung, räumliche 74, 97
Durchstreichen 50

E
Effektivitätsstudie 161
Effizienz 81, 90
– Studien 83, 85. 90, 93, 123

Eifersucht 247
Einfachheit 157
Einordnung, richtige 128, 133
Einschlafen 40
Einspeicherung 24, 133
Elaboration / elaborative 53
– Kodierung 24
– Techniken 47
elektrische Aktivität 21
Emotion / emotional 166
– Bereiche, emotionale 203
– Beteiligung 249
– Bildvorstellung, emotional aufgeladene 75, 207
– Verständnis, emotionales 187, 188
Enkodierung 249
– multiple 23
Entspannung 32, 210
– Technik 211, 234
Entspannungsphase 210
Entwickeln, Selbstentwickeln 94
Erfolg
– erfolgszuversichtliche Lerner 216, 237
– mißerfolgsängstliche Lerner 216, 217, 237
Erfolgsorientiertheit 34
Erhaltungswiederholung 19
Erinnern 24
Erregung 33, 60, 167
Erregungsniveau 32
Ersatzworte 122
Ersetzen 96
Erwachsene 30
externe
– Gedächtnisstützen 6
– Speicher / Speicherung 6–9
Exzerpt anfertigen 170

F

„face mnemonic" 118
Fachgebiet 24
Fachtermini 95
Fahrzeiten 120
Farbe / farbig 75, 172
Fehler 99
Fehlerauswertung, anonyme 242
Fernziele 34
Film / Verfilmung 170
„flow" (Gipfelerlebnis) 214
Fragen 52, 54
– zirkuläres 247
Fragestellung 50
freie Rede 80
Fremdsprachen / Fremdsprachenerwerb 196, 198
Freude am Mißerfolg 247
Furcht 58

G

ganzheitliches Lernen 199
Ganzheitlichkeit 201
Geburtstag 114, 116, 120
Gedächtnis 1–28
– Analogie, Bibliothek und Langzeitgedächtnis 126
– Technik 23
– – visuelle 67
Gedächtnisbild 65
Gedächtniskünstler 3, 6, 67, 69, 70, 109
– Locitechnik 69, 70, 75
Gedächtnisstütze, externe 6
Gedichte 106
Gefühle 55
Gefühlsgeladenheit 98
Gegenargument 171, 172, 174
Geheimzahl 120

Gehirn (s. Hirn)
geistige Retardierung 103
Geld verdienen 171
Gelehrte 69
Geschichte 84
Geschichten
– biblische 241
– programmierte 241
– Technik 84
– Unterweisung durch 240
Gesichter 121, 122
gesprochene Sprache 119
gesungene Sprache 119
Gipfelerlebnis („flow") 214
Gliederung (s. auch Ordnung) 157
Gruppieren des Lernstoffs 5

H
Handlungsfolgen 80
Hemisphäre 202
Hemmung 37, 38, 40, 55–58
– affektive 55–58
– proaktive 37, 38
– retroaktive 37, 38, 40
Herausschreiben 50
Herzfrequenz 203, 204
Hierarchie 236
– Abrufplan, hierarchischer 134–137
– Angsthierarchie 234–236
Hirn, elektrische Aktivität des Gehirns 21
Hirnhälften 200
Hirnhemisphärenforschung 151
Hobby 171
Hochbegabte 59
Homunkulus 27
Hypermnesie 66
Hypnose 204, 208
hypnotisches Phänomen 208

I
Illustration 68
impulsives Kind 223
Individualentwicklung 106
Individuum / individuelle 58–60
– ängstliche 60, 178
– Differenz 58, 59
– Entwicklung / Individualentwicklung 177
– Präferenz 61
– Unterschiede 58–60
Information
– Lehrbuchinformation 248
– natürliche 248
– Probeinformation 133
– Reduktion 47, 49, 53
– visuelle 211
Informationsverarbeitung 25
– tiefere 50
– visuelle 62, 63
innere
– Bilder 217, 224
– Prozesse 27
Instruktionsverständnis 101
Integration
– horizontale 201, 202, 204
– vertikale 202, 204
Intensivunterricht 209
Interaktion 97
Interesse 168
Ironie / ironisch 167
Italien 66

J
Jacobson-Training 211
Jahreszahl 114, 116
Jugendgruppe 70
Jugendliche 30

K

Kapazität, Kurzzeitspeicher 16
Kassette 209
Kategorie 130, 131, 134
Kennworttechnik 88, 91
Kennwortreihe 115
Kennwortsystem 89, 117
– alphabetisches 89
– Bilder- und Zahlenkombination 117
Kernsätze 177
Kinder 5
– impulsive 223
– Vorschulkinder 100
– Würde des Kindes 239
Klangbild 130
Knotenpunkt 137
Kodierung
– elaborative 24
– multiple 210
– multiple Enkodierung 23
– reduktive 24, 25
kognitive
– Psychologie 128
– Struktur 159, 161
Kompetenzgefühl 213
Konfektionsgröße 120
Konkretheit 96
Konsonanten 112
Konstanten 120
Kontonummer 120
Kontrolle
– Selbstkontrolle (s. dort) 39, 42, 43
– Technik 18
Konzentration 229, 230, 232
Konzertphase 198
Körper 73
Korrektur 242
– stellvertretend korrigieren 242

Kränkung 237, 240
– Lernen, Angst und Kränkung 214–247
– in der Schule 240
Kreativität 148, 151, 183, 184, 193
– Analogien 189
– Techniken 104
Kultur, westliche 200
Kürze / Prägnanz 158
Kurzzeitspeicher / -gedächtnis 10, 11, 15–21, 24, 125, 149
– „chunk" 17, 18, 125
– Kapazität 16
– „mind-mapping" 149
– Organisation 125
– scheinbares Lernen 20, 21
– Schubladen 17

L

„labeling" 103
Langzeitspeicher / -gedächtnis 10, 11, 21–25, 125, 133
– Alter 21
– Analogie, Bibliothek und Langzeitgedächtnis 126
– Organisation 125
Lebensalter, hohes 101
Lebhaftigkeit / lebhaft 75, 97
Lehrbuchinformation 248
Leistungsmotivationsforschung 34
Leistungsmotivmessung 220
Leistungsschwankung 36
Leistungsstand 216
Lernabsicht 248
Lernaktivität 25, 42–55
Lernangst 227–229
Lernbarriere 205, 208
Lernbegriff 183

Lernen
- Analogien 189
- autodidaktisches 31
- beschämungsfreies 237
- aus Büchern 248–250
- ganzheitliches 199
- Lernen, Angst und Kränkung 214–247
- programmiertes 27
- scheinbares 20, 21
- suggestopädisches / „super-learning" 194–213
- von Zahlen 78, 105
Lerner
- erfolgszuversichtliche 216, 237
- mißerfolgsängstliche 216, 217, 237
- zuversichtliche 217
Lernfähigkeit 2
Lernhemmungen (s. Hemmung) 37, 38, 40, 55–58
Lernklima 207
Lernkontrolle 53, 55
Lernmotivation 25
Lernort 32
Lernprozeß 25
- innerer 27
Lernpsychologie 24
- ältere 27
Lernstörung, narzißtische 244–247
Lernsuggestion, positive 198
Lerntechniken / -strategien (s. auch Techniken) 3, 4, 9, 51, 218, 230
Lerntraining 1–4
Lernunlust 28
Lernverhalten 29–61
- ungünstiges 30
Lernvermeidungsverhalten 244

Lernstoff, gruppieren 5
Lesen
- kursorisches 50
- selektives 50
Lesezeit 191
Locitechnik 69, 70, 75, 78–81, 117
- Kennworttechnik 88
- Lernen von Zahlen 78
Lottozahlen 120

M

Märchen 206
Maßeinheit 120
Mathematik 162
Matrikelnummer 120
Memorisierungsstrategie 103
Memory 5
Merkmal, auffälliges 121
Metamemory 5
Metapher 164
Methode (s. Techniken)
Mimik 228
Mindmanager 153
„mind-mapping" 146–156
- Anwendung 152, 153, 170
- Bewertung 155, 156
- Erstellung 149, 150
- Funktion 151
- Gestaltung 153
- Kurzzeitgedächtnis 149
- Methode 148
- Technik 154, 155
- Theorie 151
Mißerfolg, Freude am 247
mißerfolgsängstliche Lerner 216, 217, 237
Mißerfolgsorientiertheit 34
Mißverständnisse 180
Mitschreiben 48, 49, 176
Mitschriften 49

Mnemotechniken 6, 59, 109, 209
– „face mnemonic" 118
Modell 170
– Analogiebildung 180
– Dreispeichermodell (s. dort) 9–25, 125, 164
– einfaches 185
– visuelles 185
Modellbildung 184
Motivation / motivieren 25–27, 232
– Bereiche, motivationale 203
– Leistungsmotivationsforschung 34
mündliche Prüfung 233
Musikeinsatz 201
– angenehme Musik 211
Muskelentspannung
– Jacobson-Training 211
– progressive 235

N

Namenlernen 105, 121, 122
narzißtische Lernstörung 244–247
Netzplantechnik 137–145
– semantische Netzstrukturen 138, 139
Netzwerk 151
Neubewertung 229
neues Denken 200

O

Oberbegriff 187
Optimierung 99
Ordnung 23, 126
– Gliederung 157
– grundlegende Ordnungsideen 148, 149, 153, 156

Ordnungssystem 22
Organisation 4, 23, 125–163
– „advance organizers" 139, 159
– gut organisiert 210
– Kurzzeitspeicher 125
– Langzeitspeicher 125
– Prinzipien 129
– semantische 128–132
– Vergessen 126–128
– und Verständlichkeit 156–159
Ortsreihenfolge 71–73, 79, 174

P

Pädagoge 27, 238
Pädagogik 27
Passivität 249
Pausen 33, 36, 37, 39
Pausentätigkeit 39, 40
Personalnummer 120
Person, ängstliche 103
Perspektive 54
Pfennig 65
Phonem / phonemisch 105, 112
phonetisches System 109, 112
– Kennwortreihe 115
Plan / Planung 33–35, 40–42
– Arbeitsplan 41, 42, 44–47, 231
– Tagesplan 35, 84
– Wochenplan 35
Positivkurve 15, 16
– Abbildung 16
Postleitzahl 120
Präferenz, individuelle 61
Prägnanz 158
Pressenotiz schreiben 170
Probeinformation 133

Problembereich, komplexer 192
Problemlösen 148, 192
programmierte Unterweisung 241
programmiertes Lernen 27
Prophezeiung, „sich-selbsterfüllende" 205
Prototyp, visueller 66
Prüfung 7, 229, 246
– mündliche 233
– ungünstige Erwartungen 246
Psychologie
– kognitive 128
– Lernpsychologie 24
Psychotherapie 152, 236

R
Radfahren 189
Raten, qualifiziertes 233
Raumaufteilung 154
räumlich durchdringen 74, 97
realistische Zielhöhe 226
Rede, freie 80
Reduktion 47, 53
Regelung 27
Reihenfolge 130
– Ortsreihenfolge 71–73, 79
Reim 106, 210
– auf Zahlen 108
„reinforcement" 25
Rekonstruieren von Ereignissen 248
Reproduktionsleistung 132
Retardierung, geistige 103
„retrieval cue" 248
retrograde Amnesie 58
Rhetorikschulen 67
Rhythmisierung 42
– beim Zahlenlernen 119
Rollenspiel 170, 232

S
Sättigung 38
Satz
– Kernsätze 177
– überflüssige Sätze streichen 170
scheinbares Lernen 20, 21
Schlaf 40
– Einschlafen 40
Schlüsselidee 24
Schlüsselwort 96
Schlüsselwortmethode 92, 95, 96
5-Schritt-Methode 51
Schritte, kleinste 244
Schubladen 17
Schulangst (s. auch Angst) 28
Schule 31
– Kränkungen in der Schule 240
Schüler, hochbegabte 59
Schulklassen 70
Selbst entwickeln 94
Selbstbestrafung 225
Selbstbewußtsein 238
Selbstbezogenheit 166
Selbstdiagnose 219
Selbstgespräch 217, 219, 222, 223
– positives 242, 243
Selbsthilfe 219
Selbstinstruktion 243
Selbstkontrollbogen 43
Selbstkontrolle / Selbstprüfen / Selbsttest 20, 21, 39, 42, 218
Selbststeuerung 209–211
Selbstsuggestion 231
Selbstüberprüfung 231
Selbstunterricht 197
Selbstverliebtheit 244
Selbstversuch 237

Selbstwertempfinden 245
semantische 105
– Netzstruktur 138, 139
– Organisation 128–132
Seniorenkurs 70
sensorischer Speicher 10, 11–15, 18
„Sich-selbst-erfüllende Prophezeiung" 205
Sinnessystem 249
Skilaufen 190
Speicher / Speicherung
– Dreispeichermodell (s. dort) 9–25, 125, 164, 209
– Einspeicherung 24, 133
– externe 6–9
– Kurzzeitspeicher / -gedächtnis (s. dort) 10, 11, 15–20, 24, 125, 149
– Langzeitspeicher / -gedächtnis (s. dort) 10, 11, 21–25, 125, 133
– sensorische 10, 11–15, 18
Spezialbegabung 15
Spontan 132
– Visualisierung, spontane 85
Sprache 119
– gesprochene 119
– gesungene 119
Sputenzerfallstheorie 127
Standards 34
stellvertretend korrigieren 242
Steuernummern 120
Stichworte 54
Stillsitzen 36
Stimmung 229
Stimulanz, zusätzliche 158
Stimulierung 36
Stolz 240
Strafe, Selbstbestrafung 225
Strategie (s. Techniken)
Stromfluß 181
Student, überdurchschnittlicher 49
Suchhinweis 127
Suggestion / suggestiv 204–209
– Beeinflussung, suggestive 195
– Definiton 206
– positive 211
– Selbstsuggestion 231
Superlearning / Suggestopädie 194–213, 224
„synectics" 193
Synonym 99

T
Tagesplan 35, 84
Tageszeit 60
Techniken / Methode / Strategie 3, 4, 9, 51, 218, 230
– Abrufstrategie 128, 134
– der assoziativen Verbindung 81
– elaborative 47
– Entspannungstechnik 211
– Fragetechnik 247
– Gedächtnistechnik 23, 67
– Geschichtentechnik 84
– Kennworttechnik / -system 88, 91, 117
– Kontrolltechnik 18
– Kreativitätstechnik 104
– Lerntechnik 4, 9
– Locitechnik (s. dort) 69, 70, 75, 78, 117
– Memorisierungsstrategie 103
– Mnemotechnik 6, 59, 109, 209
– Schlüsselwortmethode 92, 95
– 5-Schritt-Methode 51

Teil- und Zwischenziele 34
Telefon-Notrufnummer 120
Telefonnummer 119, 120
Termin 114, 116
Teufelskreis 218, 221
Text 47, 136
– Optimierung 158
– Vergleich 171
Theaterspielen 201
Training 1–4
Trancezustand 205
Transfer 193
Trick 225
Trödeln 218, 231

U
Üben 53, 55
– verteiltes 53
Überforderung 215
Überprüfen 52
Überschrift 50, 171
Übung 3
Umkehrung 170
Umweg 250
Unlust 227, 231
Unterforderung 215
Unterricht
– Intensivunterricht 209
– Selbstunterricht 197
Unterschied, individueller 58–60
Unterstreichen 50
Untersuchungszwilling 87
Unterweisung durch Geschichten 240

V
Verarbeitung
– Informationsverarbeitung 25
– oberflächliche 169
– simultane 104
– Stufe 165
– Tiefe der Verarbeitung 164–178, 209
„verbalizer" 59
Verbindung 154
Verdienst 171
Verfilmung 170
Vergessen 18, 95, 126
– abrufreizabhängiges 127
– Organisation 126–128
Vergessenskurve 67
Verhaltenstherapeut 237
Vermeidung 230
Verständlichkeit 156–159
Verständnis 187–189, 192
– Analogien 189
– emotionales 187, 188
Verweildauer 18
Visualisierung / visuell(e) 15, 185, 225
– Gedächtnistechnik 67
– Information, visuelle 211
– Informationsverarbeitung 62, 63
– Modell 185
– Prototyp 66
– spontane 85
– Vorstellung 65, 66
„visualizer" 59
Vokabeln 80, 92, 95
Vorbereitung 231
Vorschulkinder 100
Vorstellung
– bildhafte 59, 62–104, 116, 207
– interne 64
– verdeckte 69
– visuelle 65, 66
Vorstellungsbild 62
Vortrag 80, 171
Vorwissen 48

W

Wachheit, entspannte 204
Wasserfluß 181
Weg 71
Wiederholung / wiederholen 19, 20, 122
– Erhaltungswiederholung 19
Wissen 17, 88, 159
Wissensbasis 23
Wissensprüfung 7
Wochenplan 35
Wort, ähnlich klingendes 74
Wortlisten / Begriffe 70
– abstrakte 74, 85, 96
Würde des Kindes 239

Y

Yoga 210

Z

Zahlen-, Buchstaben- und Namenlernen 78, 105–124
– Autonummer 120
– Bestellnummer 120
– Fahrzeiten 120
– Geburtstag 114, 116, 120
– Geheimzahl 120
– Kontonummer 120
– Jahreszahl 114, 116
– Konfektionsgröße 120
– Konstante 120
– Lottozahl 120
– Maßeinheit 120
– Matrikelnummer 120
– Personalnummer 120
– Postleitzahl 120
– Reim auf Zahlen 108
– Rhythmisierung 119
– Steuernummer 120
– Telefon-Notrufnummer 120
– Telefonnummer 119, 120
– Termin 114, 116
Zahlenschloß 120
Zeichnen 201
Zentralität der Aussage 170
Ziel 34, 40, 218
– Fernziel 34
– zu hohes 227
– realistisches 226
– Teil- und Zwischenziel 34
Ziffern 78
Ziffernfolge 80
Zoomobjektiv 72
Zufall 185
Zusammenfassen 25, 49, 50, 170, 175, 177
Zusammenhang, subjektiv bedeutsamer 210
zuversichtlicher Lerner 217
Zwilling 87
Zwischen- und Teilziel 34

W. Metzig, M. Schuster,
Universität zu Köln

Prüfungsangst und Lampenfieber

Bewertungssituationen vorbereiten und meistern

Ein bißchen Herzklopfen vor einer Prüfung, einem Vortrag oder einem Bewerbungsgespräch ist ganz normal. Doch spätestens, wenn die Angst vor der Prüfung zu schlaflosen Nächten führt und das Lernen behindert, sollte man etwas dagegen tun.

Werner Metzig und Martin Schuster haben Informationen und Methoden zusammengestellt, die sich bei der Vorbereitung auf Prüfungen bewährt haben und die helfen können, Examina und andere Bewertungssituationen zu meistern. Die Vorschläge reichen von Techniken zur Kontrolle der Aufgeregtheit über Tips zur Informationsbeschaffung und zum richtigen Lernen bis hin zu Verhaltensratschlägen für Prüflinge und Prüfer(!). Die Leserinnen und Leser können sich daraus ihr ganz persönliches Selbsthilfeprogramm zusammenstellen.

2. Aufl. 1999. VIII, 205 S. Brosch.
DM 29,90; öS 219,-; sFr 27,50
ISBN 3-540-66343-6

Springer · Kundenservice
Haberstr. 7 · 69126 Heidelberg
Bücherservice:
Tel.: (0 62 21) 345-217/-218
Fax: (0 62 21) 345-229
e-mail: orders@springer.de

Preisänderungen und Irrtümer vorbehalten. d&p · BA 67554